U0024934

不帶錢單車環島

新版

因著心懷無數的感動與感恩，
他的黑白人生從此變彩色！

王前權 著

—新版序—
聽見十一年後的聲音

很久很久很久以前，我不認識以文字和音樂維生的朋友。自幼在鄉下長大的我，對於文字工作者的印象總是停留在高不可攀的憧憬裡。又如同我對音樂人的想像，白皙的雙手在琴鍵上舞動，悅耳的音符串連在五線譜之間的高雅氣質。所以，當年打赤腳在田埂上奔跑成長的我，總是認爲文字工作者和音樂人跟我的距離很遙遠，他們大概只會出現在書本和電視螢幕之中，而不是在我的生活圈。

回到現實生活裡，忙不完的工作透過每天早晨的陽光堆積在我的四周，還沒張開眼，已經開始淹沒我的視野。我沒有太多的朋友，又不出遠門，二十五歲之前，未曾獨自旅行。最經典的就是，我這樣堂堂正正的男子漢，曾被好朋友嘲笑像是黃花大閨女。可是，被笑黃花大閨女又如何，這是我所認識的世界，我想，全世界就應該長成我心裡所認識的那個樣子吧！

只是，連當年的我也料想不到，自己竟然也有出書的一天，甚至在三十三歲那年，和我老婆攜手展開單車環遊世界的旅行，花了二十五個月的時間共同走讀世界，成了一位旅遊作家。返台後，固定在雜誌裡發表文章，作品在書店與網路裡出現。走在路上，變成被陌生人認出的單車界名人。對我來說，這全部都像是一場夢，更不可思議的事情，就是，我還娶了一位鋼琴老師，她願意辭去舒適又安穩的工作，跟我一起騎單車環遊世界，完成夢想。

而且重點是，我竟然娶到老婆！誰敢嫁給我呢？這個世上有誰願意嫁給一位喜愛浪跡天涯的流浪漢？不可能，連我自己都頻頻搖頭，不敢置信。但是，多年後，我卻成了一位文字工作者，太太是鋼琴老師，兩種行業都離當年的我太遠，隔了不知幾座阿里山。

是的。這一切原本都不可能發生，因為當年的我，不敢奢求夢想，連想都不敢想，當年的我被工作所綑綁，那時的想法，工作代表生存，沒有工作，也就代表無法生存，因為，單求生存的心態擠壓生活品質與夢想的空間，無力也無法反抗。

這幾年，我不斷回想，到底是什麼原因改變了我？

我的心情平靜下來，回頭往十一年前觀看，那時模糊的景物，經過歲月的沈澱，逐漸變得清晰，我終於明白，其實關鍵在於當年那場我認為無法承受的危機。危機就是轉機，眾人上口，你我耳熟能詳，但是，眞的遇到危機，才見眞章。原生家庭的經濟丕變，我被迫失業。因為我的價值觀建立在工作，失去工作，就代表我存在於這世上的意義也跟著消失，我好像成了無用之人。更慘的還有後頭，追求初戀情人失敗。心靈的破碎與精神上的損失，無法用質量估計，我自認遭遇史上最慘的危機。因為，我只活在我當時所認知的世界裡，又有極度的貧窮感與自卑在我的心

裡作祟，不但如此，負面的情緒全在危機中被引爆。

那該如何是好？我問起十一年前的我。

我走進一條蔭暗的幽谷，好似人生的盡頭，那時，我才深刻體會到什麼是絕望的感受。突然，有一絲微弱的曙光照進來，我看見一個約定，看見同梯在退伍後要找我去單車環島，一起逐夢。我拒絕他們，原因很簡單，因爲要工作，因爲責任未了，因爲太多的因爲。光熄滅了，黑暗圍繞著我許久，我只能在伸手不見五指的幽谷中掙扎。

然而，人生跌了一跤，我才瞭解生命的短暫與無常，有許多事情不是我們能夠靠自己控制，如果還有機會改變的話，我要怎麼走呢？我在黑暗的幽谷裡抬頭仰望。

有個來自未來的微小聲音，問我說，要去單車環島嗎？

要去！在我死之前，一定要去騎單車環島！

有股暖流過我的心跳，像是一雙柔軟的手輕輕按在胸膛，我慢慢地睜開雙眼，像是經過了半世紀那麼久，有股無形的力量驅走黑暗，我感覺到柔光包圍著十一年前的我。遠處的天空出現美麗的彩虹，我看見踏板開始迴旋，不停轉動，將我推向夢想的雲端。

原本我封閉的內心世界，因爲這次生命的探索，出現截然不同的結果。

單車環島之後，我開始嘗試在網路發表札記，找老師學鋼琴，拿起炭筆學繪畫，再度鼓起勇氣追尋愛情。我仍繼續面對挫敗，一路跌跌撞撞，靈感與經費時常不足，但是，比起之前失業與失戀的雙重危機，這些問題好像也不夠嚴重。於是，我又投入我手中所有的人力財物，繼續耕耘，年復一年。

當年踩下踏板的第一步，所醞釀的能量，終於在七年後開花結果，將我推向單車環遊世界的旅程。還記得，有一次在澳洲街頭表演，我的口琴簧片故障，忽然讓我回想起台東烤玉米的熱情，源自台灣的熱情隔空驅走恐懼，我拿起之前街頭表演賺到的費用，再買一把新口琴，隨即解決困難。那一刻，我深深地體會到，眞正的價値不在於口琴與錢，而是面對困難時單純與執著的熱情，而且，這樣的熱情超越語文的障礙，更進一步，熱情會傳遞與感染週圍的人，發展成解決困難的能力。

面對困難，用行動克服恐懼，再加上單車旅行，竟然意外拓展我的視野，讓我能用更多角度來看事情，凡事正向思考。基本上，單車環遊世界與單車環島所面臨的問題相似，只是人在國外之後，無法預測的因素更多，例如：簽證的煎熬與語言文化的差異，倍增的經費與時間，再再提高難度。於是，我告訴自己，台灣有一本名叫不帶錢單車環島的書，聽說作者就是我本人，我用自己的經驗鼓勵自己，再多堅持一下就好，等到我們想到解決問題的方法，困難自然迎刃而解。在各國街頭表演的時候，我也儘量維持身體與衣物的整潔，雖然對於兩年內露營超過四百天的我是個挑戰，但我明白，我不是用可憐或悲情來搏取外人同情，我投入全部的資源，忍受風吹雨打的苦楚，拿著樂器在各地奮戰，是爲了夢想。我想，十一年前的我，也聽見同樣的聲音。

我，教我學會如何與困難相處。

最終，我完成單車環島與環球的夢想，不過，困難並未從此消失無蹤，只是，十一年前的我，教我學會如何與困難相處。

聽說最近有一本新版的書要上市，現在的書要有名人推薦才會大賣，這回，就讓我自己來推薦這本難得一見的好書。這本不帶錢單車環島裡的樸實故事，藏著我們台灣特有的人情味，寫出只有在故鄉才找得到的幽默，就連當年那位憨厚年輕人特有的旺盛熱情，也被當成珍貴的禮物，封存在文字裡。那種感動，持續帶領著我在夢想的道路前進，甚至在我患難時，能夠穿越時空的限制，支取這份上帝留給我的祝福。

這本以文字爲主的書，也多次拯救了我的婚姻，尤其是在我與內人的意見紛歧，無法溝通的時候，她常常坐在沙發生悶氣。有一次，無意間翻閱我寫的著作，邊看邊笑，怒火攻心的症狀竟然不藥而癒。大概是想到，她老公這輩子不知道做了多少傻事，想通了，也就勉爲其難接納我獨特的個性。無形之中，十一年前所做的努力，也助我平安脫離險境，夫妻得以和平相處。

本書名中有錢，難免論及經費的問題。我想，癥結不在於錢，而是面對窮困與缺乏所產生的恐懼。其實，對於身上沒有錢的人，每一步都是冒險。重點在於選擇，選擇輕易向經濟的壓力屈服，或是選擇發揮個人的長才與潛能，嘗試所有的可能，解決資金的短缺。我的看法是，年輕時候身心健壯，只要準備好急用的費用，即可出發。抱著這樣的想法開始過不同生活的時候眞的很辛苦，風險也大，但是，患難會磨練出忍耐，逐步克服恐懼，慢慢轉變成爲未來的祝福。

多年後，我才明白，因爲這場危機，讓我跳脫單車休閒與競賽的作法，將滿載行囊的單車踩踏，提昇成爲探索生命的旅程。同時用行動，單獨赴一場退伍後未赴的約定，塡補心中的缺憾。而我人生的劇本與藍圖，也跟隨踩踏逐夢的腳步，產生微妙的變化，最終將危機逐漸化成轉機。

最後，我要藉此機會，感謝一路支持的親朋好友，感謝十一年前的我，但願十一年後，我還有逐夢的勇氣。

結尾之前，再偷偷告訴你一個祕密，十一年後你眞的變成一位作家，首刷銷售一空，現在的我，要送你一張本人親筆繪製的油畫當新版封面，加上全彩印刷的圖文內容，讓你黑白的人生變彩色。我要用親身經歷的故事謝謝你！謝謝你當年所做的一切努力！

我的聲音越傳越遠，飄到了一條人煙罕至的公路，有位穿著紅衣的年輕人，騎著滿是行李的單車緩行，不知騎了多遠的路，胎紋幾乎磨光。快要抵達終點的他，不曉得未來將是如何。那時，有風的呼嘯聲傳進了他的耳朵，他聽見細微的聲音所說的祕密，悄悄地放下心中的重擔。他停下單車，熱淚劃過眼眶，想起旅途無數的善良人們，傳遞著安慰的力量，幫助他走完旅程。他的心情漸漸平復，一抹淺淺的微笑止住了淚水，臉頰的淚痕被風擦乾。他終於豪邁地吸了一口氣，用手掌圍著嘴唇，向空氣大聲回答說。

哈！哈！哈！不用客氣，十一年後的我。你的夢想一定會成眞！

—推薦序一—

啊，馬軋木軋

有些事情是一輩子都忘不了的。

說起圈圈（前權）和我相識，係開始於網路家庭PChome Online個人新聞台前身，也就是曾經的PChome「明日報」時期。印象中，當時似乎是經由「鐵馬、環島、不帶錢」這幾個關鍵字輸入後，綜合搜尋到他的單車札記網頁。

原本我就是一個身上一定要帶錢才敢出門的人，但在持續看著圈圈每週發表的環島單車札記一段時間後，除了發現結束旅遊的人，都有故事要說外，也開始體會到：出門一定要帶的東西，或是鑰匙，或是其他；卻不一定要「帶錢」。甚至連不帶錢也能在台灣各地旅遊，眞的。

實踐環島旅行，見聞各地風光，應該是很多人的夢想。而騎單車，則是在標榜追求減碳生活中最時尚的代步方式之一。當前抱有意願或已經完成單車環島的人，爲數應該不少，甚至於以單車完成環島壯舉之經歷集結出版者，也不乏其人。不過，在距今五年前的時空背景之下，一位失業的待業青年能結合心愛鐵馬「小黑」，以順時鐘方向環島，始終地堅持其「不帶錢」的信念，僅憑藉著口琴吹奏如〈月亮代表我的心〉等耳熟能詳之曲目，將沿途風景、人文與所受超過百人相助之友誼，點點滴滴紀錄公諸於世者，在我接觸到的人中，就只有圈圈一個人成功地實現了。膽怯與勇氣，兩者確實在他的故事裡僅止於一線之隔：只是看看要如何去做選擇。很多事都可以「Learning from doing!」做人，切莫劃地自限。

看著圈圈由固定每週更新札記，到因種種因素拖稿，讓我忍不住在他家後院留言版頻頻留言催稿之間，漸漸開啓彼此的友誼。那種超越早期個人網頁讀者與作者間單純互動的分際，由網路上陌生人轉爲宛如眞實世界朋友間互相鼓勵、打氣，並分享自己生活的事情，竟自然而然的發生了。連我自己也似乎在不知不覺中受到圈圈那種勇氣的無懼感召。現在回想起來，或許可以套用一句他在本書中寫下來的話：「難怪那時總覺得頭暈——做了一件自己都無法想像的事情。」

書內除了以詼諧的第一人稱口吻忠實紀錄他那八十二天裡，三千六百二十三公里中發生的種種糗事、趣事外，Father、And、Mother、I、Love、You，組合爲Family之來源；選擇在台灣本島順時鐘路線（方向）作爲環島路徑與在綠島順、逆時鐘方向環不止一次島的原因；連當紅一時的哈利（Harry）、波特（Potter）與黑面琵鷺間有關「今日鳥類，明日人類」之關係等等，都可見有圈圈其深刻的觀念提出。

親愛的讀者朋友們，若有相當時間能夠以單車環島，想學習圈圈他那「不帶錢」的方式來旅行，卻尙未學會任何一項樂器可以賣藝維生的話，不妨試試書內「做資源回收」這個絕對跟得上時代的提議，相信最為實際。因為資源既可永續利用，又可避免污染環境，還能賺錢維生，一舉三得。至於對沿途肯幫助你的人來說，他們的付出也許不見得希求回報，只要記得在當你有能力時，再將這份愛傳出去就可以了！一定可以的，因為，台灣人就是這麼的熱情。

最後以達悟母語：「啊，馬軋木軋！」作為我閱讀此書的一點點心得，並以此歡喜的作為推薦結語。

南方日光　二〇〇八、四、二十八　於　台灣板橋

千里之行始於足下

——推薦序二——

陽光灑在通紅的背頸上，讓汗水閃耀著如寶石一樣的光彩；海鷗三兩兩如風箏一般，高懸在那湛藍的天空上；從那分不清邊際線的另一端，一陣陣南國的氣息隨著海風撲面而來；雙腳不停地踩踏著，好想把大地的熱情全都送進我胸膛。每當我想換個心境時，只要一閉上眼，彷彿那東海岸的風聲和浪聲又在耳邊繚繞、深秋的落葉與巒峰間的雲霧又再一次包圍著我，這種一剎那的感動會一輩子緊鎖在自己的記憶裡，且越陳越香……

如果只把旅行當成是拋開工作或日常生活的一種手段，那就好像超人換裝後，卻只會在路上閒晃而忘了自己能飛能跑的能力一樣，忘記了人生本來就應該充滿著嚐試與學習，千里之行始於足下，跨出第一步並不如想像中的那麼困難，多數人缺的只是下定決心罷了。

圈圈的單車之旅也許可爲各位所欠缺的補上臨門一腳，隨便翻一章往下讀，就可以發現一個新的世界，他不是正襟危坐的和你講一堆大道理，也不是照本宣科的記一些流水帳，而是用一種很簡單的方法與眞心誠意的和你分享人生中最可貴的一部分，成功和失敗並不像光線和陰影一般

絕對，就算是陰影，如果仔細觀察，會發現陰影中也充滿了不確定的美感。

如果發現這本歷險、遊記會給自己帶來感動或觸發的話，那就別再多想了，拿起紙筆，趕快把這份渴望與想法寫下來，然後規劃如何去實踐、怎麼去完成，從過程中，你會越來越清楚自己所要的是什麼，直到最後上路時，就只需好好放開心胸去享受這世界給自己最特別的一個擁抱吧！

崔國倫　二〇〇八、六、二十三

——推薦序三——

心靈風景

六年前在綠島認識圈圈，他有別於觀光客騎乘機車騷擾綠島，而是靜靜的踩踏單車閒晃綠島。還記得當時他車後載著滿滿的家當，我心想一定要跟這麼有勇氣的人加油一下。我舉起雙手開心的大力揮舞，想等圈圈接近時再大喊幾聲加油，但是圈圈遠遠看見我揮舞的雙手，以爲我們需要幫助，特地騎過來關心我們。這美麗的誤會讓我多認識了一位勇於追尋夢想的朋友！

圈圈在部落休養生息的那段時光，他謙卑學習布農的文化智慧，凡事感恩並開朗的與大家相處，還有那十八般武藝更是讓我印象深刻，即興的演奏，耐著性子逐字聽打，粉刷油漆，還嘗試當舞者，最後巧手編織幸運帶送給大家。在他身上我看見寬闊的胸襟，讓他在旅途上勇於嘗試任何新鮮事，再加上不帶錢環島，我想他是眞的放開心胸要去看一看世界，我們當然就更不吝嗇你走進部落囉！

「感恩」是圈圈最常掛在嘴邊的一句話，但是我更想謝謝你願意往回騎到延平鄉，讓我們因著你追尋夢想的勇氣，更有動力去踏查一直找尋不到的舊部落。那時我深深覺得，我們都正透過雙腳在找尋生命中失去的某樣東西，你踩踏單車找尋的是勇氣、夢想；我們步行找尋失落的地土與靈魂。這樣相互陪伴的力量，讓有夢想者不孤單！

這幾年，花東的縱谷或是海岸，常常可以遇見環島的個人或團隊，穿著專業的車衣制服，迅速穿越「台灣的後花園」，我不再這麼興奮的喊加油了！因爲不管是透過單車、摩托車、步行、直排輪等，這段經歷不僅僅只是磨練意志，重要的是過程中你看見了什麼？你怎麼思索？你遇見自己的心靈風景了嗎？

圈圈這本不帶錢的單車環島書，不僅在六年後讓我再次遇見自己的心靈風景，更讓我駐足夢想的十字路口上，更有勇氣前行！

謝謝你，圈圈！

蔡嘉琪　二〇〇八、十一、十七

—自序—

個人小感言

老實說，在電腦前發呆了很久。

眞不知該如何下筆寫出這趟特殊的旅行經歷，雖然不曉得是不是最後一次這麼瘋狂，但是，至少是第一次出門「旅行」了很長的時間——對我而言。

好吧，你要說「流浪」也行……

這種情形跟當初騎著單車出發之前的心情有點類似。有位熟識多年的老友，深知留在本人身上的處女座特質，預計環島約一千公里的行程也非得要籌備個數十年才肯出門。正當我騎著單車鍛鍊體能，順便四處請教前輩、擬訂清單與採購物品的同時，他則開始告訴了周遭的親朋好友：「某某某要去環島了，有一陣子會不在家，有什麼事情要趕快去找他。」

因爲他的熱心，原本只有極少數人才知道的祕密，在籌備的後半段時期曝了光，全宇宙都知道這個計劃，一接到手機就是：「啊，你要去環島哦！」（天曉得，當初我只是奉老媽的旨意，規劃去附近的雜貨店買罐小瓶的醬油而已……而事情的發展也開始變得戲劇化。）

黃瓜透過特殊管道得知消息，友情贊助一個全新的充氣睡墊。這趟旅途中，只要是睡覺的時間一到，我都會不由自主地想到她。

出發的前幾天，森林系的水泉和他老婆慧君，特別帶著他們心愛的相機和小型的瓦斯爐……等日常用品來到我家，說要借我使用，他反倒覺得有幾個人幫忙出主意，總比一個人胡搞瞎搞來得周詳，說完便拿出幾卷底片，不止如此，水泉還特別附贈了一盒人蔘膠囊與一包酸酸甜甜、可口美味到光憑想像就不禁流涎的生津止渴民雄鹹酥特選桔餅。

至於出門在外的住宿問題呢？

當然就要找服兵役時共患難的同梯豆仔借一頂帳篷囉！

為了能有個保暖的被窩，翻箱倒櫃，讓以前行軍時所使用的睡袋重見天日。

到單車店及腳踏車工廠學習如何補胎及基本的維修技巧，向台灣第一位騎單車環遊世界的胡榮華大哥請益。

找目前正在讀碩士班的汪汪，互相討論可能遇到的問題，在他的研究室裡上網找資料和規劃路線。

一餐不吃東西，試著體驗餓肚子騎單車的感覺，最後忍不住飢寒交迫和騎乘單車的體力需求，臨時演變成跑到朋友家白吃白喝，鍛鍊臉皮的厚度。

每天騎四十公里，ㄊㄨㄝˇ腿。

小白在精神上支持，並且提供二十四小時免費道路救援，「如果騎不動，只要打一通電話，我馬上開車來支援。」

回想起一位好幾年沒有見面的國中同學，請目前從事美工行業的弘維幫忙設計環島的標誌。大哥贊助排汗衣褲及布鞋。

吹吹看口琴是否還能發出聲音。

增加意外險的額度。

採購置物架及馬鞍袋等配備，一樣接著一樣將食、衣、住、行的裝備交給「小黑」，然後，按照自己的習慣將各項物品調整到定位。（嗯，「小黑」就是我的鐵馬啦！）（怎麼突然下雪了……）籌備的這段時間總共只有短短的十六天，卻讓我深刻地體會到親友的熱情。

此刻，東西齊全了，全宇宙也都知道了，這下子不出門也不行了。

不曉得別人是如何看待失業的這檔事，但是在我來看，也許失業的危機就是一個轉機，讓我有機會與足夠的時間去實踐擱在心裡許久的事情。我也常想，社會上有許多能力勝過我的人，也有許許多多的優秀分子，擁有比我更好的條件，但，他可能只是少了臨門一腳，那，踏出心底的一步。

而那位老友將我的環島計劃四處宣揚的目的是為我好吧，他知道我就是缺少了一股踏出家門的勇氣。

如果說，這趟旅行有什麼不同，我想，只是在於當初自己跨出一道心中無形的障礙罷了。

我很慶幸自己能擁有這麼好的一群朋友當後盾，即使旅途中未帶分文，也不覺得貧困，縱然孤孤單單地踩著踏板去找尋自我的路——一條屬於自己人生的路——的時候，也不會感到寂寞。

就像當初用腳踩著踏板在旅行，只不過現在換了個方式，坐在電腦前用手敲打著鍵盤，訴說著當時的故事。

藉由文字將旅途中的點點滴滴與各位分享，希望您也會喜歡這本札記。

第一章　單飛

contents

第四章 返鄉

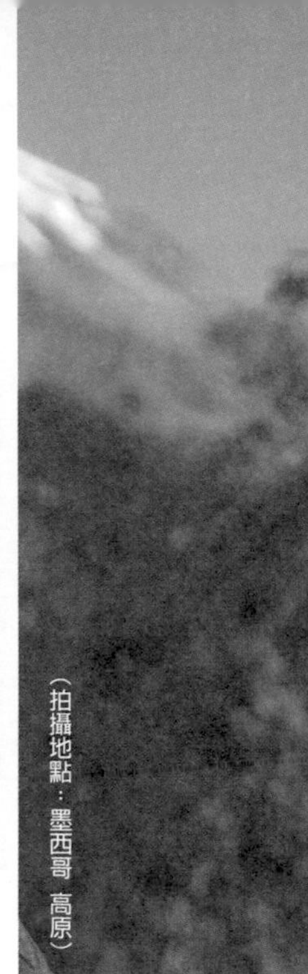

（拍攝地點：墨西哥 高原）

第一章
單飛

在生日的那天出發

朋友曾開玩笑說：「你就像是大門不出二門不邁的黃花大閨女。」是的，雖然我是個男人。但，這幾年，從眼睛張開到闔上，生活的片斷幾乎都是由工作所組成，沉迷在工作，藉由工作得到成就和滿足，在記憶中找尋不到主動規劃過的長途旅行，總覺得自己是連在自家附近都會迷失方向的路痴。所以呢，第一天就是要打破這個迷思，安排親自登門拜訪朋友的行程，順便泡茶聊天的輕鬆愉快單車行，晚上則預計在台北縣中和的同梯家落腳。

吃完媽媽煮的愛心早餐，我突然想起一件很重要的事情還沒做。

這一趟旅行不知道要多久才能回到家，有些崎嶇難行的路段就連開著轎車通行都十分辛苦，更別說是騎著鐵馬翻山越嶺，小命能不能保住都還是個謎。我走到了媽媽的面前，此時，要講的話似乎就卡在喉嚨裡，心臟如同全速運轉的馬達急遽將血液從腦袋裡抽離，一時動彈不得，在深呼吸了幾口氣之後才回過神，我想，有些話現在不說就好像永遠都沒有機會表達。有時，向自己的家人說內心話，竟然比向女生表白還困難。

我吞了幾次口水之後，才輕聲細語地一個字一個字地脫口而出。「媽、媽、我、愛、妳。」

「圈圈，我也愛你。」老媽害羞地細聲回答著。

這種感覺無法用筆墨形容，但是我知道不管發生了什麼事，都有一個避風港等著我回來。我將身上的零錢放到抽屜，把皮包裡所有的錢交給老媽，並告訴她，自己身上帶著金融卡，不用擔心。畢竟是老媽瞭解自己兒子的個性，也沒多說什麼，只交待路上要注意安全。

我跨出門，騎著載滿大包小包行囊的單車在熟悉的鄉間小路上馳騁，開始了第一天的行程。

首先，到離家裡最近的派出所打聲招呼，順便蓋戳章當紀念。裡面的員警很客氣，還主動補充說明，如果沿途遇上困難，只要打一一〇尋求協助，電信局就會幫忙將電話轉到最近的派出所。

「嗯，員警業務繁忙，如果沒有什麼事情，最好還是不要動用到這方面的資源。」我在心底嘀咕。

接著，到中壢市公所蓋鄉鎮護照的印章。

「想不到，我們中壢竟然還有這種奇葩。」便民服務中心的阿姨對於騎著單車去環島旅行感到不可思議，還多蓋了一個附有日期的總收文章。

「回來之後，還要到這裡複查。」她開玩笑時的語氣就像是學校裡的老師，假如沒有按時交作業，就要等著吃竹筍炒肉絲。

我突然回想起要向一位住大園的朋友說聲再見，於是往西邊騎。

路上有位開著三噸半貨車的司機，竟然放慢速度示意要順道載我一程。這是旅途中第一次有人主動示意要幫忙，我謝謝了他的好意之後，繼續騎著單車前進。

俗話說得好，「衣不如新，人不如故」。朋友還是老的好，子能除了閒聊幾句，還不忘送了幾瓶礦泉水讓我補充流失的水分。原本他想留我下來吃飯，但是爲了在中午抵達桃園市的計畫，時間上並不允許。

桃園市公所服務台的義工十分熱情，知道今天是我的生日，送了個豆沙月餅當禮物。

這就是第一天的午餐。

朋友還是老的好

下個行程，要找一位從高職就認識的同班同學。這位朋友，不但讀書認眞而且成績優異，目前正於我們的母校任教。見面時，她高興地大叫我的名字，差點連屋頂都掀了起來。而且，她在我計劃送給朋友的十本環島紀念小冊上蓋了個人專用的導師印章，並且提前預訂了一本。

雖然現在已經十二點半了，她還是順口問了：「吃飽沒？」

「吃飽了、吃飽了！」我回答時的口氣，就像剛剛吃過豐盛的滿漢全席。

黃瓜是新任的教師又要兼任導師，中午要和學生一起午休，公務繁忙，我不好意思逗留太久。我們在科館及黑松大道上照相留念，牽著單車邊走邊聊，之後才離開了學校。

今天的行程有點緊湊，在龜山鄉公所和樹林的濟安宮蓋鄉護照的印章，接著又要到新莊拜訪當兵時的學長。

阿凱打算在十一月結婚，還要負責管理工廠，最近忙得不可開交，不過他還是抽空親自帶路。一看到學長，右手就好像回到部隊，自動舉手向他敬禮。到了工廠後，我就把單車停在門口，到辦公室吃點心。阿凱突然想到還有一位我許久不見的神祕人物，於是打電話聯絡了在附近開會的大頭。大頭也是我的學長，目前正在證券公司上班，前不久，他還把小朋友滿月時照片放在網路上，讓我們分享一下那種初爲人父的喜悅。

時間過得還眞快，沒想到我們已經退伍四年了。

聊著聊著，大頭說，現在有著家庭的責任和工作的壓力，反而覺得我能騎著單車旅行，去實踐一個夢想，眞好！

天呀，看來失業還滿不錯的嘛！（請注意：這是危險動作，小朋友請勿模仿，叔叔是有練過的哦！）學長竟然開始羨慕起我。

不過天色已經開始暗了下來，由於我帶著那幾份從網路下載的地圖不夠詳細，阿凱親手畫了張從新莊到板橋的地圖，大頭則騎著單車陪我到新莊文化中心蓋章。到了板橋，我卻在車水馬龍及人來人往的城市叢林裡迷路，藉著手機聯絡及路人的指點之下，順利地找到了老妹的教會，而我到達的時間，剛好就是熱騰騰的晚餐上桌的那一刻。

臨走時，老妹還特別拿了一盒鳳梨酥和營養健康的蔬菜餅乾讓我帶上路。

幸運之神似乎也特別照顧我，順利地在大雨傾盆而下的前五分鐘到達了中和的同梯家門口。偉榮說：「附近的治安不好，就連掛在門外的抹布，有時也會不翼而飛，如果單車放在樓梯間的話，可能要有徒步環島的心理準備。」依照他的經驗法則來判斷，最好的辦法就是將鐵馬搬到五樓。

問題是——他家沒有電梯。

於是，我們兩個人只好合力將總重約三十五公斤的行囊及單車扛到了五樓。

門一開，竟然看到了坐在沙發上的小白和豆仔，原來，這兩位同梯，下了班之後特別「順道」從中壢市繞到中和市來見個面。

想當初，我們分發部隊的時候，剛好遇到下基地的演訓，許多的菜鳥都被編入同一個連隊，所以這群服役時的軍中同袍，互相都有著一份難以割捨的革命情感。

嗯，好像有點不太對勁：「剛才我在搬東西的時候，你們人在哪裡？」

「哦！我們是爲了要給你一個驚喜。」

ㄘㄟˋ！

開玩笑歸開玩笑，因爲工作的緣故，大家見面的機會少了許多，趁著這次難得聚在一起的機會，吃著大嫂煮的豐盛宵夜，天南地北聊到十一點多，彷彿我明天就要派到最前線去作戰。說不定，明天出發時眞的會有士兵在門口吹著號角。

或者是，我眞的該去睡覺了，這種情形在夢裡似乎比較容易見到……

時間也不早了，小白說，等我回來之後再好好慶祝一番，然後才開車和豆仔回中壢。我洗了個熱水澡，在偉榮家的客房裡睡覺，在闔上眼之前，自己還躲在棉被裡爲了此次的計畫偷笑了幾聲。

「哈、哈、哈，沒人曉得我身上沒帶半毛錢。」

神的恩典

昨天拜訪親友的繞來繞去迷路走法，加起來總共騎了約九十三．五公里，雖然超出了之前規劃的里程，不過，晚上睡得甜，早上眼睛也還撐得開，看來體力的負荷上已經有明顯的進步，而這都要歸功於籌備期間的訓練，讓我在旅程中有多餘的精力可以好好的應付其他的事情。

偉榮夫婦倆，七點多起床，送了個豆沙餅給我當點心，並傳授了獨門的上鎖技巧，留下我一個人之後就趕著去公司上班。盥洗後，將偉榮昨晚送我的半打襪子放到馬鞍袋裡，分兩次將所有的行李與單車搬到一樓。其實，踏出偉榮家門口的那一刻，這趟單車環島之旅才算是正式地展開，以後的日子裡，就要離開熟悉的環境與親友，獨自一人去面對可能發生的問題。車陣中騎著鐵馬讓人神經緊繃，有位長得酷酷又戴著墨鏡的公車司機還豎起了姆指表示敬佩之意。對一個外地人來說，這裡的交通尤其混亂，連轉個彎都要特別觀前顧後，免得發生意外。

我小心翼翼地由中和市公所、板橋、新莊、五股、八里，經關渡大橋到淡水，按照預訂的進度，在中午抵達漁人碼頭。

非假日的漁人碼頭，只有小貓兩三隻。

我在確定白開水是免費的之後，請右岸咖啡館的服務人員將水壺的水裝滿，她們好奇地問起：「爲什麼單車上要載著大包小包的行李？」

「因爲我正在環島旅行。」我不由自主地露出了得意的微笑，好像已經是一位單車旅行多年的好手。

「眞的嗎？」她們露出了驚訝的表情，「竟然有人想騎著單車去環島！」

「不過，這個環島的『島』前面還少了兩個字。」我開玩笑說：「安全。」

算一算，我出發至今才短短的幾個小時，加起來的距離頂多只能去環個「安全島」，而到底能不能完成，全都是一個不確定的謎。

但是原本純粹的加水，卻因爲這個話題而聊開了，我還提到這趟旅行想藉由不帶任何現金的方式磨練一下自己，所以才要先確定加水要不要費用，直到我拿著裝得滿滿的水壺向她們道謝之後，這段談話才宣告結束。

我在附近的露天座位區找了個有遮陽傘的座椅，拿出了水泉送的美索不達米亞日記本與擺在抽屜裡好幾年未曾動過的伸縮原子筆，開始寫著這趟旅途中的人、事、物，手裡拿著老妹牌愛心鳳梨酥，心裡則想著：「不帶錢，光靠著單車、一些乾糧和簡單的行李，眞的可以繞台灣一圈嗎？？？」

同梯的革命情感

在籌備期間，我曾經試探性地向幾個人問了這個問題。

從小時候就開始修理單車的師傅認爲：「起碼身上帶著幾百塊應急吧！」

「不帶錢，哪有可能去旅行！」我的鋼琴老師還補充，「其實也不用太擔心練琴的問題，依我推測，你大概騎到了台北之後就會回來了。」

就連見多識廣的子能，都覺得這是一件很困難的事，「也許，曾經有人不帶錢，靠陌生人的幫助而橫越美國，但是，台灣就不一定了，畢竟我們的國情不同。」

就在腦袋被這些問題纏繞糾結的同時，好像看到櫃台有人在揮手。剛才跟我聊過天的小姐竟然覺得這種旅行很了不起，決定贊助一份餐點。

這是眞的嗎？

「妳稍等一會兒。」我說完之後拿出口琴，在櫃台前吹了畢生最拿手的〈月亮代表我的心〉，獻給這位身穿黃色T恤的年輕小姐。這份陌生人的招待，讓我充滿了信心。我吃著炒飯，想起了汪汪的回答：「一定可以的，台灣人這麼熱情！」

我休息到了下午兩點，收起日記本繼續前進，晚上預計在金山過夜。可是，朱銘美術館的指標吸引了我的注意。「反正都到了這裡，彎進去看一下吧！」我在心底說服自己。然後，臨時興起的念頭換來了綿延不斷的上坡，讓我在美術館準備結束開放的前三分鐘才抵達入口。

負責保全的警衛說，從他在這裡工作以來還沒看過騎著單車來參觀的人，竟然主動帶著我到服務中心蓋紀念戳章。

可惜這次已經過了開放時間，沒有機會去感受一下座落於山林間的藝術品。

吃了幾塊鳳梨酥補充體力之後，我打開單車前後的警示燈，沿著路燈照亮的山路滑行到市區，再爬一段小坡到金山青年活動中心。他們剛好要開放一間可供十二人住宿的房間，現在只要花費二百七十五元新台幣就有地方過夜，而且要非假日才有機會享受這種優惠，否則就算預約也不一定遇得上這種情形。

「能不能讓我打工或是做一些事來換取在這裡過夜的機會？」我試著向櫃台小姐說明。

「很抱歉，我們這裡沒有這樣的規定。」她還指了櫃台不遠處，「那裡有一台提款機。」

我也不願意強人所難，但，如果去領錢又違反了自己當初的規定。

該怎麼辦呢？

突然間，我竟然覺得自己的想法單純的可笑，決定騎著單車離開的同時，天空飄下了陣陣的細雨，昨天，我還樂此不疲，甚至連想到這個祕密計畫都會忍不住躲在棉被裡暗自竊喜，現在，卻為了在哪裡過夜而煩惱。「難道沒有別的辦法了嗎？」才沒兩天，我就開始質疑自己。

不，絕對不能這樣子就輕易地放棄，應該再試試別的地方。

啊！前面有間教會。

「這裡的民宿採取自由奉獻的付費方式。」牧師親切的回答。

「可是我身上沒有錢。」

「沒關係！」

「那，需要我為您做點什麼事嗎？」

「當你有能力時，再將這份愛傳出去就可以了。」

一位來自外地的陌生人說出了遇到的困難之後，竟然有人願意免費提供住宿，而且還邀我共進晚餐，我們竟然在對方的名字都不曉得的情形下就坐在同個餐桌共享佳餚，這是一種非常奇妙的感覺。我們在用餐時才開始自我介紹。

李豐盛牧師，任職於台灣基督長老會七星中會金包里教會，坐在他旁邊的是師母。另外，還有一位活潑好動的小朋友，名叫主揚。

「主揚，就是為主宣揚。」李牧師特別解釋了其中的涵意。

李牧師聊起他以前在水溝抓泥鰍的童年往事，閒話家常之外，還不忘提到了這間教會的由來，「金包里教會是由馬偕博士所開設，至今已經有一百多年的歷史。」這種氣氛讓人倍感溫馨，和他們處在一起就像是在自己的家裡。用餐後，李牧師帶著我熟悉教會裡的環境，並且告訴我附近有一間免費的公共溫泉可以使用，騎單車不用十分鐘就可以抵達。（不帶錢，除了有熱騰騰的晚餐和住宿的場所，竟然還可以去泡溫泉，簡直就是神蹟。）

我在由木板組成的通舖上寫日記，直到眼皮撐不住才就寢。

晚上能在教會裡安安穩穩地睡覺，讓人養足了精神，隔天一起床就感到精神抖擻。

不過，還有很長遠的一段路要走。我收拾睡袋，將行李放回腳踏車，忽然，想到了士官隊的輔導長，他是一位虔誠的基督徒，曾教導我們唱過一首特別的歌，於是，向李牧師問起教會裡是否有這首曲子的歌譜？

李牧師找到之後，就拿著譜去附近的便利商店影印送給我，而這張譜似乎喚起了當初的回憶，我拿出口琴，試著看著譜，吹出〈愛的眞諦〉送給他們。

當我準備好要出發時，李牧師和師母還特別準備了一袋裝著滿滿的零食、小月餅及水果的禮物。

我白白住在教會，已無從回報，只得急忙推辭。

他們卻是滿臉喜樂，簡簡單單說：「帶著吧，這些都是神的恩典。」

前輩

海風吹拂過的小月餅，吃起來別有一番風味，我騎到能看見海的地方稍稍休息了一會兒，在沙灘旁吃著李牧師和師母送的點心。這幾天的氣候不太穩定，騎到了基隆市的時候就遇上一陣大雨。我只好彎進騎樓裡躲雨，順便吃午餐，等到雨停了才上路。但是，在台二線的瑞芳路段，海天相連的景色讓人想多停留一會兒，不自覺就橫越對向車道，準備在涼亭旁拍照留念。

就在我拿出相機的同時，有一位皮膚黝黑且身材壯碩的人，慢慢地走了過來。

這個人確定我正在環島旅行之後，他就開心地說著以前騎腳踏車四處旅遊的歷史。大概是遇到同好，這位大哥不但幫忙照相，還熱心地叫我將地圖拿出來讓他說明從瑞芳到福隆值得去參觀的景點，而且他看了我的單車裝備之後還給了許多的建議，例如：買個車前袋，將貴重的物品或是常用的東西放在裡面，不但方便取得，還可以分配一些重量到單車的前面。

看著他結實的臂膀和足足大我二倍的小腿，簡直壯得跟熊一樣的身材，聽著這位大哥說著以前騎單車到合歡山、中橫、新中橫……的故事，我想，當年的旅行一定爲他留下了許多值得珍藏的回憶。

說著說著，他還問我：「吃飯了沒？」

我照實告訴他，「我趁著在基隆躲雨時吃了一整包的餅乾和芭樂。」

「如果還餓的話，到我家吃個飯吧！」方大哥特別提到，吃飯才會有體力，泡麵或乾糧放五臟廟裡撐不了多久，用不著幾個小時就會消化完畢，而且當初他騎單車時，吃泡麵吃到簡直就快反胃。

「不用，謝謝！」現在已經下午一點多了，我還能感覺到肚子裡有食物存在，於是婉拒了他的好意。

反倒是方大哥不放心，「下午我剛好有空，會騎摩托車或開車到福隆找你。」他幫我預估了騎腳踏車到福隆的距離與所需的時間，而且還重點提示，「過了龍洞隧道之後，直接左彎，經過一條約二百公尺的上坡就可以看到龍洞。」方大

哥已經七、八年沒有騎單車長途旅行，但是，光聽著他的詳細說明，內心就湧起了一股莫名的感動。

等到我揮手向方大哥告辭之後，才發現這段路的路況，就像他所說的一樣，有幾個坡，會經過幾個隧道，這種如同嚮導在前面帶路的感覺，勝過衛星導航的設備給人的安定。

北海岸的路邊，有許多供人休憩的空地，通常騎累了，我就找個椅子或是倚靠著欄杆欣賞風景，但是，剛才路旁有一對白髮的老夫婦，手牽手望著遼闊的海，站在附近的我，就像是用腳踏車發電的大燈泡。我實在是不忍心在他們背後發光發亮，破壞了這幅甜蜜的畫面。

喝了水之後，我就靜悄悄地踩著踏板繼續前進。

過了龍洞隧道，左邊有條水泥鋪的陡坡。最末端的路段，傾斜到單車的車頭都會因此騰空。但是，這個坡之後，就是兩側停滿了車輛的平台，往前就能看到設有階梯的登山步道，我將單車放在護欄旁，擦拭著為了上這個小山坡而流個不停的汗水。

有位戴著眼鏡的年輕人，好奇地問，「你是不是在環島？」

「沒錯！」我說。

這位同樣是六年級的同學，目前就讀某科技大學的夜校，他興奮的語氣中還參雜著一些驚訝的成分，「我開車到這裡的途中，就看到了你騎著載滿行李的單車。」只是他比我早一步到了這裡。他在新竹的電子工廠上班，每天工作十二小時，做兩天休息兩天，趁著休假的空檔，開車從新竹來龍洞釣魚，對於我的單車之旅佩服不已。

其實，這沒什麼了不起，「我剛才就遇到了一位更強的前輩……」

話還沒說完，方大哥就騎著摩托車出現，機車上還載了三隻小狗，車一停好，就從置物箱裡拿出一疊厚厚的相片，相片裡有位黑黑瘦瘦的年輕人，牽著一台兩側都放了馬鞍袋的登山車，後面載著的行李堆得像小山。「我可不是隨便說說的唷！」相片裡的那個人就是方建宏方大哥，而且這些相片全部護貝保存。

「單車全部的重量加起來有多少公斤呢？」這次，換我好奇地向他請教。

「大約有五十公斤。」方大哥回答，「因爲我喜歡冬天旅行，所以多了幾件夾克及厚重的衣服，還有糧食、汽化爐、雪地帳及其他的配件。」

難怪重量會比我的單車多了十五公斤左右。相片裡，有的在山上，有的整個人包得像肉粽，更誇張的，是牽著單車站在大馬路正中央的畫面，方大哥忙著解釋：「十幾年前，經濟還沒有那麼繁榮，公路的車輛，還沒像現在這麼多。」

看來這些方大哥如數家珍的照片，都是他人生中最美好的回憶。

可是，如果再聊下去，肯定天黑時才能抵達福隆。我趁著方大哥和那位六年級的同學轉移話題，熱烈討論起釣魚經時，向他們告辭。但，前輩可不是掛個名號而已，方大哥的古道心腸沒有因此打住，他指著前方的沙灘說：「待會兒，要到那個地點跟你會合。」

木造涼亭

果眞，方大哥還拿了瓶運動飲料在金沙灣等我。只可惜，金沙灣現在只剩下石礫，至於沙呢？

方大哥面向海，指著左手邊的漁港解釋：「原本沙會隨著季節不同而移動，但是自從漁港興建完成，沙便淤積在港口內，造成了沙回不來、港也不能使用的奇特景觀。」

除了浪費錢，這種對環境不了解的情形，讓原始的景觀也跟著消失……

下一站是日軍占據台灣時的登陸地點。方大哥解說完，就幫我在鹽寮抗日遺址前拍照，他說：「以前我也是自備相機和腳架，可是，有一次風太大，把相機吹倒，鏡頭摔成了兩半，所以，有許多地方沒有留影紀念，等到回家才後悔不已。」他千叮嚀萬交待，旅途中一定要多照些相片，不要等以後回想起才後悔。

從金山到福隆有許多的小斜坡，不過快到福隆海水浴場時便平坦許多。方大哥在福隆火車站前買了兩個便當，帶我沿著一條小路到福隆海水浴場隔壁的木造涼亭旁用餐，由於我吃肉會胃酸過多，當兵時就養成不吃肉的習慣，但是還是有攝取奶蛋類的食物，而當時的出發點並不是基於宗教信仰，所以，肉旁邊的蔬菜，我還是照吃不誤。

我將焢肉分給方大哥，方大哥則將便當裡的高麗菜和鹹菜分給我，兩個人在涼亭旁邊吃飯邊聊天，便當裡的白飯裡摻了點焢肉醬汁，再配上鹹菜就形成了一種強烈對比，高麗菜在口裡咀嚼起來還會散發著淡淡的甜味，就連隨便煮兩下的魯蛋也成了人間美味，這個便當不只是滿足了我的食慾，方大哥的熱情更讓我有了環島的信心。

目前，方大哥家裡開釣具用品店，原本想帶我去衝浪和浮潛，但是，這幾天的氣候不佳，浪又大，沒有這方面經驗的初學者，在這種環境下可能要多花許多時間而作罷。

他聊著聊著就順口問了：「你帶了多少經費出門？」

我照實告訴他：「我沒有帶錢出門，想利用這種方式環島，旅途中可能要打零工或是做一些苦力吧！但是為了預防萬一，我還是帶了提款卡，如果真的生病或遇上無法解決的困難，就到附近的提款機領錢。」

方大哥聽了之後說：「這種環島旅行非常具有挑戰性！」

為了答謝他的招待，用餐後，我就拿出口琴吹首歌送給他。接著，方大哥就幫我在涼亭裡搭帳篷，涼亭旁邊有片草皮，四周長滿了林投，從階梯的方向望去就能看到金黃色的沙灘。方大哥留下手機號碼和住址，交待我回到家之後要記得打通電話給他，下次經過瑞芳別忘了到他那裡坐一坐，說完，就帶著他的小狗返家。看著他的背影，我想到了方大哥曾提起最近有騎單車去旅行的想法，可是體力已經不如從前。

他大概想說，「趁年輕多去走走吧！」

在日落前卸下腳踏車的行李，我忍不住四處逛逛，可惜沙灘上沒有辦法騎單車，於是我就待在電線桿下整理資料，直到濱海公路沿途的燈火都亮了起來才收起日記，準備就寢。前兩天都很

晚才睡，中午又沒有補眠，反正現在也沒什麼事情可以做，早點休息吧！

從小到大，未曾嘗試獨自一個人在海邊過夜，但是，凡事總有第一次。

我打開睡袋，攤平充氣睡墊，聽著不知名的昆蟲及小動物的叫聲。海風吹得內、外帳互相摩擦，就像有人要打開帳篷，心裡伴隨著五分的害怕、四分的興奮和些許莫名的新鮮感，在堆滿行囊的帳篷內呼呼大睡。

一大早，外面就傳來了腳步聲，大概是要去附近運動的歐巴桑。早晨柔和的陽光照射在露水上，看來一切都是那麼美好，嗯，今天一定會是個好日子。

「你從哪裡來？做什麼事呢？」正當我收拾好行李準備出發時，有位老伯好奇地問。

我簡單地向他說明自己正在騎單車環島。

沒想到這位眼袋深得可以裝下半桶水、臉上又布滿皺紋的老伯回答更勁爆，「我也曾騎鐵馬環島。」任誰也料不到會在這種地方碰上這號人物，於是我趕緊拿出了筆記本紀錄下這段不期而遇的故事。這位阿伯非常喜歡旅行，但是，他不採取走馬看花的旅遊方式，絕不會拍了張相片就匆促離去。譬如說，他到了一個定點之後，就在當地租房子，待個十天半個月，跟當地的耆老聊天，深入了解各地的人文及飲食。而且，早在四十年前，他就已經採用了這種方式，當時，他騎著鐵馬，身上帶著一萬元，花了三個月的時間完成環島旅行。

現在他還維持這種方式在旅行，就連東南亞及日本都曾留下他的足跡，不，應該說，都有他租過的房子。阿伯出國的次數頻繁，據說（請注意，此乃據說），到新加坡時曾遇過李光耀，搭飛機曾坐在阿扁的隔壁座位（當時阿扁還沒當上總統）。

然而，聽著他從盤古開天講到核四發電廠的近況，我才驚覺時間已經不知道過了多久。如果再晚一點出發，可能還沒到宜蘭就會被曬成了人肉乾，於是向這位見識廣博的阿伯告辭，往下一站繼續邁進。

台灣的聖地牙哥

路上「三貂角燈塔」的標示，吸引了我的注意，但是之前朱銘美術館的快閃經驗，則提醒我要多考慮一下再決定。可是，等超過入口時，我就後悔了，既然已經到了這裡，怎麼可以就這樣錯過呢！（如果當時有人在場，就會看到一台單車一八〇度大迴轉然後往燈塔的方向騎去。）然後，我除了可以感受地心引力會讓蘋果砸在牛頓的頭上，也能在上坡時深刻地實際體驗這股力量的存在。其實也還好，這個坡不會很陡，只是，如果能多幾條腿來幫忙騎的話，那不知道該有多好！

經過了一番的掙扎之後，終於到了燈塔的圍牆旁，由於剛才上坡時使盡了吃奶的力氣，連變速器都推過頭，鏈條竟然轉到了飛輪與鋼絲的中間。簡單地說，這種情形稱爲「繞鏈」。看來，後變速器的調整螺絲得再修正到合適的位置才行。

在圍牆旁休息的幾位燈塔看守人員，知道了我正在環島旅行，竟然主動將單車抬離地面，讓我輕鬆地調整與測試變速器的問題。而且，當我正準備清洗沾滿油漬的雙手時，就發現已經有人先拿著肥皀，在水龍頭旁等候。（哇！設想眞是周到。）而且，這幾位目前沒有值班的先生，還

邀我到貴賓室一起泡茶聊天。

一位身材微胖理著平頭的先生，手裡抱著十一個月大的小孩，親切地解釋：「平時這裡沒有什麼消遣，下班後就是釣魚、泡茶。」他們熱情地說：「既然有客人從那麼遠的地方來到這裡，就以茶代酒聊個痛快吧！」

提到「酒」，有人就忌妒起這個騎單車在流浪的我。

「騎腳踏車最好！」這位仁兄說出了他的奇想，「開車或騎摩車都禁止喝酒，只有騎腳踏車沒有這方面的限制，遇到路邊有臨檢時，你一定要拿罐啤酒往頭上澆。」

我笑著回答，「拜託！到時候單車被警察扣押，那不就要改成徒步環島了嗎？」

一個陌生人，騎著單車到燈塔參觀，不但享有茶水招待，而且這裡的人還能像老朋友般跟你暢快地開著玩笑，誰也料想不到，單車竟然成爲我和他們的媒人，促成這段特殊的緣分。

「爲什麼你有空可以環島呢？」這是一個非常好的問題。

我啜了一口茶水，拿著杯子回答他們，「因爲最近剛好失業，而很久以前我就曾想過騎單車環島，所以現在趁著找到工作前的空檔完成這個夢想。」

「那，你以前從事什麼行業呢？」

這種打破砂鍋問到底的精神實在値得鼓勵。不過，我決定先賣個關子，「你們猜猜看？」

「看外表實在是猜不出來……」他們露出了失望的表情。

鹽寮抗日遺址

看來還是公布答案好了。我告訴他們聽了之後要鎮定一點。

「牛郎！」

突然冒出來這意想不到的兩個字，果真讓他們大吃一驚，大概是從事特殊行業的人，平時說話都要小心翼翼，深怕一不小心就洩了底，現在難得有機會親眼目睹，有人趕緊用眼睛餘光掃瞄了一遍，有人則大方補充：「嗯，還滿像的說！」

「哎！我是那種專門飼養乳牛的牛郎，不是午夜才跑出來工作的牛郎。」

話才說完，他們就笑成了一團。

「真是的，你們想到哪裡去了……」

（說到這裡，我就要補充一下下，飼養乳牛是屬於勞力、技術、資金密集的產業，在寸土寸金的昂貴地價與炎熱潮濕的氣候環境之下，台灣的酪農必須比外國投下更多的資金以及花費更多的心思才能順利經營農場，所以，請大家多多珍惜與支持優質的國產鮮乳，報告完畢，謝謝各位！）

聊著聊著，他們就說：「前不久，曾在附近看到毒性非常強的眼鏡蛇，如果有東西在眼鏡蛇的面前晃動，牠還會發出嘶、嘶、嘶的聲響。」

我臨時想到了對付這種毒蛇的方法，於是，問他們：「如果遇到眼鏡蛇，該怎麼辦？」

「用手抓！」有人胸有成竹的回答。

我搖搖頭告訴他們，「不對！」

大家突然都安靜下來，等著本人公布這個答案。

「先把眼鏡蛇的眼鏡打掉再逃走！」我一邊說一邊用手示範動作。

「那，如果遇到戴隱形眼鏡的眼鏡蛇該怎麼辦？」

來這套！

時間就在這種歡樂的氣氛中度過，他們請我吃了西瓜和兩罐八寶粥，我則吹個口琴娛樂一下在場的大人及小朋友，可惜下午執勤的員工因爲有事要返家一趟而先行告辭，其餘的人也有工作要分頭進行，不過他們要離開之前告訴我：「你可以待在這裡休息，有什麼需要再跟我們說。」他們的話還沒說完，外面突然下起大雨。由於東北季風與低氣壓的影響，這幾天的氣候變得非常不穩定，我趕緊將腳踏車移至車庫避雨，順便拿旅充替手機充電，利用這段躲雨的零碎時間在他們的客廳裡寫日記。

不久之後，燈塔的林主任批完了公文，剛好有空，就過來和我聊了一下。

他說：「以前初中都要通過考試才能就讀，所以學校和家之間有一段長遠距離是非常普遍的情形，當時我爲了上學，每天要通勤大約二十公里左右的路途，而鐵馬就是交通工具。」讀初中的最大本錢，就是年輕，想到哪裡就騎到哪裡，但是，現在上了年紀，體力沒有辦法負荷。他還提起最近買了價值一萬多元的單車，想從家裡騎到燈塔上班，可是，座墊太小，短短幾公里的路，震得屁股痛的不得了，所以就打消了這個念頭。

騎單車上班是他最近的一個夢想，可惜並沒有實現，不過他卻提供二十年前，騎偉士牌穿越蘇花公路的經驗給我參考。

當時，大部分的隧道只有單向通車而且裡面幾乎都沒有設置照明設備，摩托車的大燈卻在最需要派上用場的時候燒毀，隧道裡伸手不見五指，要靠著路過的汽車幫忙照明，一個一個隧道慢慢通過。所以，當他找到了修理機車的店，馬上就買了兩個大燈的燈泡，那次的體驗更讓他留下了畢生難忘的深刻印象。

所以，林主任特別叮嚀，經過蘇花公路時，千萬要注意安全。

目前每月約有五千人次到三貂角燈塔參觀，但是騎單車來這裡的人，用手指頭就數得出來，林主任覺得這種精神非常值得鼓勵，送了一張非常珍貴的三貂角燈塔明信片，另外，再贊助重達六百公克的素食胚芽餅，並祝我能順利完成單車環島的夢想。林主任給我的感覺就好像幫助別人完成夢想，自己也能分享那種喜悅和成就。可惜，林主任還有其他的事要忙，簡單地交待不用找他們道別，「如果要離開，只要把門帶上就好。」

接著，所有人都去忙著自己的工作，我呢？則乖乖地待在貴賓室裡寫日記。老天爺似乎很眷顧出外的遊客，雨雖大，卻只持續了一陣子。

雨停了，也該出發了。

我悄悄地關上貴賓室的紗門，向這座身負導航重任的燈塔道別。

註：據傳明朝天啓六年（西元一六二六年），西班牙船艦由菲律賓開抵台灣東北角海域，因不詳地名，為便於記載航海日誌，便以拉丁文命此地為San Diego（聖地牙哥），為外國人最早對台灣東北角的紀錄。早期當地居民便以此譯閩語音「三貂」，又三貂地形是台灣最東北的岬角，因而自然得名為三貂角，燈塔建成後就地名稱為「三貂角燈塔」。（以上內容為財政部關稅總局印製之簡介。）

八月十五的緣分

騎著單車沿著剛才的路滑行，我才了解，下坡眞是一種無可替代的享受。

沒多久，越過了台北和宜蘭縣的交界。大里遊客服務中心提供許多免費的宜蘭旅遊資訊讓遊客索取，一位熱心的旅遊業者，告訴我哪裡有公共的溫泉和露營的地方。到了礁溪已經是晚上六點多。（這都要怪自己半路跑去一處海濱公園玩耍，擔誤了許多時間。）不過，我還是決定先到附近的便利商店蓋個鄉鎮護照的戳章再說。這間商店的擺設跟別家並沒有什麼不同，但是老闆娘跟我閒聊了一會兒之後，關心地問：「你一路上都吃什麼東西呢？」

「哦！大部分都吃些乾糧。」

這位老闆娘問完，二話不說，贊助了一盒用微波爐熱好的福隆便當。忽然間，我的心裡覺得很溫暖，當場就在店內拿出口琴，吹首歌送給這位充滿愛心的老闆娘。

我收好蓋著「礁溪」的本子，拿著這個便當到附近的旅遊中心，找了張長板凳準備吃晚餐。網路上曾謠傳這種需要大量加工與冷藏的便當含有高量的防腐劑，可是，就算這個便當裡熱騰騰的白飯、鹹菜加半顆魯蛋是用清潔劑烹調出來的菜色，現在的我也能吃個好幾盒。哇！在嘴裡慢

慢地咀嚼的食物特別好吃，我一口接著一口享用這份愛心晚餐，將剩下的焢肉送給路邊一隻看起來非常無助的小黑狗。接著，到附近一處免費的公共溫泉澡堂泡熱水消除騎單車的疲勞。然後，在毛毛細雨中騎著單車往五峰旗瀑布前進。

還好，雨只下了一陣就停了。

瀑布入口處的涼亭，有一票人正在舉行烤肉聯歡晚會，大老遠就能聽到他們高聲地歌唱，其中的一位剛吃完烤肉大餐的中年男子，告訴我哪裡才是露營的地區。靠近這條小溪的岸邊似乎是個很好的地點。我找到了一處平坦的地方，花了十分鐘搭好帳篷，利用溪水清洗衣服，然後將童軍繩的一端繫在樹上，另一端再綁在單車上，完成簡易的晾衣繩。

完成這些工作之後，我就穿著拖鞋走到附近的路燈，找個紙板墊在地上，靠在電線桿旁寫寫日記。

今天晚上，我聽著民眾提前歡度中秋的卡拉ＯＫ與瀑布奔騰的流水聲中，躺在碎石頭上就寢，讓我想到了黃瓜這位老同學，要不是她送了充氣睡墊，我的背明天早上一定會跟苦瓜沒什麼兩樣，但是騎車的疲倦提醒我不得不早點休息，我幾乎在闔眼的瞬間就進入了夢鄉。

凌晨五點多，被雨水拍打帳篷的聲響喚起，外面雨點越下越大，這頂同梯牌革命帳篷的裡面竟然也開始滴水，我趁著睡袋和怕水的設備還沒被淋溼之前趕緊收起來，用防水的塑膠袋包好，然後，到帳篷外將昨晚晾在外面的衣服收起來。沒想到隔壁竟然多了一台休旅車和兩頂帳篷，那麼，昨天半夜傳來關車門的聲音，應該不是作夢。

現在，我有了新的鄰居。

帳篷裡的空間有限，我決定到外面透透氣。於是穿著腳踏車專用的雨衣，沿著階梯走到涼亭。雖然下著雨，涼亭裡的老阿伯可沒有閒著，陶醉地拉著他的二胡，而我則利用下雨的這段空檔將之前的故事做個整理，寫到肚子開始跟著音樂唱空城計，才收起日記，準備回去帳篷內吃早餐。新來的鄰居十分友善，我只是主動向他們微笑與點頭道聲「早」，他們就邀請我，到他們剛搭好的大型炊事帳內喝杯熱茶。

在這個溼冷的早晨，喝了他們的綠茶之後，我忍不住從背包裡拿出口琴，吹首動人的歌曲回贈，然後坐在折疊椅上和他們聊聊天。

彭先生開車從新莊經北宜到礁溪的老婆家過中秋節，順路帶著小朋友來五峰旗瀑布露營，他們昨晚大概十一點多才到達此地，看到我搭帳篷的地點似乎不錯，就決定在隔壁落腳，他很喜歡到野外活動，休旅車裡裝滿了齊全裝備，平均一個月到戶外露營兩次。

彭榮錦先生遞了張名片給我，他說：「我的老家也在中壢。」

他曾經自己創業，甚至到中國投資，但是，他認爲中國的制度與人民素質仍待加強，所以決

定回來台灣從事貨運物流的工作。平時呢，彭先生喜歡接近大自然的靜態活動，也愛玩車子、重型機車和音響。在一旁的彭太太不忘補充：「看他帳單上的錢是從哪裡來的，就知道他最近迷上了什麼？」

彭先生不忘給我一些的建議：「三十五歲之前都是人生的基礎。其實，你現在這個年紀，不要太擔心工作上的問題，要趁年輕多交朋友、增廣見聞，把基礎打好。」我們不知不覺聊到了中秋節。我看著天空厚厚的雲層，帶著點感慨說：「不知道今天晚上能不能看到月亮？」

彭先生對我說：「月亮倒是其次，重要的是，全家能在一起團聚。」然後，他們決定邀我到他們家過中秋節。而且彭太太的弟弟任職於太魯閣國家公園管理處，可以趁著晚上聚餐的時候，向他請教相關的旅遊資訊。

「真的嗎？」我覺得像是作夢，不禁脫口而出。

這趟旅行，第一次有人邀我到他們家過夜，也是生平首次有機會到陌生人家裡過中秋。

陣雨過後，太陽從雲層中露臉。我想起了三貂角燈塔的一位太太說過的話，「到了礁溪，別忘了去五峰旗瀑布走一走。」於是我向彭先生打聲招呼，然後，帶著雨衣和相機去瞧個究竟。沿著有點坡度的階梯，走約二十分鐘就可以看到最上層的瀑布，而回程呢，我則依照賣薑老阿伯的指示，換了另一條碎石子鋪成的小路回到營地。

我回到營地，就看到彭先生和彭太太忙著收拾行李，讓人心裡不禁想著，「他們大概要準備離我而去了吧！」

但是，彭先生主動將如何到他們家的詳細路線告訴我，才開著他心愛的休旅車離去。而我呢，則在幾分鐘之內收拾好行李，從山上溜到大馬路，靠熱心的攤販與路人指引，在鄉間小路裡找到了正確的位置。關於這一點，我要特別感謝路上的陌生人。一個路痴能靠著簡單的地圖和問路就到達宜蘭縣，不要說別人，就連我自己也感到不可思議！

「我先生怕你找不到路，還特別打開兩個手機待命呢！」彭太太一見到我，就將彭先生剛才的情形說出來了。然後，她招呼我到她家吃飯，雖然已經快下午兩點了，但是桌上的菜餚，好像會散發出耀眼的光芒。由於彭太太的弟弟持十日齋戒，家裡都會放些素食的食品。

我足足吃了兩碗飯和兩碗素食的米粉。

這頓家常飯菜，對一位出外的遊子意義重大。看著餐廳裡木板隔間的牆面貼滿了月曆，讓我想起了自己的老家。吃完飯後，彭太太的爸媽還建議我到附近的龍潭湖參觀。彭太太則細心叫我把淋溼的帳篷和睡袋拿去曬太陽，如果待會兒下雨，她會幫忙將這些東西收到屋內。

宜蘭人的好客果真名不虛傳。

而且宜蘭縣內的規劃都有一定的水準，不但有旅遊服務中心，風景區也有專人維護，可惜天空不作美，我只沿著龍潭湖繞了一圈就下了大雨。我將單車停在屋簷下躲雨，順便找張椅子和屋內的管理員聊天。

管理員用台語說：「新竹風，宜蘭雨。」東北季風加上低氣壓的影響，讓宜蘭這幾天的雨水更加豐沛。

等到雨勢變小，我才告別管理員，回到彭太太的家。帳篷和其他的物品已經被他們安置在騎樓下，完全沒有被雨淋溼。晚餐前，彭先生備妥了茶具，陪我喝茶打發時間，我們坐在黑色的沙發椅上，看著一群小朋友蹦蹦跳跳。

烤肉，似乎已經成了中秋節的全民運動。不過今天有點不同，因爲有我在旁邊吹口琴娛樂大家。不料，火突然變得很旺盛，連他們大哥自製的木頭烤肉桌也一併冒出火苗。

他們忙著滅火，然後笑著說：「大概是你在旁邊吹口琴的緣故吧！」我實在是很幸運，能遇到這麼好的一家人，晚上有豐盛的食物，又可以洗個熱水澡，更重要的，他們讓我度過了一個愉快又難忘的中秋節。

而這個單車騎士，只是他們白天在風景區撿到的陌生人。

中秋節聯誼烤肉晚會結束後，彭太

太說，我可以睡在他們家的樓下。可是，晚上的蚊子很多，我想到要移動帳篷就全身不聽使喚，於是決定回到自己的小窩裡過夜。在荒郊野外和住家過夜的最大差別就是「安全感」，在這裡不用擔心會有人來打擾，我安安穩穩地睡了一晚。早上起床後，遇到了住在隔壁的一位阿伯。

這位阿伯是彭太太的叔叔。

說也奇怪，我跟老人家反而特別聊得來。阿伯現在大約六十幾歲，可是因爲太太過世，傷心過度，頭髮沒多久就白了，只剩下後面幾撮黑髮，是一位重感情的老人家。我特別邀他合影之後才開始收拾行李。彭先生大概是昨天比較晚睡，所以還沒有起床。我向彭太太及她的家人道謝後，騎著腳踏車往下一站前進。

路上，我想到了之前問過彭先生的一個問題：「你太太在礁溪，而你住新莊，你們是怎麼認識的呢？」

「你住中壢，我以前也住中壢，爲什麼卻在礁溪遇見呢？」他笑著回答：「這就是緣分。」

從五峰旗到離開他們家，彭先生及他們的家人都不知道我身上沒有帶任何錢，沒有人問起任何有關旅費的問題，但是，他們就像朋友一樣招待我，唯一能讓我想到的解釋就是……

「緣分」。

我想能和他們共度中秋佳節，就是一種緣分吧！

緣分

公園

時間過得飛快，距離我學生時代的校外參觀已經快十年了。記得高職的導師曾經告訴我們：「宜蘭運動公園的黑板樹，標齊對正的程度簡直就像是國慶閱兵。」所以，早上我特別過來看看這些樹，接著，往羅東運動公園前進。我從四結福德廟的服務人員口中得知，宜蘭運動公園和羅東運動公園之間有一條腳踏車專用道。一位好心的媽媽騎機車帶我走捷徑，沒多久就到了河堤上的單車專用道。

這是旅程中第一次騎上這種道路，看著禁止機車和汽車的標誌，在這裡騎單車有種被尊重的感覺，還可以直接到達羅東運動公園唷！而且公園裡的設施藏著許多的創意，就連洗手間也不例外。

我騎著單車到處閒晃，蓋蓋紀念戳章，然後拿著口琴到公園裡最角落的樹蔭下，練習吹奏約半個小時。

十一點多，到販賣部附近找尋可以演奏的地方。咖啡店前，有位棕色頭髮的外國人正在募款幫助貧困的家庭，他的攤位上擺著五顏六色的汽球，旁邊的招牌上面寫著，「親愛的朋友您好：

可否請您幫助我們以四十元（或以上）捐助來認購汽球一顆。」

我想到了金包里的李牧師講過的話，或許現在就是有人需要幫忙的時候。

於是，我用破破的英文將這個想法告訴Pierre。（其實，這個想法很簡單，只要把場子搞得熱鬧一點就行了。）我當著群眾吹奏口琴，有一票在附近的年輕人聽完之後，竟然給予熱烈的掌聲。如果有小朋友買他們做的手工氣球，我就順便免費吹首兒歌送給小朋友。

有位笑容非常甜美的小姐，贊助了一杯可樂。

音樂似乎有著一股神奇的力量，能將人們之間的距離拉到最近。有些遊客會隨著口琴的節奏一起打拍子，有時候也會響起一些零零落落的同情掌聲。也許是大部分的民眾比較保守。總之，應該是我吹奏口琴的技巧還需要加強吧！（不過，我可是

很有職業道德，爲了確保不會影響到肚子裡小寶寶的胎教，我一定會先徵求媽媽的意見，然後再繼續演奏。）

Pierre趁著空檔向我介紹站在隔壁的那位美麗動人的小姐，就是他心愛的女兒。沒幾句話的時間，他順手用汽球做了一頂藍色的帽子，上面附贈一隻紅色的汽球小熊，送給我。我將這個禮物戴在頭上，竟然變成小朋友眼中熱門的搶手貨，有些人還拉著父母來買汽球做的小熊，然後，大家顧著買各式各樣的汽球，我則硬著頭皮用英文幫忙翻譯小朋友所選的顏色及種類，Pierre則忙著做出小朋友喜歡的汽球造型。忙到了十二點多，我才拿出金包里李牧師資助的愛心食物，吃了二條杏仁糕和一包越南來的香脆可口豆子。

Pierre的女兒問我：「你午餐吃什麼呢？」

「就是我剛才吃的食物。」

她以爲我在開玩笑，然後說：「你可以和我們共進午餐。」

這世上沒有什麼話能夠令人如此感動！

Pierre用手機撥了電話給他的家人，吩咐他們多準備一份午餐，然後，我們就坐在旁邊的椅子上休息。Pierre是加拿大人，他年輕時曾到處旅行，有時睡在公園或是接受陌生人的招待，直到有一天，他感覺到耶穌的存在，於是成了一位傳教士。他說：「許多的傳教士搭便車或是利用其他方式，甚至不帶錢去別的地區或是國家傳福音，我曾經去過十多個國家，而到台灣則是最近

宜蘭運動公園

幾個月的事情。」

對他們來說，我的單車旅行好像已經司空見慣，見怪不怪。

有一次，Pierre開著一台裡面備配日常生活所需的設備的巴士，載著他的家人橫越加拿大。

「你可考慮橫越加拿大！」Pierre給了我一個建議。

「騎單車嗎？」我問。

「如果騎單車的話，也許需要二至三個月。」

至於Pierre的女兒呢？去過十三個國家。姣好的外貌，有一半的中國血統，我忘了她的名字，但是，東方烏黑亮麗的長髮，搭著紅色的無袖上衣與黑色的裙子，看起來，比我們更具中國傳統風雅。她學過一年的中文，之前住在外雙溪，北京話說得很流利，還認識許多的中國字。我們聊到了自己的家庭，我有四位兄弟和一位妹妹，Pierre有七個小孩子，而且，他的老婆是位不會說中文的華僑。

剛才送午餐過來的一群女生就是Pierre的小孩，他們給我的感覺，就是一個非常溫暖的大家庭。

我突然想到了朋友曾經轉寄過來的一封電子郵件，於是在用餐之際與他們一起分享這個小故事。

What's family?

Father

And

Mother

I

Love

You

今天的午餐是兩片厚片土司夾著一個荷包蛋，另一道菜就是削了皮之後撒了點鹽巴的大黃瓜。而Pierre認爲騎單車要花費許多的力氣，吩咐我要多吃一份荷包蛋土司，還贈送了幾塊素食3Q總統餅。

用餐完畢之後，Pierre想爲我禱告。

「禱告？」我未曾禱告過。

他說：「沒有關係！」只要跟著他用英文一句接著一句唸，就可以了。雖然裡面參雜了許多聽都沒聽過的單字，但是，有人肯爲一個陌生的單車騎士祈禱，這點就足以讓人覺得窩心。

下午的人潮似乎少了一點，我對可以做出許多造型的汽球產生了興趣，Pierre當場就傳授如何用汽球做出小狗的技巧。我則跟著他一個步驟接著一個步驟用手工完成了生平第一隻汽球小狗。

羅東運動公園

「最重要的是，這隻小狗不用吃東西。」他笑著說。

跟他們在一起實在是非常快樂。可惜，天下無不散的筵席，我們互相留下聯絡的方式與電子信箱，然後我告訴他們，「我回到家之後，一定會通知你們。」

Pierre的女兒說：「雖然你不是基督徒，但是你相信有愛，所以和我們是一樣的。」

「耶穌與你同在！」Pierre對我說。

即使不認識那位神，但是冥冥中似乎能感到有股力量在幫助我。向他們揮手道別之後，我戴著Pierre送的小熊汽球帽，將做好的汽球小狗綁在行李旁，讓它隨風飄動，一起前往冬山河的親水公園。

但是問題來了，除了宜蘭縣民之外，想進入親水公園參觀都要收費。

「如果幫忙做些事情、打工或是吹口琴給妳聽，可不可以讓我進去公園呢？」我試著說服收費站的小姐，因爲她似乎覺得不帶錢出來旅行是在開玩笑。最後，她左顧右盼，詳細地觀察了四周，叫我偷偷溜進去。

我竟然免費騎著單車從大門口進到公園裡，參觀熱鬧的二〇〇二年水域運動產業展。其實，主辦單位原本將這個活動安排在上個星期，但是，因爲辛樂克颱風的影響而延期至九月二十一與二十二日中秋節的兩天假期。水域運動產業展和宜蘭縣國際名校划船邀請賽結合辦理，裡面的活動可以說是熱鬧滾滾，還有專人隨著音樂當場示範划舟的表演，而且，現在只要在公園裡的攤位

集滿四個印章就可以參加抽獎。

抽獎、抽獎、抽獎……我的腦子瞬間就被這幾字占滿。

我奮力騎著單車在公園內尋找闖關遊戲蓋章的地點，集滿四個印章，接著往服務台報到，用左手抽到了一條浮潛專用的呼吸管。然後，我就遇見了服務台隔壁展示太陽能船的台大工程科學及海洋工程學系的一群年輕人。其中一位同學拿著礦泉水示意贊助，我接受他的好意並吹奏口琴和他們交流一下，想不到他們這幾位同學就用手互相搭著肩膀，隨著節奏左搖右擺。有位六十五年次，曾在大二那年騎單車環島的同學，將他的經驗與我分享。那次的單車環島，他遇到了一位靠走路旅行的日本人，但是台灣的天氣對日本人來說太熱了，所以日本人最後選擇了淑女車為旅行的交通工具。

本人謝謝他的淑女車建議之後說：「還是可以變速的登山車造型較為合適。」

說到有關「造型」的話題，他們馬上推派出一位滿臉都是鬍鬚渣的學生當代表，並說：「這位走粗獷路線的同學，將來打算在鐵道上用手攔火車旅行。」

遇上這群瘋狂的同學，讓我也感染了那種氣氛，頃刻之間充滿活力。

正當我們興高采烈地聊著天，突然有位年紀比較大的路人跑過來說：「啊！你不是剛才從休旅車上把腳踏車拿下來的那個人嗎？」

「不是啦！我是開遊覽車來的那一位啦！」我用同樣的方法回應了他的玩笑。

可愛的同學

這群同學很好相處，我還特別和他們合影留念，並接受了他們贈送的黃色頭巾，且告訴他們：「雖然我身上沒有帶一毛錢，但是，就算是遇到了必須賣掉身上所有物品才能解決的困難，即使那時候我的身上只剩下一條內褲，也不會把這個有紀念價值的頭巾賣掉。」

夠義氣吧！

可惜，天色已經漸漸暗了。在太陽下山前，我高舉著右手，揮別了這幾位可愛的同學。

傳說中的公路

蘇澳國小的工友先生說：「每到寒暑假，就會有許多學生來我們學校借宿。」所以，我只簡單地說明了一會兒，就徵得了工友先生的同意，晚上可於活動中心搭帳篷過夜。我將睡袋等相關的行李放妥，然後，將汽球做的小狗放在搭好的帳篷裡看家。晚餐吃Pierre贈送的三塊素食餅，接著，騎單車去泡一泡舉世罕有的蘇澳冷泉。

這間蘇澳鄉的公共冷泉離國小只有幾分鐘的路程。

當地的一位阿伯告訴我：「蘇澳冷泉含大量的二氧化碳和充分的礦物質，不但可以泡，還可飲用，聽說以前是彈珠汽水取之不絕的原料來源呢！」眞的喔！當你泡在池子裡，小小顆的氣泡就會從水底冒出來，而且冷泉可不是叫假的，馬上就能令人精神百倍。我泡到手腳感覺有點發麻才回去蘇澳國小。

晚上七點，國樂團到國小裡的活動中心練習。

我坐在柱子旁，聽著由老中青三代組成的國樂團現場演奏優揚的樂音，寫著日記。等到樂團練習完畢之後，我才在空曠的活動中心就寢，睡到早上六點才被手機的鬧鐘聲吵醒。人醒了之後，發現右手因爲昨天移動腳踏車時，不小心拉傷而隱隱作痛，不過，我還是決定先將行李及服裝儀容整理到定位，然後拿出三貂角燈塔林主任贊助的胚芽餅當早餐，大概吃了兩百公克左右。

到目前爲止，李牧師及Pierre贊助的愛心糧食已經被我吃光光了。

解決了民生問題，右手的疼痛也減輕了許多。我打開自己攜帶的醫療用品，裡面有一卷彈性繃帶、透氣膠帶、ＯＫ繃、消毒用的酒精棉片與碘酒、一條可以解決眼睛感染細菌的四環素軟膏，但是，就是找不到肌肉拉傷時可以用的消炎藥或是貼布。還好，我人在學校，保健室的護士小姐知道這個情形之後，隨即打開保險櫃，翻出了陳年的撒隆巴斯，幫我解決了這個問題。

星期一，學校裡到處都是學生，雖然我在走廊上騎單車的速度很慢，不過還是逃不過老師的訓誡。

這都是我不好，所以本人特別負荊請罪，在此呼籲，對於自助旅行有興趣的朋友，假使有一天您也騎著單車去旅遊，借住在學校的任何一個地方時，請您不要在學校的走廊騎著心愛的鐵馬，以減少撞到小朋友的機會。

我乖乖地牽著單車前往校門，回頭望了學校的建築一眼，開始今天嶄新的行程。

全省三大漁港之一的南方澳漁港，有幾位熱心的歐里桑說：「廟旁沒多遠，有條新的路可以接到台九線，不用再繞回去原來的跨港大橋就能往花蓮的方向前進。」於是本人按著指引，踏上了這條傳說於網海之中的公路。正確地說，環島路線裡最具危險及難度的路線，就是台九線省道，蘇澳至花蓮之間的路段。我在網路上查找資料時，發現有許多的前輩不約而同都在網路上提到這段——據說有百分之五十以上的砂石車通行的公路。

眾人俗稱：「蘇花公路！」

小弟斗膽，就在此提供一下二○○二年九月二十三日當天的約略情形與大家分享。從南方澳漁港開始全都是上坡，到了路標約一一一．五公里左右，會遇到一個狹橋，寬度只能容下一台砂石車通過，所以要加速通過。就在這時候，老天爺開了一個玩笑，烏雲密布的天空飄起了毛毛細雨，我起初還不以爲意，甚至考慮順便停下來抹點肥皂，就地洗個澡再走。但是雨點越來越大，逼得本人不得不先停車，再穿上腳踏車專用的雨衣。可是等到我一切就緒，騎著單車繼續邁進之後，雨水卻轉變成間歇性降臨。

蘇澳港

「也許等一下，雨勢就會變大……」我盤算著天氣的變化，只將雨衣打開通風，不過，騎著單車又負重爬坡，汗水就像路旁被撞壞的消防栓那般的流量，從皮膚湧出。依照阿兵哥的說法，雨衣外面溼，裡面也溼的情形，稱作「雙溼牌雨衣」。在這種前不著村、後不著店的荒郊野嶺，我覺得，如果下雨就乾脆淋個痛快。

結果，雨水就在我脫了雨衣之後越變越小。

沒多久，我就到了路標一一三．五公里處，也就是第一個上坡的頂點。圈圈建議，如果累了，可以在這裡先喘口氣，然後，先笑個兩聲，再輕鬆愉快地享受微風吹拂的下坡路段，體驗不踩踏板，只需要用手指頭輕輕控制剎車的快感，聽著空氣和身體摩擦的聲音，從山上看看海岸旁的粉鳥林漁港。

可惜好景不常，過了東澳車站旁的隧道，有一段路正在施工。而這個時候，單車的好處就是能先走一步。

台九線省道一二〇公里處是第二個上坡路的起點，我花了三十三分鐘才騎到了一二四公里處的新澳隧道入口。

雨完全停了，可是我覺得精疲力竭，於是將單車移至隧道旁，坐在草皮上休息，雖然，現在已經是午餐的時間，可是方圓五里內，除了樹和柏油路之外，沒有任何商家。

那就吃乾糧吧！

今天中午的主餐是林主任牌胚芽餅乾，小菜是酸中帶鹹的水泉友情牌桔餅，湯呢？就是之前加油站小姐送的礦泉水。用完餐後，我決定拿出日記，好好地將這幾天的事情整理一番。

但好景不常，有一隻蜜蜂，誤以爲坐在草地上的人類是一朵花，開始盤旋在我的頭上，接著又多了兩隻。牠們可能太久沒有接觸過人類，不但呼朋引伴，有一隻還率先用嘴巴咬了我手上的皮膚，那時候我的背部，從尾椎到頭皮之間就好像接通了一股令人發麻的電流。看來此地不宜久留，我輕輕地撥開這幾隻蜜蜂，收拾日記和所有相關的器具，繼續下午的行程。

從新澳隧道開始，就是令人精神爲之一振的下坡路段。

我忽然想到了一個人，於是，乘著風大聲地呼喚她的名字。

大約只要十五分鐘就能從路標一二四滑到一三〇・五公里處的鄉公所，我在這裡補充了兩罐的飲用水，從公所之後，地勢開始平緩，附近有住家和便利商店，可是不用高興得太早，到了路標約一三四公里處就要開始爬第三個坡。第三個坡的地形相較於前二個坡，則有點像是起伏的波浪。不過，上下坡時，還是要注意安全，如果心情好的話，儘管開懷地引吭高歌唱喜歡的曲子，放心吧，這裡沒有建築，就算是再難聽的歌聲也不會引起山崩。

然後，通過漢本隧道再經過大濁水橋就到了花蓮縣。

和平村，是台九線省道到花蓮最先抵達的第一個村落。

吃乾糧

我問了加油站裡的小姐：「哪裡是和平最熱鬧的地方呢？」

「就是這裡。」這位原住民小姐回答。

兩位員工和一位站長，加上到化粧室解放的人與正在加油的顧客，全部湊起來用手指頭就可以計算人數的加油站，竟然是和平最熱鬧的地方。呵……我笑了笑，然後，將單車停在加油站附設的便利商店旁，吹起了口琴。

站長對於加油站裡出現了口琴的聲音似乎很感興趣。

「站長可以免費點歌！」我說。

站長沉思了一會兒，慎重地說：「那就來一首〈綠島小夜曲〉吧！」

我只會開頭的第一句而已。不過，我告訴他：「如果有機會，我會練習這首經典的歌曲。」

我就吹奏著自己熟悉的歌曲，但是只引起了一些人的觀望。有位開賓士的中年人，加完汽油要離去之際，還從車窗裡拿出了他自己的口琴向我揮手，大概是要我再努力吧！

我的腦中出現了一個畫面。不管是什麼類型的表演，如果有人吹奏樂器到五音不全的程度，台下的觀眾通常都會丟出滿天飛舞的蕃茄、香蕉或是果皮……等食物，去砸那位演出的人。

現在，我開始痴痴地幻想，那眞是一種無比的幸福。

一位充滿愛心的加油站小姐，看我吹琴這麼久都沒有人來關心，開口要請我吃晚餐：「可是我的經費不足，只能贊助你吃泡麵。」

這位原住民小姐最後還送我一包牛奶糖當作騎單車時補充能源的行動糧。臨走之前，我就站在加油的機器旁，爲她演奏本人最喜歡的一首歌曲。

我向一位摩托車行的老闆問路，順便請他幫忙將小黑的鏈條加點機油，經過雨水的沖刷，鏈條因爲失去了潤滑而開始變得有得生澀。

「這要五塊錢。」老闆說。

「等一下！」我趁著機油還沒滴在鏈條之前阻止他的舉動，「我身上沒帶錢。」老闆露出塞著檳榔渣的牙齒笑著回答：「跟你開玩笑的啦！」呼！這個回答讓人鬆了一口氣。我稱讚這位老闆是位好人，就像加油站的那位小姐。

「她是我的妹妹……」老闆很得意的說。

世界眞小！我們在一首輕快的歌曲之後道別，接著，我就照著這位老闆的指示，找到了位於附近的克寶教會。

隔壁的居民告訴我：「牧師有事外出，晚一點就會回來。」

我將單車停妥在教堂的門口，坐在附近一處有路燈的石塊上，吃著林主任送的胚芽餅。之前，林主任還曾提醒我，這種沒有防腐劑的食品，開封後最好要小心貯藏，我想，最好的解決方式，就是在一天之內將餅乾都放在肚子裡。有三位大約六歲的小朋友，對於出現在路燈下的陌生

快樂的答案就這麼簡單

人似乎充滿了好奇心，推著兒童專用的小型單車與三輪車，像蜜蜂一樣在我身旁圍繞，問我從哪裡來，父母叫什麼名字？

這位原住民的小朋友很可愛，不問我是誰，而先問我父母叫什麼名字？

他的態度有點像是執行臨檢，我回答了這位將來有可能是警察的小朋友所有問題，並且觀察他們的單車。只要稍有常識的人都知道，騎著一台沒有剎車的鐵馬到處亂跑是件很危險的事，所以，我決定拿出維修的工具，替這位小朋友服務。可是，等到調整好剎車皮的方向與剎車線的鬆緊之後，這幾位小朋友就開始摸著我的口袋。他們似乎想知道這位剛混熟的陌生人帶著什麼東西。

反正我身上也沒有錢，口袋裡頂多只是路上撿的垃圾。

「這包是什麼？」有位小朋友摸著我鼓鼓的口袋問。

當我從口袋裡拿出那一包「什麼」，才發現那是不到半個小時之前，和平愛心小姐贊助的牛奶糖。小朋友的眼睛露出了一道亮度超越路燈的光芒盯著這包行動糧。糖果，如同小孩子的命，如果能讓他們高興的話，「就送給他們吧！」我在心裡說服自己。

看著他們露出了天真的笑容拿著糖果手舞足蹈，爲了一盒牛奶糖歡呼，高興地活蹦亂跳，我發現這群小蘿蔔頭爲什麼能如此快樂與無憂無慮。

「因爲小孩子容易滿足！」

其實，快樂的答案就這麼簡單。

教會旁突然出現了閃爍的車燈，小朋友歡天喜地，忙著推開鐵門大叫：「牧師回來了！」我向這位大約三十來歲且戴著眼鏡的牧師說明了目前的需要。「請問我可以在教會旁搭帳篷過夜嗎？」

邱牧師認爲在他們的電腦室內打地舖會比在外面吹風來得好些，而且還讓我在他家洗熱水澡，提供教會鋼琴讓我解癮。

一本放在鋼琴上的爵士鋼琴教本，吸引了我的注意，裡面有許多耳熟能詳的歌曲值得參考。「如果能影印下來練習，該有多好！」於是，我向師母借了教本，然後到最近的便利商店影印。

「沒帶錢能影印東西嗎？」我騎在單車上問自己這個問題。

7-11的店員在玻璃貼妥了防颱的膠布之後，願意接受我以吹口琴的方式來換取影印的費用。沒多久，我拿著好幾份自己喜歡的樂譜回到教會。偌大的電腦室裡，不但有供居民上網的電腦，旁邊還有一個娛樂交誼的撞球桌。有幾位年輕人利用晚上的空檔到這裡上聊天室和打撞球，我等到他們離開之後才把行李排成一直線，置在腳後跟旁，熄燈，平躺在攤開的睡袋和睡墊上，在黑夜中等著周公來拜訪。

五點半起床，打掃電腦室及教會周圍的環境，盥洗後將所有的裝備整到定位，然後，留張感

終於遇到同好

謝的字條給還沒起床的邱牧師。

現在，所有別人贊助的愛心糧食已經耗盡，我決定到附近的便利商店籌募早餐。我先徵求店員的同意，然後在店門口開始吹奏口琴，先由熟悉的歌曲暖身。和平村的這個時段沒有人潮，只有幾位買東西的顧客與隔壁聽到口琴聲而跑來觀看的檳榔阿姨。

說實在，打從出娘胎以來，我也還沒有看過一大清早就出現在街頭的表演。

在店門口擦玻璃的員工小姐，知道了我的不帶錢旅行之後，露出很無奈的表情說：「我也沒有錢，不然就贊助你一份早餐。」

（騎了四百五十二公里，終於遇到了同好。）

我笑著回答：「沒有關係，謝謝！」目前應該是練習吹奏技巧的一個好機會吧。我拿著譜，用口琴演奏著幾首新曲，柏油路上彷彿有幾片落葉隨著微風起舞，天空的雲，似乎轉成了灰色，但是，回盪在空曠騎樓裡的生澀音符，足以證明一件事——便利商店的玻璃真的是有夠堅固，不論口琴在旁邊怎麼亂吹都不會產生裂痕呢！

大約過了半個小時之後，這種情形出現了大逆轉。商店裡，另一位員工小姐從櫃台拿著一張紙鈔走到門口，然後說：「有位先生捐了一百元給你！」

「哪一位？」我趕緊放下口琴，想親自向他道謝。

「走了。」店員小姐聳聳肩回答。應該還不遠吧！我環顧四周，看見對面車道有位開著白色貨車的先生正轉動著方向盤，準備離去之際，揮著手要我繼續加油！這趟旅行，就是因爲有許多默默行善的人士給予不求回報的幫助，許多的困難才能迎刃而解。

我唯一能做的只有高舉著右手，向他表示感謝之意。

由於我希望不帶錢完成環島的旅行，於是決定將現金更換成早餐和一些乾糧。突然間，我想到了相機的電池已經出現了電力不足的警示，而全新的電池，需要一百六十元，看來還得加把勁才行。當我站在門口準備繼續拿起口琴吹奏時，身上沒帶錢的店員小姐，告訴我一個好消息：

「另外一位店員，願意贊助這顆相機專用的電池。」

「昨天我和我的男朋友就見過你，當時只感到很訝異，並不曉得爲什麼有人會在加油站旁吹口琴。」而且，這位穿著綠色短袖制服與有點復古牛仔褲的小姐，說明了她的理由：「旅遊如果沒有照相留念，就不好玩了！」

「感動吶！」我甚至不敢相信這是眞的。

茶葉蛋、饅頭、牛奶銀絲卷、香芋麵包、牛奶飲料、牛奶糖兩盒及相機鋰電池一顆，總共二百四十五元。

她站在收銀機旁結帳時，順便說了一個小故事。

「大概是好幾年以前，有位騎著單車旅行的年輕人，借住在我家。隔天離開的時候，卻忘記帶走一樣行李，我的父親發現之後，騎著偉士牌摩托車追上他，將這個被遺忘的行李物歸原主。

我也得遺忘一些行李

現在，那位年輕人竟然成爲了某家公司的董事長。」

我聽了有感而發：「看來，我也得遺忘一些行李在你們店裡才行。」（怎麼有人開始發抖了，眞的有這麼冷嗎？）

從和平到崇德這段路的坡度跟之前相較之下平緩許多，但是卻有許多的隧道。隧道內的視線常常被車輛經過時揚起的灰塵影響，尤其遇到有轉彎的隧道，這種朦朧的情形更爲嚴重，而且，裡面混濁的空氣品質簡直只能用「糟糕」二字來形容。我實在不敢想像如果砂石車碾過鐵馬，是否與單車行進途中壓過一些小石子的感覺雷同。在隧道裡，這種視線不良的路況之下，我將前後的警示燈打開，希望能讓開車的司機早一點察覺到單車的存在。

由和平到太魯閣國家公園管理處大約還有二十多公里。

過了和仁之後，就是壯麗的清水斷崖，腳踏車的速度正好可以讓人有充裕的時間去感受一下這條臨海又懸在斷崖上的公路，而景觀台則是供遊客駐足欣賞的安全地點。

但有時候我會忍不住橫越對面車道，停在護欄一旁望著清澈的海水。

質地堅硬的岩石、幾近垂直的險惡地形阻隔了人類的接近，你可以居高臨下，站在這個懸在山巒與太平洋之間的空中走廊裡，看白浪拍打著礁石岩岸與潔淨的沙灘。其實，蜿蜒起伏的蘇花公路藏著許多令人讚歎的美景，湛藍的海洋、陡峭翠綠的山林與廣闊的天空，編織交錯而成的畫面會讓你感覺騎車的辛勞都是一種值得。

現在，我就將蘇花公路的情形稍稍歸納一下。

從蘇澳到和平總共要經過三個大上坡，頂點的分別是位於台九線路標約一一三・五、一二四公里處左右，第三個坡有點不一樣，地勢為上下起伏。

出發前的規畫，最好多花一些時間考慮環島的路線，換個方向，可能失去一些優勢，轉成付出更多體力或是增加騎乘的風險。

尤其，從十月分開始到隔年的三月分左右，台灣的東部吹東北季風，由宜蘭往花蓮的方向正好是順風。而交通規則裡，規定駕駛人要靠右行駛。雖然，川流不息的砂石車會由距離你的左手邊不到一公尺的旁邊呼嘯而過，但是，你騎乘單車的時候會靠在由片麻岩與大理石岩所組成的山壁，比懸在太平洋的另一邊要安全一點點。

至少要跳車的時候，山壁多了一份安全感。

另外，散落於路上的細小砂石會讓剎車的距離增加，下坡前先試試看剎車的靈敏度，千萬不要貪快。

總而言之，坡度和坡的距離其實都不是最大的問題，雖然有些上坡路段，屁股離開座墊，腳站在踏板用盡全力踩踏的時速大約只有五公里左右，就算是將變速調整至扭力最大的位置，動力還是會讓人感到不敷使用。但是，我個人認爲，對單車的最大挑戰，卻是在蜿蜒起伏的特殊地形上與南來北往行駛於交通要道的車輛同行。

畢竟，單車實在是無法承受重大之交通事故。

所以經過蘇花公路之前，最好是先全面的檢查心愛的鐵馬，特別是剎車系統，還有，絕對不能缺乏安全防護的措施與反光設備，舉個基本的例子來說，全程戴上單車專用的安全帽、單車的後方加裝反光片或警示燈……等。

以上幾點，僅供參考，實際的情形還要依照各人的體力與裝備來斟酌。小弟不才，如果有什麼錯誤或是需要改進的地方，請各方有經驗的前輩不吝給予指正。

本人深信，不管有無任何教宗信仰，走過這段路之後，你都會更熱愛自己的生命。

阿彌陀佛！南無觀世音菩薩！哈利路亞！

各位施主，現在您知道——爲什麼騎單車要選擇順時鐘的路線環島了吧！

第二章
自然的際遇

（拍攝地點：紐西蘭 米佛峽灣）

美到難以形容的峽谷

「看到你，就讓我想起了以前一位同樣也是愛騎單車的同學，他曾騎單車環島三次。」林忠杉先生邊用餐邊告訴我。

彭太太是我在礁溪五峰旗瀑布遇到的鄰居，而林先生是她的弟弟。林先生有岳母大人爲他準備素食的便當。我手上這個素食午餐呢？則是爲了今天會議而準備的餐盒。

這份是多的。

二〇〇二年九月二十四日的中午，我已經連續好幾餐沒有看過白飯了，不過心情卻出奇的平靜。剛才他還幫我點了一杯咖啡。我們在販賣部找一處靠窗的位置，在午休的這段時間用餐。而到現在爲止，林忠杉先生還不知道我的單車之旅還有個特別的地方。所以，我決定告訴他。「這趟單車環島，我沒有帶錢出門，全靠陌生的人幫助才能走到這裡。」

林忠杉先生聽了之後露出了驚訝的表情，他覺得這種旅行方式很有意義。

對我而言，確實很有意義。

用餐完畢後，林先生對我說：「有什麼需要幫忙的地方嗎？」

我想到之前曾答應了某個朋友要於旅途中寄風景明信片給他，於是請林先生贊助一張太魯閣國家公園的明信片。為了預防我在天祥附近募不到糧食，林先生還附贈了兩個素食的杯裝泡麵當戰備貯糧。

「合流有一個免費的露營地，如果住滿了可以到綠水去搭帳篷……」林先生提供了許多的旅遊資訊，接著才去辦公室處理其他的事情。

準備往天祥出發之前，我想在太管處的石碑旁留下一張照片當紀念，於是拿出相機和腳架。

有位媽媽看到了我大包小包的行李，認為這樣子騎著單車環島很辛苦，從她的包包裡拿出含果粒的柳橙汁和零食送我。我用口琴吹了〈月亮代表我的心〉，互相交流一下。

不可思議的事情就發生了。

九曲洞

與她同行的夥伴竟然跟著隨著口琴一起合唱，琴音伴著歌聲在沒有任何彩排的情形下卻默契十足。我決定再吹首節奏稍快的歌送給她們，想不到更勁爆的還在後面。在太管處的大門旁，這群中年小姐們竟然跟著旋律忘情地在山林之間起舞。她們似乎是個團體，平均年紀大約四十來歲左右，不好意思，筆誤——依她們心靈上的歲數來看，大概二十出頭而已。

歌曲結束之後，我回過頭一看，其中有位身材纖細穿著紅色衣服的小姐，已經側身坐在單車座墊前的鐵管，全部人跟著起鬨，「要載她回遊覽車。」

還有人熱情地告訴我，「遊覽車上還有許多的零食可以送給你。」但是我還有一些糧食，於是婉拒了她們的好意，道謝之後繼續前進。

有位路人拿著相機對著山頭攝影，吸引了我的注意。

他對攝影很有興趣，跟公司請了幾天的假，背著一堆器材，由天祥走向太管處。我很好奇的問他：「爲什麼不用代步的交通工具呢？」

「對於攝影者來說，腳踏車的速度還是太快。」

他指著遠方，「我們運氣很好，你看。」前幾天的雨，讓山林間增添了許多小型的瀑布。

對了，我只顧著騎車，根本就沒有時間去觀察周遭細微的事物。

我決定調整步調，慢慢地欣賞這裡的風景。目前的公路幾乎都拓寬成雙線道，不過，還有保

留著某些舊的路段。有時候，我乾脆就將單車停在舊橋的中央，看著清澈的溪水。想像著，幾百萬年前，歐亞板塊與菲律賓板塊碰撞的造山運動。

岩石遭受了高溫與巨大的擠壓，扭曲成黑白相間如同彩帶般的萬千紋路。開闊的地形逐漸靠攏成矗立參天的奇石異岩。立霧溪河水不斷的侵蝕，溪水經年累月的切割，雕琢出雄偉的峽谷。沿著蜿流曲水而築的公路，時而左，時在右，乘著單車在千仞的峭壁與峽谷的峻嶺之間，會讓人產生一種山在移動的錯覺。

一種呼喚你前行的感覺。

太魯閣到天祥沿途約二十多公里的景色美不勝收，而其中最令人讚歎的精華地區，就是九曲洞。彎曲且多山洞，有若九曲蟠龍，故名。

九曲洞的賞景步道長約二公里，依我猜測，應該是舊的中橫路段。遊覽車通常會將旅客放在入口，然後由旁邊的隧道至另一端等待。大型的車輛會被護欄阻隔在外，而對單車卻不成問題。我利用護欄與護欄之間的空隔，將小黑塞進賞景的柏油路。

如果能放慢腳步，將會發現萬丈峭壁中傾瀉的瀑布，牽引著你的目光。

如果膽子夠大，試試依在欄杆旁俯瞰著深淵下讓人難以忘懷的碧綠流水。

這時別忘了再抬頭觀察，攀爬在岩縫裡的植物所展現出的絕技。

其實，在迂迴的峽谷只要稍稍前進，景色就隨著你的移動而變化，如果捨不得走太快，可以

綠水步道

回頭換個角度欣賞，映入眼簾的峽谷又是截然不同的景致。

彷彿花草樹木與一石一木之間的變化，蘊藏著律動的生命。

太魯閣的豐富地貌，自然與歲月刻劃的藝術，其中無法言喻的震撼，單憑幾個文字，實在不足表達造物者的鬼斧神工；親臨現場，才能深刻地體會那難以形容的感受與人的渺小。

我只能說，景色美得讓相機鋰電池的電力耗盡。

好險，已經有善心人士贊助了另一顆驅動相機的電池。不過，流連忘返的結果，就是抵達合流露營區的時間超出了預期，而且這裡的營地已經額滿，我得趁太陽下山之前找到一個棲身之處。

綠水管理處的對面有個二十四小時的販賣部。販賣部順著地勢建築在公路旁邊，所以第二層的導覽室與路面平行，而商品則擺在一樓。我將單車停在門外，按照指示沿著階梯往下才找到了櫃台。通常合流的露營地如果額滿，遊客就會轉移陣地到綠水的草皮。不過現在沒有什麼客人，老闆同意我在導覽室旁的走廊免費搭帳篷，如果想要洗熱水澡則要付一百元。

「沒問題，那洗冷水就可以了。」

我實在是不敢奢求沒帶錢的旅遊還能享受什麼頂級的待遇，有個遮風避雨的場所，醒來時，帳篷不會隨著立霧溪的溪水飄流，就令人心滿意足了。而且，細雨紛飛的晚上，更讓我慶幸能找到過夜的地方。從籌備的期間開始，我就逼著自己調整作息，養成早睡早起的生活習慣，一來，騎乘時早點出發，可以避免旅途中炙熱的太陽，二來，反正晚上也閒閒沒事。

而且，我決定在曙光乍現的時刻用餐，然後大約六點出發，實際探訪一趟綠水步道。

順便帶著我心愛的口琴。

然後穿著拖鞋，悠閒地在寬度僅能容納行人的走道上吹奏著新的曲子。我想，大概練習至沒有岩石從山頂滾下來的程度，就是能在眾人面前發表琴藝的最佳時機。

通過一座吊橋後，之前碎石子鋪成的路面轉成在岩石旁鑿開的小徑，緊接著就是二十幾公尺的隧道。進入後需要幾分鐘適應烏漆抹黑的環境，隧道不長，但是清晨的光線不足，在稍爲彎曲的洞內得摸黑走一段路才能依稀看到從對面洞口照來的微光。溪水在縱走的山谷下轉了個大彎，出隧道後，位於臨水的岩壁與左右兩側青山環抱的有利位置，可以讓視覺好好享受大自然盎然的綠意。再不然，眺望一下昨天的落腳處或看看溪流裡激起水花的岩石吧！

往前走，峭壁上寬廣的視野又換成了豐富多元的植物所築成的林蔭。

坡度平緩的綠水步道，長約兩公里的路途，在早晨徒步來回一趟，除了能親近大自然、運動健身之外，還可以趁著四下無人的空檔加強口琴的吹奏技巧，簡直就是一舉數得。回到帳篷，我就拿出日記，寫到耗盡原子筆的墨水，才注意到五臟廟已經開始演奏著獨特的交響樂。

對了，民生問題！只顧著寫東寫西，竟然忘了糧食的存量已經出現了警訊！現在，我得將所有的家當都放回單車，前往遊客聚集的天祥，想辦法籌募午餐……

不期而遇的騎士

往天祥之前的隧道旁，我被遊覽車給嚇了一跳。車上毫無預警的冒出廣播聲：「那郭，〈月亮代表偶的心〉的那郭年輕人。」天呀！這似曾相識的台灣國語，該不會是……

沒錯！你猜對了。我在天祥又遇到來自台中舞蹈協會的那群活潑的中年小姐，服務站走廊前的冷清氣氛，馬上因爲她們的加入變得熱絡。甚至還有人要請我吃飯。有什麼事情能比在困難時遇到願意給予幫助的人還幸運呢！這個令人受寵若驚的提議來得正是時候。

「如果要請吃飯的話，演奏一個小時的口琴也沒問題！」我笑著回答。

她們趁此機會將富有愛心和氣質的舞蹈老師推出人群，抗議昨天竟然沒有載她回遊覽車。

「沒問題，等一下我就把帳篷、睡袋丟了，直接載老師回家！」

開玩笑歸開玩笑。台中舞蹈協會不但贊助了熱騰騰的便當，而且她們還從遊覽車上搜刮了許多的零食與水果，大家共襄盛舉的結果，讓兩袋各式各樣的點心數量多到——令人覺得光靠這些食物就可以騎回到中壢。其中有位慈眉善目的阿嬤，趁著大夥不注意的空檔，緩緩地走來，手裡拿著幾張卷起來的佰元鈔票想送給我當旅費。

「謝謝！我不能收妳的現金，不過，不用擔心，一定會有像妳這麼好心的陌生人給予適時的幫助。」

對於如此熱情的幫忙，我實在是無法回報，只好趁著她們趕回台中之前，演奏一首最耳熟能詳的歌曲聊表感謝之意。

大夥用手打拍子，隨著節奏讓歌聲及琴音回盪在天祥，簡簡單單的旋律縈繞在我的心中，久久不能散去。

我在天祥的服務站裡享用了超乎想像的豐盛午餐，然後準備將桌上的雜物丟到垃圾筒之際，看到了一位滿臉鬍鬚渣的年輕人，穿橘色風衣與黑色的緊身車

褲，戴著安全帽騎著前後載滿行囊的腳踏車從上坡滑下來。

不可思議！我簡直不敢相信眼睛裡所看到的景象，但是，他將單車停在我的面前。我們兩個人不約而同地張開手臂相互擁抱至差點喘不過氣的程度。

我想，他大概也有同樣的感觸吧！

「你從哪裡來？騎多遠了？今天是第幾天？」我嘰哩呱啦的問了一堆這趟旅行中許多好奇寶寶也想知道的相同問題。不過，現在我才實際了解外界是如何看待用人力來完成旅行的那種心情。

「我、廳、不、銅！」他用著獨特的口音說著這幾個字。而這句經典的名言，則是他說得最標準的中文之一。

這種特殊的回答，讓我聯想到的第一個反應就是「啊！外國人。」

「Where are you from?」回過神之後，我就改口用破破的英文和他交談。

「Japan!」

從他口中說出字正腔圓的美語，讓我覺得有點訝異。啊！但是現在的重點不是哪一國的人，而是吃午飯了沒？

我帶著他到對面的提供熱食的小吃店，並且找了一個會說日本話的店員幫忙翻譯。他點了一份排骨飯，然後，回到我們相遇的服務站。用餐的同時，我就吹個口琴交流一番。好險他是外國

我聽不懂

人，打遍天下無敵「首」的歌曲，沒有造成令人噴飯的狀況。

我猜想這位仁兄塡飽了肚子之後可能缺少新鮮的水果，所以就送了一顆台中舞蹈協會牌的蘋果給他，結果，他立即回贈了一顆日本的柿子。

他叫竹中愼一，家住京都，上個星期從日本沖繩的石垣島坐船到基隆，準備花兩年的時間騎單車旅遊約五十個國家，而台灣則是第一站。

接著，我們開始討論往後行程，但是我不會說日語，愼一的中文也好不到哪去。兩個異鄉的遊客如果碰到英文無法溝通的情形，就改用body language交談，雙方都不能理解的事物就改成寫漢字或畫圖的方式來表達意見。

舉這個例子來說，從小到大，我也沒學過這個「泛舟」的英文單字，該怎麼讓他了解呢？很簡單，我先在胸前擺動右手，並告訴他這個波浪起伏的動作代表「river」，緊接著右手和左手移往身體兩側，比出握拳抓住木槳的動作，馬步微蹲的瞬間將雙腳後移，手腳與上半身則同時協力上下左右搖晃，而且臉部的表情還要跟用力控制方向的四肢連線，共同融入驚濤駭浪的湍急水流之中。

然後他露出了如同中了頭彩般的笑容，在紙上寫著漢字——伐舟。

賓果！看來我們兩個人應該可以溝通。我簡單地向愼一解說這趟不帶錢的單車之旅，並且提出剛才腦袋瓜子裡想到的計畫。「天祥是我的折返點，下午我們可以一起到白楊步道賞景，然後往南同行，到秀姑巒溪體驗驚險刺激的泛舟。」

愼一也覺得這是個好主意。

我們約定如果途中有任何問題就大聲喊著對方的名字，以下是出發前的試音。

「Cheng Cheng!」他很堅持要喊我的中文名字。

我也跟著喊出他的日本名字，「Shinichi!」

按照剛才討論的方案，我們騎著單車到白楊步道的入口報到，在隧道口旁的工頭特別將管制車輛的護欄拔起來，讓鐵馬也能順利到裡面參觀。將小黑前後的車燈打開之後，兩個人就小心翼翼地通過這個大約三百多公尺的隧道。騎著單車在蜿蜒的小徑上欣賞美景，有種意想不到的悠閒，尤其是能夠與不期而遇的同好分享踩在踏板上的愜意，不禁令人忘情歡呼！

我們駐足在景觀台欣賞奔騰的白楊瀑布，有時爲了峭壁懸崖旁的奇石而停留，然後才不捨地前往愼一指名參觀的九曲洞。我特別提醒他要放慢速度，在顧慮到安全的前提之下，可以停車再環顧四周，體驗不同角度所帶來新奇的感受。看來，美麗的景致無國界之分，就算是語言不同，也會爲了如詩如畫的景色而讚歎！

他還羨慕地說：「圈圈，你享受了兩次不同的美景！」

是的，太魯閣的景色固然美不勝收，但是對我而言，更重要的卻是這趟旅行中遇到了什麼樣的人。

天祥的海拔高度爲四百八十公尺，所以回程我們就沿著緩坡溜到了海拔六十公尺的太管處。櫃台的志工告訴我們，七星潭有條新的腳踏車道可以通到花蓮的海濱公園。我打了通電話給林忠杉先生，道別之後才離開了這個壯麗的峽谷。

騎著單車的途中，我們常常聊天消磨時間。愼一似乎非常喜歡一種飲料，「到台灣的這幾天，我已經喝了快十杯的『金桔奶茶』。」而我則想不透他所講的特殊口味。

後來他請我喝了一杯這種台灣自創的飲料，才知道原來是——珍珠奶茶！

不過，以日本人來說，能讓人猜出「奶茶」的中文已經算是不錯了。愼一於沿途問了許多的問題，我則儘可能試著拼湊出腦袋裡殘留的英文單字向他解釋。

比方說，對台灣人早已司空見慣的檳榔西施。

哎！說來這是個很複雜的問題。站在玻璃櫥窗裡清涼養眼的辣妹，並沒有從事有關金錢方面的性交易，她們身著薄紗的打扮，只是商人爲了促銷檳榔所想出來的行銷策略。爲了讓愼一能更深入了解，我帶著他，向一位穿著很辣的檳榔西施問路。可惜這位小姐報的路，跟我們看到的情形有點出入，當我覺得有點不對而改向加油站裡的員工問路時，愼一問：「爲什麼那個女孩要這麼做呢？」

「大概是我們沒有跟她買檳榔吧！」ㄘㄟˊ，誰曉得我們尋遍大街小巷也找不到檳榔西施報的路線。

白楊步道

但是，加油站員工指示的捷徑讓我們順利地抵達了單車專用道的入口。我們則因爲可以遠離汽機車與空氣污染而大聲歡呼。

過了不久，天色漸漸地暗了，我帶著一位日本旅客，卻在公園裡迷失了方向，沒有單車專用道，只剩下草皮在我們面前，還有遠處約隱傳來的靶場槍聲。爲了趕快找到往花蓮市的正確路線，我們向一位老阿伯求援，希望能從他的口中得到一些資訊。

「如果要到市區，得走回原路，到一個T型路口再左彎。」

這下問對人了。而且當他得知我們的故鄉來自何處之後，就改用日本話跟愼一交談，並且用客家話跟我聊了幾句。

看來這位老阿伯應該不是普通的人物。

接著，這位自稱精通國、台、客語的花蓮縣長，用英文與日語介紹腳踏車專用道與將垃圾掩埋場改建成公園是來自他的構想。愼一趁著空檔拉著我到欄杆旁求證。隔壁就是一座垃圾掩埋場，那麼，我們腳下踩著被草皮包覆的小山丘就是由垃圾堆積而成的囉！（此時內容物在腦海裡所產生的想像力就很恐怖啦！）

天黑了，時候也不早。我們向這位花蓮縣的大家長道謝，然後往計畫落腳的花蓮市前進。

「我們晚上要在哪裡過夜？」愼一好奇地提出了這個問題。

其實，我也很好奇，不帶錢的旅行，沒有事先預訂好的旅館，在尋找到能過夜的棲身場所之前都是個謎。但是，我的心中卻浮現了一個答案。

「有一種房子。」

我用英文告訴愼一之後，用左右手的食指在面前比出十字架的形狀……

教會

工業區旁，雜貨店裡熱情洋溢的少年，畫了一張簡圖，並且跟我講解到達距離最近的教會的路線。我們到了花蓮市，但是愼一不改其好奇的個性，指著路邊自助餐的招牌：「那是什麼？」

讓我想一下……啊，有了！

我試著先翻譯中文的涵意，「自is I，助is do，簡單地說，就是DIY restaurant」；類似外國的buffet，（正確地說，應該是cafeteria）但是台灣到處都看得到的自助餐廳，卻有一點不同，你可以從多樣美味的佳餚裡挑選自己喜好的菜色，然後老闆會依菜色及分量計價，甚至可以不用講任何一句中文就能輕鬆地完成交易。

可是，腦袋裡的中文換成東拼西湊的英語之後，不知能否讓他了解台灣的飲食文化？

走廊下燈火通明的美崙教會，卻沒有半個人影。可是，現在是用餐的時刻，我們決定在車棚裡邊等待邊享用晚餐。

其實，美崙教會因爲要蓋新的教堂而敲掉了一部分的圍牆，所以，爲了預防小偷趁機光顧，走廊下的日光燈總是在夜裡開著。想不到這些燈光，竟然成爲吸引我和愼一選擇住宿的指標。愼一將單車置物架上的藍色帆布攤在地上防潮，然後，他從行李袋裡拿出可以使用九二無鉛汽油爲燃料的汽化爐、平底鍋、小型的砧板、菜刀及大約一百毫升裝的小瓶醬油與沙拉油、鹽巴與芝麻……等調味料，琳瑯滿目的炊具與食品令人大開眼界。

我忍不住笑著說：「那個裝著鍋碗瓢盆的行李袋，肯定是你的廚房。裝著睡袋的地方，就是你的臥房。」裝備齊全的單車滿載著他的家當，也難怪重達五十多公斤。

本人借花獻佛，趁著愼一浸泡白米的這半小時空檔，拿出台中舞蹈協會贊助的愛心食品。我覺得，應該先消耗含水量高及不耐長途運輸的食物。他很同意這種做法，於是我將蘋果切成兩半，並且與愼一享用種類繁多的台灣零食及各具風味的特產。「我們可以互相分享，就像是使用網路上的資源……」愼一說著說著就開始操作汽化爐，並且依著旅行時累積的炊事經驗與生米散發的味道來判斷是否已經煮成熟飯。

他很想利用齊全的炊具設備烹調出一道炒飯，但是，我覺得出門在外，不必爲了吃而大費周章。於是，愼一將親手煮的白飯分了一半給我。香噴噴的白飯撒上了海苔與芝麻，還附贈了一顆道地的紅色日本梅子。

換我了：「你有沒有吃過一種用酒浸泡過的蛋？」愼一搖著頭回答：「沒有。」

「那介不介意醜得像被壓路機碾過的食物呢？」台中舞蹈協會牌酒蛋被壓在行李之中，跟著單車奔波之後就變成這副模樣！「只要還可以吃就ＯＫ！」慎一也覺得食物的美醜並不是重點。於是，我們吃著酸不溜丟的日本梅子配著滑嫩清香的台灣酒蛋，展開台日聯誼的第一道晚餐。

享用完簡單的晚餐，我的友誼牌吃飯、泡麵與喝茶多功能all in one鋼杯裡多了慎一泡好的神戶紅茶。靠著頭頂上的白色日光燈照明，我們拿起紙和筆當輔助的工具，坐在帆布上啜茶，溝通雙方因爲語言與文化差異而產生無法理解的事物。

藉著大部分意義都能相通的漢字，我們從單車的零件聊到了日本的外債，以及他要靠著兩個輪子去旅遊五十個國家的計畫……

「台灣人非常友善，在你們的國家旅行非常容易。」

對於外國朋友給予的評價，本人感到與有榮焉。我將這幾天流浪的心得全盤托出。在美麗的寶島遊山玩水十分簡單，到什麼程度呢？

「甚至不帶錢也能在台灣旅遊，眞的！」

慎一似乎有感而發，他的旅途必須要經過許多貧窮落後的國家，「台灣、日本、歐美等國民所得高的國家或許可以試著未帶分文出門旅行；但是，一位語言不通而且沒有同伴的外國人，騎著載滿糧食、衣物等民生必需品的單車，在求得溫飽都很困難的國度裡，就好像是一隻待宰的羔羊，許多人想從你身上得到好處，旅途中隨時都有可能發生麻煩。不帶錢去這些國家旅行是一件不可能的事情。」

我想著他的話與這趟靠著陌生人幫助的旅行，忽然感覺在台灣騎著單車，就是一件很幸福的事！

當我們聊得起勁，教會的大門口出現了一位弟兄與二位姐妹。我向他們說明來意，並希望能在這裡過夜。身穿白色寬鬆T恤的張老師，了解這種情形之後，馬上撥手機給牧師，熱心地幫我們詢問住宿的相關事宜。等到他確定可以讓我們在教會的房間裡過夜，我高興地告訴愼一：「我們今晚不用搭帳篷就有地方可以睡了！」

張老師是虔誠的基督徒，也屬於一個小型樂團的成員，幫忙解決了住宿的問題之後，就忙著到教會的樓上練習

甚至不帶錢也能在台灣旅遊，真的！

敬拜。趁著空檔，我們開始討論明天的行程。愼一必須於十月一日前離開台灣，超過簽證期限尚未離境，則觸犯法律。

他將掌心向上，然後，握拳靠攏的雙手被一股力量牽引，演出成爲階下囚的默劇，示意那時候還停留在台灣，將被秉公執法的警察抓走。

我們看著攤開的台灣地圖，開始修改計畫。我建議他將抵達高雄國際機場的日期提前至九月三十日，預留一天的時間提早準備購買機票、整理行李與其他相關事宜。「而且我們也要互相配合對方的腳步，改變騎乘單車的里程數。對了！你一天大約要騎多遠？」

「如果是平坦的公路，大概是一百公里左右。」

「里貢蝦！」（台語釋義：你說什麼！語氣甚爲驚訝之意。）

我想，旅行的目的並不是爲了趕路，將時間與精力都耗在騎乘單車，勢必會錯過許多難以想像的事物，包括遇到的人。可是，愼一有來自簽證的時間限制。我們只好先調整里程數，預定明晚在瑞穗休息，然後養足精神，後天，再去享受素有國際級水準的秀姑巒溪泛舟。

地圖似乎喚起了回憶。他的手指頭代替單車沿著圖上的地名說明旅途中經過的路線。從基隆到新店找朋友，再由三峽往大溪，經棲蘭轉大禹嶺。然後我們就在天祥相遇。算算日子，來台灣的那天是——九月十七日。

這個巧合的日期不禁讓人驚訝。「那天是我的生日！」看來，我們兩個人還眞有「緣」，他踏上台灣的土地與我騎單車出發，都在同一天。

我突然想到愼一預計花兩年去旅行，他出發前到底花了多少時間去練習呢？

「我練習騎腳踏車一個星期之後就出發了！」愼一說得倒是輕鬆愉快。

「那你會不會ㄊㄨˇㄝ腿呢？」我用雙手抱著大腿之後，問他會不會像這樣子疼得不能動？

（呼～我們兩人溝通時所花的腦力，絕對不亞於騎單車時所消耗的體能。）

「當然會。」愼一只差沒有抱著他的大腿回答。相較於我出發前的訓練，他則補充了一句耐人尋味的話：「當你騎著單車在旅行，就是一種練習。」

教會樓上的活動結束之後，張老師邀我和愼一到最熱鬧的市區去吃宵夜。

爲了把握這個難得的機會，我們用最快的速度收拾凌亂的現場，然後坐上白色的汽車。初次見面的張老師目前任教於鳳林國中，與眾不同的親和力，縮短了人與人之間的距離。我們在車內就聊得不亦樂乎。

大夥在小吃店裡吃著小籠包配著酸辣湯。我則喝著豆槳，暢談著一路上有趣的小故事。如果遇到了艱深和困難的單字，另一位在學校教導英文的劉老師則幫忙翻譯。但是，提到了泛舟，本人不得不當眾獻醜，爲現場帶來一點娛樂的效果……

雖然和美崙教會的朋友只有短暫的相處，卻能從彼此不設防的談話與互動的細節裡感受到他們的善意。
來自日本的愼一似乎不敢相信，旅途中剛認識的朋友竟然如此熱情款待陌生人，這對他來說是種新奇的經驗。
對我也是。

國中老師

細雨中，我們坐著車回教會。設想周到的張老師，特別繞到一間手藝高超的麵包店，準備購買手工製作的美味麵包給我們當早餐。我感動得拿出口琴，在搖晃的汽車裡演奏一千零一首的台灣老歌，送給車子內所有的人。

可惜，這間店已經打烊。於是張老師改變方向到便利商店，讓我們自由挑選食品並且由他付帳，我們拿了兩罐果菜汁和三個麵包。張老師知道愼一喜歡喝珍珠奶茶，就叫我們在店門口稍等一下，沒多久，就從對街帶著一杯飲料送給這位日本朋友。他用英文解釋，「珍珠奶茶已經賣完了，只剩下jelly coffee。」

原來，加了果凍的冰涼咖啡飲品，它的英文名稱也可以這樣翻譯。我忍不住爲了這個有趣的句子向張老師握手致意。

美崙教會是我們道別的場所，但是張老師的關懷卻未劃下句點。

將單車上鎖之後，愼一和我拿出各自的睡袋，在有點傾斜的通鋪上就寢。雖然昨天大約十一點多才睡覺，但是，最早醒來的卻不是手機的鬧鐘。騎單車的規律生活似乎已經成了一種習慣，我的眼睛在五點半就清醒了。看著慎一正在與夢中的周公打交道，我就悄悄地溜出門外盥洗。

早餐是一天的開始。手機的鬧鐘聲響在六點將慎一吵醒之後，我們就拿出美崙教會牌早餐塡飽肚子。俗話說得好，「天下沒有白吃的午餐。」更何況，我們除了吃宵夜及早餐，還平白無故就睡了教會裡附有空調的民宿。

我徵求慎一的意見，看看我們能不能爲教會做點事情當成回報吧！

「如果要打掃，就應該選擇效益最大的地方。」於是我們兩人就拿著掃帚，幫忙清理教會廣場前的落葉。

我們在天空布滿雲層的早晨出發，不約而同爲著涼爽的氣候而慶幸。我們參考自己攜帶的地圖，選擇由省道台九線向南方前進。可是一個沒有方向感又常迷路的台灣人，身旁多了一位日本朋友，讓他跟著我一起走冤枉路，豈不罪過。所以稍稍不太對勁，我就向當地的居民打聽正確的路線，通常熱心的路人都會給予協助，有些甚至還附贈親筆手繪的地圖，指引出距離最近的捷徑。

愼一覺得，「可以靠問路找到目的地，是在自己國家旅行的好處。」

壽豐鄉是山藥的產地之一。我們在火車站附近的便利商店停下來休息，順便將小冊子裡的空白頁蓋上鄉鎮護照的戳章。店員得知我們下一站準備前往瑞穗，熱心提供了泛舟的資訊。我將手機號碼留給他，等候回應。

果眞，路是問出來的。

早上十點多，我們便抵達了鳳林國中的大門口。不過，另一個因素所產生的力量也不能輕視。因爲，張老師昨天晚上這麼說：「如果明天經過鳳林國中，可以到我那裡吃午餐。」

能說出這句讓心靈悸動的至理名言，肯定是好人。

張志強老師招呼我們到學校的辦公室。兩部載滿家當的單車停妥於穿堂，吸引了許多學生的注目。而辦公室裡老師們的焦點則放在愼一身上。愼一不負眾望，拿出了一小截神祕的竹桶。其實，這種屬於原住民的樂器，來自日本北方的一個小島，他向島上的一位老人購買及學習演奏的技巧；低沉的樂音中帶著些許的哀傷，而且，這罕見的樂器並沒有固定的吹奏方式，全憑個人的音感與手掌開合來變化聲調之高低轉韻。

趁著他們注意力集中於異國樂器的交流，我則翻開桌上的歌本，尋找〈綠島小夜曲〉的蹤影。

「什麼，你連〈綠島小夜曲〉都不會吹，就不帶錢出門，眞是有夠勇敢！」

平心而論，嘗試這種跟流浪沒有兩樣的旅行，重點並不是過人的膽識，而是要擁有一種核彈爆破都無法摧毀的臉皮，其厚度，就算不能拿來當防彈背心，至少，也要能抵擋住別人的異樣眼光或是突如其來的冷嘲熱諷。不過，話說回來，我的這趟旅行似乎備受神的眷顧，雖然做好了以上的心理建設，但是，一路走來，幾乎都是出乎意料的驚喜。因爲，張志強老師拿著歌本，影印了這首經典歌曲，並且附贈由他本人精心挑選的校園民歌。

我看著譜練習。愼一則拿起擺在椅子旁的吉他，義務擔任伴奏。隨興的音符於口琴的簧片中跳躍，伴著吉他的尼龍弦聲，稱不上專業。卻有一種魔力，如同跨在鴻溝上的橋樑，突破了人與人之間的陌生隔閡。我總覺得，在音樂的世界裡，不論來自哪個國度，都能靠著共通的語言，將彼此的距離拉到最近。

在辦公室，兩個單車騎士與老師們喝著茶，用中英文嗑牙。就連壽豐的便利商店店員也撥了行動電話來參一腳。爲了泛舟時的意外保險，江先生向我索取相關的資料。手機裡傳來的親切的問候，讓我沒有多加考慮就將兩個人的基本資料留下，放心地委託他處理泛舟的訂位任務。接著，我們就到校門外的自助餐吃中飯。愼一和我各自選擇不同的菜色，這樣，就可以與對方相互分享。而張老師則趁著「三人午餐匯報」的機會，給了我們行程上的建議。

第一點，就是時間的考量。經過他的探聽，泛舟約需要四個小時，如果包含等待與來回往返，大概要擔誤將近一整天的行程。而且，這裡的工作不好找，想靠著勞力或是打零工的方式來換取泛舟的體驗，花費的時間，可能要比想像中更久。

第二，秋天的泛舟活動，可能無法像雨水豐沛的夏天般驚險刺激。

但是，聽了這番話之後，令人魂牽夢縈的秀姑巒溪泛舟魅力，卻仍舊吸引著我。假使籌措經費上有時間的考量，那，至少，讓遠道而來的慎一去好好地玩吧！

「對，反正，我是台灣人，下次再撥空來花蓮不就好了！」

張老師也覺得這樣應該可行。

飯後，二杯七百五十毫升的道地台灣珍珠奶茶，讓慎一忍不住問張老師，「爲什麼你要對我們這麼好呢？」

爲什麼？昨天之前連名字都不曉得的陌生人竟然給予如此熱情之款待。

張志強老師只是簡單地告訴我們，他是基督徒。平淡的語氣，宛若天上救贖世人的父，降臨於面前的飲料攤位。然後，他用手拍著慎一的肩膀說：「because Jesus loves you！」

哈利路亞！宗教帶給人類的力量果眞無遠弗屆，除了靈魂，連我們的胃都一併拯救。

用完餐，我們跟著張老師至校區隔壁的教職員休息室養精蓄銳。在二樓的小房間裡，愼一躺在張老師專屬的單人床上入睡。看他的樣子，大概是累了吧！

我走到樓下，順便檢查小黑的狀況，發現了變速的鋼索只剩下兩條細細的鋼絲支撐著換檔的重責大任。難怪這兩天變速特別不順暢，有時，鏈條就硬生生介於齒盤之間，無法準確的移位。這種情形於正常的使用之下非常罕見，可能是因爲籌備期間自行調整變速器的經驗不足，當初完好的鋼索多次被螺絲旋至鬆散所遺留的後果。不然，踏出家門才短短的十天，怎麼會斷成這付支離破碎的慘狀。

天呀！志強老師果眞是好人做到底。包了三餐之後，還開著他的福斯POLO載著我到遙遠的腳踏車店購買器材，並由他付費。另外，爲了預防萬一，還送了二條變速專用的新鋼索。回程的路途中，我坐在他整潔的車子內思索這半天的經歷，也忍不住腦海內翻騰的情緒而開口。

「難道你不怕我是壞人嗎？」

來路不明的陌生人，也有可能是殺人魔之類的罪犯。

張老師回答：「應該是你要怕我吧！」

此話頗令人省思。其實台灣人很熱情，只是時代與環境的變遷，早已在人的內心築起了一道厚厚的牆。恐怖的，應該不是陌生人，而是，排斥與抗拒別人善意所製造出的隔閡。不然，你對我這麼好，是不是有什麼企圖？該不會是要把我給賣了吧？

好險，本人也值不了多少錢！（不過，就算被他賣了，我也心甘情願。）

回到張老師的ＶＩＰ室之後，我們就發覺愼一似乎有點不對勁。單車的長途跋涉，加上十二小時內，他從大禹嶺海拔二五六五公尺的高度降至海拔不到百公尺的平地，短時間內環境的冷熱劇變，如果稍不注意，就容易著涼。而且，聽說各國之間的細菌種類也不同，造成身體的病痛，也有可能是水土不服，還有……

總之，我也翻譯不出這些自作聰明的猜測。但是簽證期限的逼近加上身體的不適，無論是誰都會感到難以煎熬。眼前最重要的就是——讓患者充分休養。

「不要擔心，趁著外面下著小雨，你就安心休息吧！」

愼一不愧是位傑出的單車騎士。爲了旅行數十個國家，早就做了萬全的因應對策，他不慌不忙拿出行囊中的藥包，配著張老師準備的溫開水服用之後，躺在舒適的床墊上閉目養神。

張志強老師下午還有課，盡了完善的照料，就回學校忙著教育學生的職責。他說：「離開的時候，記得把門上鎖就可以了！」而我則拿出維修工具，更換鋼索並測試單車的變速器。心裡想著，目前愼一的體能狀況、所需的時間與氣候是否適合水上活動？如果不能玩得盡興，不如取消泛舟的行程。可是，便利商店小江的行動電話並沒有開機。

晚一點再打吧！我心底惦記著取消泛舟的首要步驟。

經過約三個小時後，慎一自行從樓上走了下來，臉上的氣色紅潤了許多。

天空飄著的細雨，停了。小黑的變速器也順利調整至定位。經過了下午的調養，讓慎一覺得精神百倍的體力足以應付長途騎乘單車的挑戰。而這些困境能迎刃而解，全都依靠張志強老師的鼎力相助。

啓程往瑞穗之前，我們沒有相互道別，只是按著張老師給予兩位騎士的信任，將門闔上。也許吧，對於許多人或張老師來說，曾經萍水相逢的短暫緣分與親切地招待陌生人，可能只是件微不足道的芝麻小事，但，那種無法言喻的感觸留在心中的價值，沒辦法抹滅，永遠也無法用金錢衡量！

不管語言的界限，慎一與我於離去的最後一刻，能想到的，就是拿出一張小紙條，試著用一種流浪的筆跡，將我們由衷的感恩與祝福轉化成簡短的字句……

踏板上的情感

基於最根本的待客之道與配合愼一重量級的單車及行進速度，所以，打從我們決定一起旅行，我就讓他走在前面。還有，兩輛腳踏車在混亂的交通秩序之中，一直線的走法絕對比肩並肩的模式來得安全。

不過，天上遽降的雨點，不分前後。原以爲會善罷甘休的雨水，自空中傾盆而下。我們才離開鳳林的庇蔭沒多久，就在光復遇上了滂沱大雨。

沒有人想要泡在水中騎車。在大雨裡，不會出現夢幻般的羅曼蒂克，因爲，現實裡，是人與車的泥濘不堪。而且身著有如燕尾服般單車專用雨衣，背部三個大型的雙層排氣孔，提供帥氣的視覺效果還

是略多於實質功用。身處風雨交加的環境裡，最需要的，是運動家的奧林匹克精神。

於是，我們抱著今天要到達瑞穗的決心，著裝。愼一穿上了登山用的防水衣褲，我則披上了小飛俠式的半截雨衣。握緊把手，踩著踏板，離開躲雨的鐵皮屋簷。然後，兩個人騎著單車，在陣雨中輪流引吭高歌。

用歌曲與外國人交流的最大好處，就是——唱錯了也沒人聽得懂。

我們冒著雨，唱著台語、日語與客家歌，騎著鐵馬，於天黑之前抵達瑞穗，並且找到了一間教堂。但是，裡面一位表情嚴肅的年輕人向上級請示之後委婉地說：「很抱歉！我也是寄人籬下。不過，住附近的旅館，應該會比待在這裡還舒適。」雖然，教堂不屬於他的管轄範圍，他還是對於愛莫能助表達了歉意。

「謝謝！沒有關係。」我想，沒有律法規定要爲素昧平生的陌生人提供住宿。

我轉過身，告訴愼一，「走吧。」

黑夜於瞬間吞噬了整個天空，路燈下，似乎只剩騎著單車的曚曨身影，在飄著細雨的柏油路上徘徊。我看著愼一，突然覺得自己未盡地主之誼，如果他繼續跟著一個沒帶半毛錢的人，無法充分休息，更別說是好好享受旅遊。此時的流浪早已不再是灑脫的代名詞，沮喪的氣氛如陰魂不散的鬼魅籠罩於我的心頭。

「你有錢，附近就有舒服又溫暖的旅館，不必陪著我去找睡覺的地方。」

「不，我不介意！」

簡單的幾個字，頓時之間改變了令人垂頭喪氣的想法。如果一個日本的朋友，即使餐風露宿都願意同行，那麼，我就應該把精力放在尋找過夜的地方，而不是將時間耗費於自憐自艾的情緒之中。我問了一些路人與當地的歐巴桑，在最短的時間內，按照雜貨店的老闆娘說的路線找到了瑞穗國中。工友於學校的日誌登記了我的身分證字號和姓名住址之後，答應讓我們在走廊上過夜，條件是「你們必須於明天早上七點以前離開學校。」

「沒問題！」於早上七點前離開，可以避免造成校方與學生的困擾。我們各自推著單車的家當，在走廊下準備晚餐。我趕緊換下溼淋淋的衣褲，順便提醒愼一不要著涼。他卻覺得現在的身體壯得跟牛一樣，只顧著打開廚房，不，應該說是打開他的行李袋，拿出裡面的汽化爐與炊具，忙著準備晚餐。

今天由愼一主廚。我們利用學校飲水機的熱水加快煮麵的速度，然後，用平底鍋炒麵，並加入切片的大蒜調味。吃完主菜後，我們喝著不知名的日本綠茶，在漆黑的校園內，靠著走廊的燈具照明，坐在藍色塑膠墊上啃著台中舞蹈協會牌的葵瓜子與零食。

語言上的差異並未阻止我們之間的溝通，有時，我倒覺得可以藉此培養默契。

愼一生於一九七八年，小我兩歲。爲了旅行，大學畢業後就努力存錢。曾待過美國幾個月，當時溝通上的障礙讓他痛下決心學習第二語言。說實在，字正腔圓的流利美語，打破了我腦海中

坡度有沒有像大禹嶺那麼陡

對日本人的刻板印象。因爲，比手劃腳的主角，通常是小弟本人。而愼一能說出教堂是church，並釐清carrier與Korea之間的混淆，順便解釋其中的細節。不然，我還以爲他的單車置物架是韓國製的說。

說著說著，穿堂出現了一位戴著眼鏡的年輕人，向我們打聲招呼。我突然想到可以向他請教一些問題。於是帶著地圖，與愼一前往備有接洽客人桌椅的辦公室。戴著眼鏡的年輕人正於學校服替代役，而且這位先生，從國中開始每天固定收聽半小時的英文廣播，這個習慣至今未曾改變。以前曾到日本留學三個月左右，當時日本人對他很友善。

「如果你待在那裡二年的話，情況就不太一樣了。」愼一回答的語氣中，帶著些微諷刺的意味。

這位替代役男不以爲意，說著流暢的英文，指著地圖給予建議：「目前有二條路線可以由省道台九線接到台十一線。繞回光復有一條較平坦的公路可以通到豐濱，另一條捷徑則是沿著秀姑巒溪的山路經奇美至大港口。可是，瑞港公路有部分路段正在施工當中，以當初我騎機車通行時，都覺得很累的經驗來判斷，你們的裝備太重，要經過許多起伏的山坡，實在是太辛苦了。」

愼一很緊張地問：「坡度有沒有像大禹嶺那麼陡？」

我永遠也忘不了這位替代役男聽到「大禹嶺」之後的反應。這三個字，讓原本說話時形容起伏坡度而揮舞的手，扶正了他的眼鏡，「嗯，如果你曾經騎單車爬上大禹嶺，那麼這條路對你而言，十分平坦！」順便補充一下，「沿途的風景還不錯！」

我們想著明天就能欣賞溪水和山林之間的景致而感到雀躍不已。

討論完明天的行程。替代役男打開電視裡的ＮＨＫ新聞頻道，讓愼一觀看自己故鄉的最新消息。這位看似足不出戶的書生，退伍之後，想去英國留學深造，不過，他覺得必須選擇離開唐人街或是華人少一點的地方才能全心全意學到東西，「說不定，我們將於英國再度相遇！」

替代役男跟愼一相談甚歡，互留電子郵件的地址，然後才去忙著他的工作。

愼一說：「有許多東西，是離開學校之後才能學到。人們不能完全依靠學校的教育。」這也是他出來旅行的目的之一。其實，我也很欣賞一種生活的態度，這種態度就算用英文解釋也容易，有人稱之爲「Learning from doing!」中文則翻譯成「從做中學習」；有許多理論，往往都是由實際操作中取得寶貴的經驗。我們的日常生活裡，也有句秉持著相同精神的諺語，就是「行千里路勝讀萬卷書」。

「我現在已經二十六歲了，再過個五年或是十年，不知道還能否騎得動單車，等錢賺夠了，年紀大了，也許，年輕時的夢想也跟著消失了。」

「We have the same thought.」

想不到，這麼破的英文也能說到愼一內心深處的想法。我實在不知道該怎麼表達那種如同流星劃過天際般的感動，於是，本人徵求他的意見，互相給予一個擁抱。

我們到水溝旁清洗杯盤狼藉的餐具。愼一好像發現了一件不可思議的事情，他說：「圈圈，我今天也沒花半毛錢呢！」

你嘛幫幫忙。不帶錢的旅行，並不表示不用消費，從柏油路到學校的建築，全都是納稅人血汗錢所換來的結晶，這些設備，絕對不是無中生有，我們目前只是免費使用這些資源罷了，而且，如果沒有各方善心人士給予協助，也是一件不可能的任務。

不過，上述的想法，實在是太難翻譯了，我只能用笑聲來回答他的驚喜。

還是睡覺比較實際。同梯牌蒙古包帳篷的寬敞空間對於容納兩個人而言，綽綽有餘。我和愼一在帳篷內舖著睡墊與睡袋，用日語互道晚安，準備就寢。我躺在睡袋裡，心想，如果今天沒有人拒絕我們，我們會睡在哪裡？又會遇到什麼樣的人？誰來指點迷津，又會經歷與體驗什麼樣不同的事物？

誰曉得明天接踵而來的又是什麼？

騎車的疲倦已經驅使著全身的肌肉趕緊休息，我將手機的電源關閉，像是嬰兒般倒在帳篷內熟睡。

二○○二年九月二十七日星期五　第十一天　天氣：晴時多雲偶陣雨

我們於早上七點準時離開瑞穗國中，決定在瑞穗火車站籌募早餐。以這幾天的經驗來評估，這種事情的變數很大，有時，吹口琴一個小時都沒人理睬，有時，口琴還沒拿出來，就有熱心的民眾噓寒問暖。平常，我都抱著沒食物就賴著不走的決心，但是，現在考量到行程的狀況有點不同，如果到八點還一無所獲，早餐就吃台中舞蹈協會牌乾糧。

「放心吧！馬鞍袋裡還有未曾動用過的十包素食泡麵與六包營養口糧。」我將雙手移至袋子的外面，標示出這些戰備存糧的位置。

我在車站外吹口琴。慎一也沒閒著，拿出一捆由麻製造的細小繩子，在一旁編織幸運繩。車站裡，有些好奇的民眾朝著我們觀望，可是，沒有人願意過來了解我們的需求。反倒是有一位蓬頭垢面的遊民拿著酒瓶走過來，伸手向我要二十塊錢。

比流浪？本人的業餘程度相較於不修邊幅的專業之下，宛如關公面前耍大刀，論窮？即使小弟目前一貧如洗，就連口袋都快穿孔，但是，看到令人望塵莫及的散亂頭髮與殘破不堪的襤褸，也只有自嘆弗如的分。

我楞了幾秒鐘，然後，用雙手打開單車上裝著別人贊助食物的袋子，「我身上沒有錢，如果你需要餅乾或是乾糧，這些可以送給你。」

他看起來比我更需要這些糧食。

可是，拿不到新台幣，這位老兄就搖搖頭，走了。

人來人往的車站，都是趕著上班的民眾，火車一離去，便只剩下幾個腳步匆忙的行人。我放下口琴稍稍休息，忽然，有種不祥的預兆在腦海一閃而過。

這下糗了，我忘記取消泛舟的行程了。

起床後，我就將手機的電源打開，接著，用塑膠袋包起來，放在單車上，完全忘了這一回事。將防水措施解除之後，手機的螢幕上顯示了二通未接電話。

大概是泛舟的公司吧！

我撥了電話回覆。對方先得知泛舟的行程取消了之後，不堪入耳的穢言有如排山倒海從話筒的另一端傳來，連之前未接電話的不滿也一併計算在內。蠻橫的態度令人不敢苟同，但，畢竟是我鑄成了這個錯誤。

慎一看著我凝重的表情，趕緊追問，「發生了什麼事？」

「我忘記取消泛舟的行程。」這都要怪自己粗心大意。

「我們都忘記了。」慎一試著給我一些精神上的安慰，「不用煩惱，如果我們不去玩，根本就不用付任何錢。」

過沒幾分鐘，剛才的經理不改其咄咄逼人的口氣，又撥了通電話，要求我賠償他的損失，或者選擇泛舟，「不然，你最好是更換手機號碼……」

頓時之間，我的心情變得錯綜複雜。不知道便利商店的小江會不會遭到池魚之殃？聯繫親友之間的手機？如果三不五時傳來這位惹人嫌經理的騷擾，往後的旅行會變成什麼情形？還有，我的一些個人基本資料？想著想著，我決定面對這個問題，而不是一走了之。

愼一了解約略的狀況之後，覺得寧可去泛舟也不要花這種冤枉錢。

也許，這也是一個折衷的辦法。我們騎著單車到達這家擺滿了救生衣與頭盔的泛舟公司，坐在門口附近的小貨車旁等待那位經理。

趁著等待的這段時間，愼一拿出筆和紙想要解開心中的另一個疑惑。他在紙上寫著泛舟需要八百五十元，「如果今天只有你一個人，沒有錢，要如何去泛舟？」

「我會花一些時間，先去打工或做些事情來換取這個機會。」

「可是，我們昨天才預訂要去泛舟。在人生地不熟的地方，你如何能在這麼短的時間內賺到足夠的錢？」

「不，你去泛舟，我留在這裡。」

他爲這個計劃感到不解，臉上露出了訝異與一絲的茫然。停頓片刻之後，他在紙上寫了幾個字，轉向我。

850 X 2 ＝ 1700

「我們一起去泛舟。」

我，忽然忘了要怎麼比手劃腳，腦海中能搜尋到的英文單字也派不上用場。誰不想乘著澎湃的驚濤駭浪於水中翻騰，但是，只怪自己不帶錢旅行又粗心地犯了這個錯誤。對於有期限的旅程來說，耗時的水上活動，也不是恰當的安排。我很慶幸兩個不期而遇的騎士能一起旅行，早已心滿意足，並不是要你幫一位認識不到四十八小時的人支付泛舟的費用。唉……當初沒有好好學習英文，造成有口難言的窘境，心中百感交集卻無法表達出自己的想法。他很想幫忙，我卻無法接受這種方式，只能搖搖頭，哽咽地擠出一句，「太貴了。」

「你去就好了。」

「我怎麼可能一個人獨自去泛舟而把你丟在這裡！」慎一放下筆說：「我知道怎麼做了。」

他願意替我付賠償的費用，然後，兩個人一起走。

一台咖啡色的克萊斯勒汽車，隨即停在我們面前，車內，坐著一位滿臉橫肉的駕駛。我們沒有多說什麼。慎一掏出了皮包，付了七百五十元的新台幣給這位看似凶神惡煞的經理。

然後，慎一牽著單車說：「我要盡畢生最大的可能，離開這間公司。」

遠離了這個地方之後，慎一娓娓道出了心中的話語：「爲什麼你要放棄泛舟的機會呢？一個人又如何去享受泛舟的樂趣？希望你以後如果有這種計畫，一定要事先告訴我！」接著他歎了口氣，淡淡地說：「我實在是不了解你。」

我的腦袋裡一片混沌，情緒十分雜亂，不知該如何回答才好，只是在心裡唸著，「我也希望能多了解自己一點。」

我們靜悄悄地踩著踏板，兩人不

發一語。

時間像是凝結在那一刻，我們只曉得把怨氣轉成雙腳的動力，沿著蜿蜒的秀姑巒溪，在崎嶇起伏的山間小路邁進，試著將所有的不愉快拋諸腦後。

慎一適時的出手，幫我解決了一個大麻煩，如果，少了這份協助，不曉得這種未帶分文的旅行遇上唯利是圖的商人會慘遭什麼樣的蹂躪？說不定，不帶錢的旅行就因此前功盡棄。我欠了他一個人情，卻不知該如何回報？嗯，乾脆直接拿著金融卡提款，將全額奉還。

或許，還有更好的辦法。

隔了一段時間，我們停在不知名的小山坡上休息。我想，騎著單車欣賞溪水山巒間相依的景致與泛舟時的感覺，兩者必定是不一樣的吧！溪谷裡，傳來遊客陣陣的驚呼與忘情的尖叫聲，令人忍不住開口。

「下次你來台灣，我們再一起同行，來這裡泛舟。」

我告訴慎一，「And I pay the money!」（換我付錢！）

離別

「Today, we meeting together here, Chinese said：『緣』。」

日正當中之前，我們抵達了大港口，在長虹橋旁的木造涼亭歇息，坐在木椅上，吃吃餅乾，各自整理日記。經過中午的休憩之後，我們繼續上路，通過北迴歸線，到八仙洞補充飲用水。

遊客服務中心旁，有一位大學時主修日文的印尼朋友主動與慎一聊天，嘰哩咕嚕的談話引來了他的伙伴，沒多久，我們就被這群遊客團團圍住。俗話云，「相逢即是有緣」，我拿出了口琴，慎一也取出了竹子樂器，兩人免費即興演奏，熱情的外籍朋友就隨著我們的音樂擊掌伴奏。接著，才依依不捨向我們揮手道別，搭遊覽車離去。

有位台灣的民眾在旁邊觀看許久。跟我們談了幾句話之後，贊助了一包雞肉鬆。由於我不吃肉，就哼著頌獎樂，將捧在手中的美味可口食品轉贈給慎一。

看吧！台灣人也是很熱情的說。

三仙台

由於愼一今天不太想走路，我們在八仙洞的大門口逗留了沒多久就啓程了。可惜找不到下一站的石雨傘，我們繼續往南至三仙台參觀。單車於此處可享免費停車之優惠，但是近日的氣候依然多變，到了八拱跨海步橋之後，天空飄下了一陣細雨，於是，我們往停車場折返，騎著單車尋找過夜棲身之處。我們順利地找到了附設小型餐飲部的成功教會。餐飲部提供了餐點，也多了一份可以賺取學雜費及生活基本開銷的工作機會。服務人員都是活潑的學生，招呼我們將單車停至隔壁的廣場，等待外出的牧師返回教會。

今夜由本人負責張羅晚餐。我決定，不到街頭募餐，採翻箱倒櫃手法，將放至單車馬鞍袋內的行李移開，取出置於最底層的素食泡麵。而販賣部的年輕人則送給我們額外的驚喜——幫忙煮速食麵，還順手加了免費的雞蛋。

愼一吃雞肉鬆配著蛋花湯，足足吃了三包素食泡麵。

依照慣例，我們於用餐後啜茶，坐在咖啡桌旁，攤開地圖，開始計畫隔天的路線。

「我想去綠島。」

愼一說：「不用擔心，如果你有自己的計畫，就去吧！」

那麼，明天我們即將恢復單人單車之旅。

正當我與愼一飲著立頓紅茶，談論路線之際，餐飲部的工作人員送來了一份他們自製的實驗土司要我們品嘗。我接受他們的招待，並且拿著口琴到櫃台，送給這些年輕學子們幾首經典老歌和幾天前才練習的新曲了。慎一在旁邊聽了之後評論，「你吹奏口琴的技巧，與我們剛見面時相比，進步了許多。」

「謝謝呢！」其實，如果每天於三餐飯前練習，吃飽閒閒還演奏個幾首歌曲與人交流，想退步都很難。

「你練習口琴的時間有多長呢？」慎一對我學習樂器的過程產生了興趣。

「大約一年吧！」簡單地說，當初學習口琴只是純粹消磨時間。話說當時，小弟就讀高職，處於搭公車通勤的階段，而車牌距離自己家，大約需要步行二十分鐘左右，我就利用這些零碎的幾分鐘，練習這種可以置於書包裡的小巧樂器。十年前的鄉間小徑，沒有路燈是常有的事，我就依走路的步伐當節拍，在黑夜裡，吹奏著口琴，順便還可以練練膽子。大約一年的時間下來，回到家的距離沒變，基本的演奏技巧倒是成長了不少。可惜，從高職畢業之後這個樂器就被存放於置物櫃，算一算，也有好幾年沒有碰過口琴了。

所以我常想，令人欽佩的應該是——旅途中的陌生人能定下心聽完歌曲的毅力與包容吧！

「目前，我於旅途中練習。」

慎一要去五十幾個國家，只練習騎單車一個星期就出發了。本人口琴的一招半式只能算小case。

說到單車，就要換我提出問題了，「你要去那麼多的國家旅行，爲什麼不選擇其他的交通工具呢？」

「腳踏車，到外國不需要額外課稅，不用添加任何燃料，維修簡單容易，重量輕，而且，就算採用航空運輸也非常簡便……」看著愼一雙手合掌，口中唸唸有詞的模樣，大概是想拜託航空公司托運他的單車時，給予特別的優惠。我並非旅行的專家，但幾天的流浪，也有一些心得，「如果可以的話，騎乘單車的時間應該稍爲縮短，多留點心思去接觸其他的事物。」

「如果，時間沒麼趕的話。」

一位年輕人，走到旁邊通知我們：「牧師回來了！」

教會的民宿規定，旅客過夜必須收取清潔費。不過，牧師聽了我的說明之後，若有所思。

「日本人有帶錢，可以睡房間，你就打地舖吧！」曾牧師流暢的英文底子，不乏幽默，在我還沒有回神之前就說，「跟你開玩笑的啦！」教會答應提供民宿，並且可以自由使用盥洗的設備，而我們也願意以打工的方式代替住宿的費用，所以，隔天的工作是——負責整理教堂車庫旁的草皮。

這下子，有過夜的場所了。

洗了舒暢的熱水澡之後，我們利用盆子裝水，於水中搓揉肥皀產生清潔劑，然後，找了一台雙槽的洗衣機，開始對付已經三天都未清洗的衣物。兩人將衣服褲子丟到洗衣機內，水槽刹那之間成了硯台，旋轉的水流由清澈變爲灰黑色的墨汁。如果，拿兩人的尙未洗滌的襪子掛在房門，晚上肯定不用點蚊香……

咳！爲了廣大民眾的福祉與自身安危，我們還是堅持不採用如此恐怖之生化武器。

今晚，只有我們兩個人於教會民宿的大通舖過夜。關於泛舟的事件，本人還沒向愼一道謝！可是，就寢之前，我才沒說幾句，他便回答，「我在乎的不是錢，而且這件事情，我早就忘了。」

也許，男人之間總有一些不需計較的事情，但是，如果有人幫你解決一個大麻煩，我可不會輕易地就忘記了。

旭日初昇的清晨，也是上班的時間。我們找到了可切斷樹枝的大剪刀。不過，生銹的痕跡已經說明這些剪刀已經閒置了好一陣子，而鬆動的工具將大幅影響效率，所以我找了扳手，稍稍給予調整。眼前的兩位騎士就像是第一次替客人理髮的師傅，揮舞著開合的大剪刀，來回修整草皮，花了一個多小時的時間，完成這項任務。

曾牧師還沒有起床。於是，我們留下字條，並且麻煩晨禱的教友代爲轉告，然後跨上我們的鐵馬，迎向下一站的旅程。

台東的原住民朋友，就像豔陽般熱情。加油打氣的鼓勵聲，常常從我們的身旁傳來，有位站在對面街道的媽媽，甚至大聲地向我們呼喚，並且免費送了兩瓶一千五百毫升清涼的礦泉水。

我看著愼一邊騎單車邊打開礦泉水的蓋子，爲了解渴，倒也無可厚非，但是，此景映入眼簾之中，卻讓人深感憂慮。

「台灣司機，每個都像開戰鬥機的飛行員，把路上的開車，當成開飛機！」請原諒小弟的無禮，因爲要用英文形容馬路上可能出現橫衝直撞的車輛，實在是很困難。不過，詞不達意，他仍舊一臉茫然。

我感到有點訝異。外國友人不知台灣的交通狀況也就罷了，對於一位要旅行多國的騎士，竟然沒準備不需旋轉蓋子即可方便飲用的單車專用水壺。爲了行車時的安全起見，小黑身上的單車專用水壺就轉贈給愼一吧！

「不用擔心，我帶了兩瓶出門。」

愼一接受了這份小禮物，然後，我們各自於對方的水壺簽名留念。

瑞芳鎮的方大哥曾提起位於都蘭附近的一個景點，於是我就驅車帶著愼一前去「水往上流」，歇腳，順便瞧瞧罕見的獨特奇觀。

遊客交織的景點，周邊絕對少不了腦筋動得快的商家。駐足欣賞奇觀幻象之前，愼一也不忘買點消暑的冰品。老闆不諳英語，用台語跟愼一說明商品的種類及價格。

「圈圈。」愼一直覺地討救兵。

「No one here.」這裡沒人。

昨晚，他就想試試能否獨自一人買到想要的東西，特別吩咐我不能幫忙翻譯。當時，成功教會餐飲部，只剩一位個性含蓄的櫃台小姐，不曉得冰品的價格又不好意思向外國人開口，愼一比手劃腳之後就賺到了一球免費的冰淇淋。

這回，他直接抓起冰棒，掏出零錢。老闆拿了十元新台幣，兩人完成交易。

愼一似乎曉得我在想什麼，「你眞是個好老師。」

而我的擔心，也只是多餘。「你一定能獨自去五十多個國家旅行。」

我們還遇到了一群曾於台東就讀小學的日本歐里桑，同樣是來自京都的愼一跟他們小聊一番之後，我們才踩著踏板離去。半路上，愼一突然隨著流動攤販的閩南語廣播喊著：「豆花、碗粿……」記得上一次，他覺得便利商店的店員說的話親切順口，就跟著唸：「歡迎光臨！」

從他的眼裡來看台灣人習以爲常的事物，都變得新奇有趣。

抵達富岡的時間，比我想像中快。我們於省道旁停了下來，將單車停在門外，走進可以讓遊客休憩及附設桌椅的便利商店。

最傷感的時刻終究還是來臨了。

慎一叫我拿出日記本，用原子筆於他昨晚留下的聯絡住址及電子信箱旁，寫了幾行夾註英文與漢字的句子。

「I couldn't enjoy Taiwan travel without you.謝謝！！」

加油！

我也請慎一拿出日記本，並且努力拼湊著腦海裡的單字，在留給他的通訊方式旁，用本人不成章法的圈氏英文留言。

「I will never forget your help in my life.」

很可惜，我不會寫日文的甘八茶！（加油！）

雖然兩個男人擁抱，感覺起來總是怪怪的，但我告訴慎一：「I am taking this opportunity to express my sincere thanks!」（千萬不要以爲英文能於一眨眼間打通任督二脈，這句能臨時派上用場的話，是硬背的。）

慎一合掌幫我禱告，希望我能早日尋找到前往綠島的契機，之後，他才跨上了單車，揮手向我道別。

「保重。」我不敢多話，也向他揮揮手。

如果，音樂可以豐富人生，旅行可以開拓視野。那麼，能與一位憑著毅力和決心要雙腳踏遍五十多國的圓夢騎士同行，則是隨著音樂旅行途中，最美妙的事。

獨自一人依靠著單車與簡單的行囊，前去眾多文化與生活方式相異的陌生國度完成夢想，我深信，那需要具備一股非凡的勇氣。也許我們之間短短四天三夜的朝夕相處，只是漫漫人生之中的驚鴻一瞥，但你親身的體驗與實行，卻延伸了生命的無窮盡想像，讓我有機會見識了現實裡也可以創造出無限的可能。

還記得，碰見的第一天，我曾經用那破破的英文跟你解釋：「今日，我們能在這個地方相遇，中文叫作——『緣』。」

假設，這次聚合屬於命運中的一個湊巧。

那麼，有「緣」的話，我們會再相遇的。

到了那一天，換我指著路邊的牌子，問你一堆千奇百怪的問題，然後，再一同品嘗著各式不知名的特產，隨著滿載商品的小販吆喝，各自忘情地輪流歌唱喜好的曲子；晚上，我們於黑幕低垂的夜裡品茗；喝著熱騰騰的茶水，聊著那說也說不完的未來；兩人不拘形式坐在地上，靠著簡單的一盞燈火照明，繼續談著，那，異想天開的夢話。

你將侃侃地敘述著旅遊多國的經歷；我也不吝嗇地補充幾個冷場笑話，搬出當年環島的糗事與老掉牙的奇遇。

我，站在門外，看著愼一的身影直到逐漸消失……

是的，那紙上寫著的your help豈止代表著患難時你曾給予的幫助。

該說謝謝的，是我。

（拍攝地點：加拿大　靈魂島）

第三章
海的島嶼

烤玉米的熱情

慎一騎著單車繼續邁向他未知的旅程，我則坐在店內寫著日記。台中舞蹈協會牌食品終究不敵坐吃山空的消耗，可是，我不想去別的地方。將僅存的幾顆糖果用來裹腹之後，執著口琴於店門口吹奏。過了半小時左右，從旁經過的顧客之中，仍舊沒有人出面理會。

腦袋裡浮現一種可能的情形：「可能，大家不曉得這個人需要什麼吧？」

我向店內的工讀生索取了包裝商品之後的廢棄紙板，用麥克筆寫著：

「歡迎贊助（素）便當或熱食，不收現金，謝謝！」

紙板就夾在單車旁。口琴聲加上幾行的說明，似乎奏效。沒多久，一位來自台南的匿名先生帶著他的老婆及小朋友，拿著便當出現在我的面前。孩子們對這種小巧玲瓏的樂器充滿了興趣，我則儘量演奏童謠，滿足他們的好奇心。

這位父親說：「如果到台南又相遇，我再贊助你一餐。」

午餐的問題解決了，接下來則是如何前往綠島？問題是——沒有錢要怎麼去這座位於太平洋上的島嶼呢？嗯……這個問題讓人傷透腦筋。

「游泳？」

該不會抵達綠島之前，先乘著黑潮這條海上高速公路，早一步漂流到日本旅遊了吧？不行、不行。

「改裝小黑？你覺得單車的旁邊綁兩塊超大的保麗龍，再由踏板傳動螺旋槳的構想如何？」

拜託！我還沒討老婆呢！

「跟船長搏感情？」

哎……人生地不熟。

「造一艘船？」如果能活到不帶半毛錢完成這個壯舉，倒是可以考慮。

依安全考量及交通工具的種類分析，還是「坐船」最經濟實惠。

那，要怎麼籌募經費？又要尋找什麼類型的職業呢？

餐廳、加油站的工讀生、漁港的臨時工……

轉眼之間，桌上的一道明亮光影打斷了我的思緒。

啊！什麼東西可以讓本人恣意地發揮且製造與眾不同的笑果呢？

哇哈，哇哈，哇哈哈哈。（想著想著，我竟一人獨坐於長凳之上，狂笑了許久。）

有了，就是口琴。

圈圈原以爲不帶錢旅行之解決三餐溫飽的問題，可能以打工的成分居多，萬萬沒料到，靠著陌生人的幫助與厚著臉皮的雕蟲小技，竟也平順安抵台東。與其匆忙地選擇一項不熟悉的工作，不如，先來試試本人三腳貓的功力進展如何？

熱血沸騰的年輕店員馬上提供了當地的相關情報：「下午，台東市海濱公園的人潮較多，或者是市區裡新開幕的速食店也不錯，明天，可以考慮至每個禮拜日固定擺攤的四維夜市。」這位店員年紀與小弟相差不遠，也擁有一把可愛的口琴，剛才就站在櫃台的後面，聽著我於門口旁演奏一首與電影有關的曲子。他很喜歡那種用簧片詮釋的感覺，於是，我將這份〈新不了情〉的簡譜，轉贈給這位有緣的店員。

說不定，下次換我在中壢的某個地點遇到這位老兄。

我騎著愛駒到了熱鬧的海濱公園，在入口處的攤位旁找了一處可停放單車的場所，拿出口琴及樂譜，將原本裝著台中舞蹈協會牌食品的塑膠袋，套在單車專用的安全帽內，兩者合而爲一之後，置於地板充當裝錢的器皿。

並且，找了大小適當的石頭壓住紙板，招牌上寫著：

「歡迎贊助綠島來回船票，十元不嫌少，感謝您！」

但是，我總覺得，現階段的口琴，娛樂性質大於演奏技巧，既然要靠這項才藝獻醜，理應繼續厚著臉皮，秉持努力不懈的精神。如果演奏時沒人理會，就要當成練習新曲的最佳時刻，不管贊助金額之多寡，都要心存感謝。接著，「個人獨立流浪之活動音樂教室」便展開了營運的第一步。馬路旁，擺滿了各式的攤位，我站在一處賣香腸小販的隔壁，拿著譜，吹奏旅途中練習過的歌曲。人來人往的遊客之中，也有許多在地的民眾。其中，一位身材豐腴的小妹，奉父親大人之命令，前來公園裡尋找男朋友。她跟我聊了幾句，捐出零錢，才繼續去執行任務。

台東人眞是可愛。

過沒多久，出現了令人印象深刻的贊助廠商。戴著太陽眼鏡的老闆娘，拿著一根烤玉米從對街走過來，免費贈送剛出爐的美食，順道聊了對於社會現況的見解。我聽了之後告訴她：「如果哪天，我不小心出了一本書，裡面將會註明——台東市海濱公園裡面，有一家專賣小吃的『海邊烤玉米』攤位，負責人楊亞冠女士說：『台灣的社會依舊充滿溫暖！』」

而且，烤的玉米香Q又好吃！

好吃的程度，就像上面寫的。

曲子一首接著一首藉由口琴的簧片傳聲，但是，也有些例外，此時則需本人親自出馬，譬如〈對面的女孩看過來〉裡，有一句口白，「嘿……沒人理我。」

話說口琴，忙碌地放送悅耳的音符。幾位年齡看似就讀國中的學生，恰好不約而同從我身旁經過，這首曲子也正巧進行至此。本人不疾不徐放下樂器，按照簡譜上的口白宣讀：「嘿……沒人理我。」緊接著，拿起口琴連續下一小節。

想不到這句話就很湊巧地順著風傳至距離約三步遠的後方，成了發噱的源頭，讓這群之前視若無睹的小女生們爲之一笑。

其餘的細節就不須贅述了吧。

嘿、嘿、嘿，沒想到歪打正著，船票的經費又增加不少。自此之後，每當沒人理我，腦袋瓜子就會不經意地想起公園裡這段短暫的插曲。

一對到公園散步的夫婦，贊助了一百元新台幣。我想回贈幾曲聊表心意，不料口琴的中音G竟然罷工，整首歌像是被火車碾過般被突然出現的雜音打斷。緊要關頭，卻突然發生意外。

「不好意思，這錢，還你們好了！」

「沒關係，先欠著。等我們下一次相遇，你再演奏吧！」

口琴，曾於星月無光的漆黑夜路，伴我走過少年的晦澀；吹吸吐納之間，蘊藏一種不分國界的交流；可傳遞隨興的歡笑，隨旅途散播無言的愉悅氣氛；與無數素昧平生的陌生人分享過快樂的心情；排列於整齊膠格裡的音符，更隨著旅途譜出了許多令人驚喜的故事和奇遇；有時，可藉之聊表感謝；遇上悲傷悵然的時刻，也能藉著小小的簧片分憂解愁，驅離內心孤寂之苦；甚至，分秒必爭的緊要關頭，還能化解銅牆鐵壁的隔閡，博君一燦。

我心裡的「口琴」二字，現在已不單代表著消磨時間的興趣。未曾想像這份友人於服役時送的生日禮物，竟然會有損壞的一天。簧片宛若青天霹靂之故障，就像是跨越鴻溝聯繫情感的橋樑，突然應聲斷裂，讓人如同一艘觸礁擱淺的船，不由自主地陷入一片愁雲慘霧，在公園裡呆了

半晌，無法動彈。

天啊！地啊！我該怎麼辦？

這裡似乎沒有修理口琴的店。所以，我決定先統計下午的收入，再評估解決之道。經過下午的演奏及各方的熱心贊助，總共籌募了三百四十七元新台幣。

我不敢再浪費時間消沉，騎著單車尋找了一間位於縣府旁的樂器行。阿嬤級的老闆娘，不厭其煩從最高檔的等級開始詳細地介紹中外各國製造的口琴。我有點心虛，趕緊詢問價位最接近的口琴。

「這裡有一個日本製造的口琴，擺了許多年，賣你四百元就好。」

價格合理，琴音未有絲毫遜色，最適於目前的狀況。我掏出了身上僅有的現金，看著桌上散落的硬幣與攤開的紙鈔，還相差了五十三元。

阿嬤人生閱歷豐富。本人粗淺的議價想法還沒說出口，就被老謀深算的掌櫃夫人識破。她臉上的表情好像寫了幾個字，「這小子在開什麼玩笑！」坦白說：「販售口琴的利潤微薄，而且沒有辦法以價格相差甚遠的金額賣給你。」

我百思不得兩全其美之解，只好使出獨門絕技。

單車上，總有值錢的東西吧！「這台相機、故障的口琴和三百四十七塊錢，暫時擺在這裡。妳的樂器，就先借我用一下嘛？」

果眞，皮厚天下無難事。我迅速拿著口琴回到海濱公園，不過，天色漸暗的黃昏，已經沒有人潮的聚集。

「你怎麼又回來了？」已經收攤的海邊烤玉米的老闆娘說。

一五一十說明了目前的處境之後，老闆娘很熱心地想拿錢給我，可是，本人處女座之龜毛個性臨時發作，不想接受重覆的贊助。但，身爲一位老闆娘，除了擁有果決的特質之外，更是善解人意，馬上吩咐旁邊的姐妹淘共襄盛舉。

「不用拿這麼多，只要五十三塊錢，就夠了！」

俗話說得好：「無功不受祿。」本人當場拿著全新的口琴獻上最擅長的歌曲。

承蒙貴人及時解囊相助，隔不久，我騎著單車回到樂器行將餘額補足之後，再度得到了這把素有「口袋鋼琴」之美譽的夥伴。

可是，我常問自己，如果哪天有人好奇地問起這把口琴的緣由；不知這樣的解釋，誰聽得懂？

「當初這郭經費的來源，就是靠著台東的一種——『烤玉米的熱情』……」

（呼～看來我以後還是考慮從事冷凍空調方面的工作好了。）

邁向蘭花之嶼

另一件令人驚訝的事，則是樂器行的老闆娘，看著我拿零錢將全額湊足，態度竟然一百八十度改變。她很驚奇地問：「你的晚餐要怎麼解決呢？」

聽她這麼一說，才想到晚餐還沒有著落：「我會找別的地方募餐。」

「剛才的買賣歸買賣，這五十元，是用來贊助你的晚餐。如果需要盥洗，可以使用我們店裡的浴室，待會兒，再順道帶幾顆中秋節的文旦吧！」阿嬤的臉龐露出了和藹可親的笑容，簡直與之前判若兩人。

我雖然未具備古人風範，但是，聽過有一句台灣的歇後語這麼說，「買賣算分，相請無論。」大概就是形容這種情況吧！（台語釋義：生意與人情的界線要分明，不可混為一談。）

阿嬤贊助的經費，變成了不遠處一家素食自助餐的晚飯，但是，我卻不好意思繼續厚著臉皮回去樂器行拿柚子。用完餐之後，就帶著「兩袖清風」的見面禮至復興國小過夜。義務看管學校的工友阿伯，帶著我到操場旁的司令台，說明燈光的開關與洗手間的所在位置，才緩速地離去。

搭好帳篷後，我拿出熱烘烘的新口琴，倚在司令台的水泥柱旁，練習吹奏一些尚未熟悉的曲子，試著多背幾首新歌來打發漫漫長夜……

隔天是星期日，自己趁機睡到自然清醒。反正學校放假，早上也沒有人潮與遊客，不如尋找一處綠意盎然的靜謐場所閒晃，我心裡這麼想著。

一人就徐緩地隨著小黑前往台東森林公園的琵琶湖。公園裡，設有枕木舖成的棧道，可供單車行走。原以爲僻靜的早晨應該少有遊客造訪，不過，已經有一位娶了台灣媳婦的老外，騎著鐵馬，攜家帶眷於扶疏的叢林之中共享天倫，另外，一群來自新竹科學園區的電子新貴也走了過來。

這種人潮湧至的機會，實屬千載難逢。我迅速地找了一處可停單車又不會阻礙交通的空位，拿出自製的紙板招牌，與昨晚培養好默契的新口琴於林蔭下開始籌募船票的經費。

無孔不入之戰略再次奏效。老外率先贊助，電子新貴也不遑多讓。早上帶著嶄新的口琴到公園一

遊，船費開始進帳，還意外地賺了半個新竹電子牌饅頭。果然如古諺所云，「一兼二顧，摸蛤兼洗褲。」

其實，海濱公園與森林公園都位於台東市東郊，且緊鄰左右的兩座公園，都很適合健行踏青。我逛完了一圈之後，往市區前進，尋找了一處速食店附近的行道樹蔭，繼續爲找尋船票的費用而打拼。中午的人們，都忙著到速食店享用餐點，連隔壁攤子賣農產品的阿伯，也騎著摩托車回家吃飯。炎熱的氣溫之下，有位媽媽帶著小朋友贊助一些零錢；有些朋友爲善不欲人知，未多加停留；也有人趕時間，贊助了經費之後就匆忙離去。而光陰的沙漏，也隨著柏油路上車水馬龍的汽機車來往，一分一秒地消逝於無形。

眼前，忽然有位穿著紅色衣服的女子，拿著一百元，放進單車專用的安全帽裡。她開口說話：「從很遠的地方，就可以聽到你的口琴聲了。」這句話，令人印象深刻。可是，我並非不願理睬，只是希望曲子能夠保持完整而繼續吹奏口琴。

其實只要傾耳細聽，就能發現引擎嘶吼的聲浪之間，載浮載沉著某些律動音韻，而且，只要用點耐心，總會有人聽到這微不足道的音符正奮力於臨時搭建的舞台上飛揚，隱藏在生活之中的街道。（這是，我自己覺得的啦。）

言歸正傳。她瞧這位吹口琴的人似乎不愛講話，打算先行離去。這時，我也顧不得什麼曲子的完整，趕緊放下口琴，請她留步。

改變一生

「等一下！贊助一百元，可以點十首歌！」

她笑了，大概是未曾聽過如此「曲」超所值的街頭表演吧！

我們就站在樹蔭下，聊著一路令人莞爾的際遇。這位就讀於台東師院的學生，不忘求知的學習精神，提出許多觀點與看法，我也趁此難得之機會自找閒暇，並順手將紙板招牌翻面，表示本人暫停營業之後，相互討論這些不同的意見。

這位小姐的穿著於人群之中並不亮眼，但樸素的打扮，襯托著披肩飄逸的烏黑髮絲，卻散發著年輕特有的純真自然；笑容可掬的面貌，戴著眼鏡，配合條理不紊的談吐，更顯露讀書人的斯文秀氣。她向我解釋：「我們學校裡，有位曾經騎著鐵馬繞了台灣一圈的教授說，『那次的單車環島，改變了他的一生』。」

改變一生？

我不曉得這趟單車之旅是否將改變自己的未來？可是，這十幾天經歷物質簡陋的生活方式，卻意外地帶來心靈上的豐富洗禮，而這種超乎想像的意外，竟源自於「簡單」二字。

另外，這位將來欲執教鞭的準老師也非常細心，從置於身旁的紙板上得知我想去的地點之後，特別撥空回學校拿了一份相關資料。順道邀她同學前來參與這次「小小流浪之旅三人研討會」。

原來幾個月前，她們班上的同學已實際走訪綠島。所以，託台東師院林美伶同學的福，我尚未抵達目的地，就先擁有了一份鉅細靡遺的〈地通地理實察——綠島行〉之報告。

中午，有三位開車出門的幽默女生，提著一碗素食當歸麵，贊助了午餐。她們觀察了我的排汗衣褲與慢跑鞋之後，竟然開玩笑地評論：「該不會沒多久，我們就從『知本老爺大酒店』看到你的蹤影！」

「沒有啦！我晚上可能會去某個國小過夜吧！」其實這檔事，就連自己也說不準。

到了下午，我回到海濱公園繼續努力。經過從早晨至傍晚的奔波，終於籌募到新台幣七百元整。難掩興奮之情的我，毫不遲疑地就拿著眾人共襄盛舉之贊助經費，從台東市騎單車至富岡報到。

古人常說，「不經一事，不長一智。」這次，我不想急著行動。雖然已經先詢問過綠島來回的船票價格，不過，理應貨比三家之後，再來決定要到哪一間商店購票，較爲妥當。

但是，價格表上，有二個字，突然發出搶眼的閃爍光芒，吸引了我的目光，撼動心海波濤，久久不能平息。

那，似乎是一奇幻未知的代言。曾經與它相逢的朋友於送我的鄉鎮護照裡，更註明了簡短幾字的感想：「讚！很美麗的地方喔！」

蘭嶼，光是想像著碧海藍天的景致，就足以令人深陷垂涎忘我之境界。

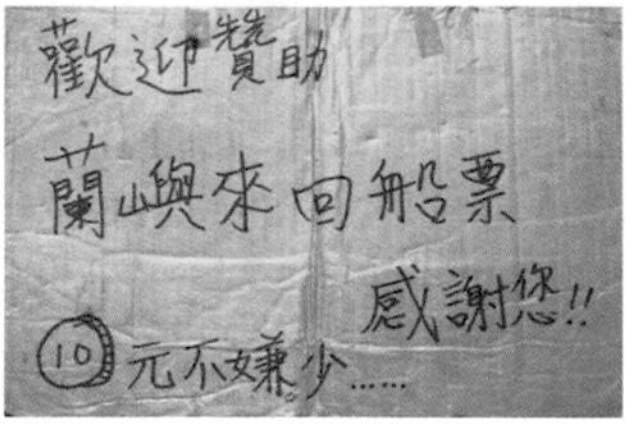

我肯定是瘋了

「走吧！來去。」可是腦海裡，卻隔空傳來陣陣低沉的話語，「這樣會不會太貪心了？有了到綠島的經費，心裡卻又想著順道去拜訪蘭嶼？」更何況，這個行程並不在我的環島計畫之中，「目前所能問到往返蘭嶼、綠島、台東三地的來回船票，最便宜的價格也要花上一千九百元。」演奏口琴一天下來所募得的經費，還得加上一千二百元的額度才足夠，「這是否算是癡人說夢？」

我被自己搞得精神恍惚，下不了決定。於是，騎車到附設桌椅的便利商店裡，想找個角落思索。自己遍尋不著傾訴之對象，不經意地就隨口問了站在櫃台前的工讀生。而這位值班的店員小姐，竟然一語道破這困擾著腦袋瓜子的問題。

「你可以先試試看啊！反正，錢眞的不夠，就算了。」

此話果眞有如醍醐灌頂，令人茅塞爲之頓開。

啊！對！沒錯！有些機會，可遇而不可求。我都已經到了這裡，但是如果不去嘗試，就放棄了，那永遠也不曉得答案。而且，連最早的步驟都還沒有著手進行之前，又何苦先自我設限呢？如果眞的沒有辦法，至少，我也盡力了。

好！我決定到台東最熱鬧且每星期日才擺攤一次的四維夜市演奏，爲了前往蘭嶼而放手一搏。

這招「畢其功於一役」的想法，立刻讓人血脈賁張。我再度向店員索取了新的紙板，將招牌上的綠島改成「蘭嶼」，隨即騎著單車前往台東市區。爲保持體力，我先拿出籌募經費裡的五十元，至自助餐吃晚飯，然後，到仁愛國小附近養精蓄銳。

現場五花八門的攤販已經到達定位，情形就如同便利商店員工之描述。她曾說：「人潮最高峰的時刻大約於晚上八點左右。」果不出其然，人群嘈雜的聲音像是茶壺裡被大火加熱的水，跟隨著時間的接近而逐漸地沸騰。

「你是不是在做什麼研究？」我被身旁忽然出現的影子嚇了一跳。這位頭頂青天的師父，看見有個人類坐在電線桿旁拿著小本子書寫，瞧起來似乎像是個有模有樣的學生，所以，忍不住好奇心作祟而開口提問。

「沒有啦，我只是騎著單車旅行而已。」說句話的時候，還得仰首回答才行。

且慢！如果，鉢等於安全帽？

我於剎那之間一瞥自己置錢的多功能安全帽，再望著對方捧於手中的器具。善哉、善哉，吾雖非行腳托鉢之修道僧侶，但是，其「化緣」性質亦相去不遠。

哇，尚未開業竟先逢敵手。

爲了避免擾人清修，我騎著單車默默轉移陣地，尋覓另一場所。不過，其餘的地方都有擴音器傳出熱鬧滾滾的聲波。最後，我決定選擇夜市的中心位置爲定點。經過詢問之後，賣珍珠奶茶的老闆很熱心地讓了馬路旁一處位置給我。

看來，天時、地利都已齊聚，目前，萬事俱備只欠——「人和」。

我的腦子裡，混雜著焦慮與渴望，心藏跳動的頻率跟著民眾聚集的速度而加快，緊張的情緒也開始隨著人來人往的潮流而持續加溫。踏入人群之前的最後一刻，我張口深深呼吸，希望能安撫內心的忐忑，治癒喘吁急促之不安。

開始吧！

人聲鼎沸的四維夜市裡，一位來自中壢的騎士站在黑色的鐵馬旁，執著心愛的口琴，準備用小小的簧片，籌募往返蘭嶼的船票經費。

不！我肯定是瘋了！！！

難怪我總覺得——頭暈

馬路上川流不息的遊客眼前，沒有炫麗奪目的變幻燈光，未見擴音麥克風之蹤影，至於是否會有動感的舞群蒞臨現場，就別再費心多想了。

但是，種種的因緣際遇，似乎讓四維夜市順理成章地成了臨時的舞台。歷經十幾天「口琴伴單車之流浪闖天涯」，已經不知不覺地喚醒了潛藏的記憶，在腦海裡蒙上了灰塵的譜似乎像是被施了魔法，於燃眉之際一一浮現。爲了往返蘭嶼之役，我使出渾身解數，用盡畢生所學之演奏技巧，甚至連記憶裡依稀彷彿的旋律及忘了歌名的曲子，也搬出檯面來獻醜。

不過說眞的，我的琴藝並不精湛，可是，當地朋友與遊客們依然洋溢著出乎意料的熱情。簀片傳聲，飄浮到了附近的攤位之後，賣飲料的老闆娘隨即就送了一杯解渴的冰涼紅茶；有一位老闆聽到了琴音，拿了兩包車輪餅給我；沒多久，隔著兩個攤位的一位小姐丟了幾個銅板，迅速離去，我只好吹著琴，趕緊前往致謝；某位不知名人士贈予的雞翅則被我轉贈給下一位贊助船費的朋友。

有人，投錢就想走，我只好先拉住他們的衣角，請他們稍稍停留，然後一邊吹奏口琴，一邊騰出右臂與他們握手致意。

有人，只是覺得好玩，看了幾眼就往下一攤前去。

有人，帶著家裡的小朋友湊熱鬧，聽聽兒歌童謠，讓幼嫩的手拿著銅板投進安全帽。

有人，佇足點歌，聽沒多久就發現歌名與曲子不符，哄然大笑。

有人，躲在角落裡，悠然地坐在摩托車的椅墊上垂耳傾聽。

有人，呼朋引伴贊助之後，不忘給予掌聲……

忽然，鎂光燈閃起。我起初不以爲意，心想，大概是遊客帶著相機出門留念，還滿心歡喜地與周圍的路人合影。而且，這位先生開口有若懸河滔滔不絕，我們兩人索興就站在夜市裡聊起天來。但是，他切入重點之後，提出的觀點與深層的研討，讓我不禁好奇反問：「請問你從事什麼工作呢？」

「我是記者。」

出發前，本人曾幻想過類似的狀況，現在，竟然眞的發生了。我請他務必不要刊載此事。因爲，台灣就這麼大，新聞只要經過報導，不出幾日，全島民眾皆知，往後騎著單車的流浪行程，必定遭受傳播媒體影響。

但是，這位記者先生低調謙稱：「我們這是小報，沒有什麼關係！」接下來，他開始猜測這個傢伙的舉動，可能是爲了驗證台灣社會的人情味？

可惜，我經常連自己都管不好，又何德何能去驗證台灣社會。雖然，流浪可「體驗」人生，不過與「驗證」說法有一字之別，且兩者的立足點截然不同。再怎麼說，未帶分文的旅行頂多只是考驗自己罷了。這是我的淺見。

不過，旅途中曾體會之人情冷暖不容小弟置否，我也相信，至今生活周遭街頭巷尾，仍然充滿著許許多多的溫馨。

記者意堅志定，似乎不肯罷休，繼續追問。而本人這幾天的經歷與重點，於剛才的初次相見，就已隨口聊了大半。唉，我無計可施，剩下的部分只好含糊其詞帶過，希望他能夠就此打消這個念頭……

我爲船票之役而「站」，繼續與口琴簧片共舞。

忽然，有人不發聲響，悄然無聲地放了一張紙鈔於多功能安全帽內。我不經意瞄了一眼，發現贊助的金額高達五百元整。

「等一下！」小弟向天借膽，拿起這張新台幣，吩咐這位小姐留步，「我不接受超過五百元以上的贊助！」其實，本人很希望能採用聚沙成塔之方式募得船票，因爲這些人情，太難還了！

「沒關係！我以前曾採用類似的方法到外國自助旅行，這也算是一種『自我實現』。」她反倒說，「況且，這也沒超過五百元！」

我拗不過前輩，只好請教她的大名，「請問您貴姓？」

「我姓ㄧㄢˊ，閻羅王的『閻』。」她講話的口吻語氣，像是躍出了武俠小說而現身於真實生活的女中豪傑，「如果到綠島遇到困難，可以到某某飯店，報這個姓氏，說我介紹的，就可以了！」

前輩不求回報，揮手於人海之中瀟灑而去。此筆經費有如甘霖而降，更讓我得以提早收攤歇市。

老天垂愛又逢貴人，經過了將近兩小時的演奏，辛苦亦有代價。我募得了沉甸甸的零錢銅板，竟然裝得安全帽裡台中舞蹈協會牌油紙袋幾近半滿。今晚的四維夜市裡，映入眼簾的人們，不分男女老少贊助與否，都共同參與了這場臨時起意的晚會。也多虧各方慷慨解囊，此行方有殊榮一窺蘭嶼與綠島之美。

我實在樂不可支，手舞足「踏」，騎著鐵馬連夜狂飆至富岡。

欽的旅遊；專營船票買賣與休閒旅遊相關服務。老闆夫人是嫁入台灣的中國新娘。經過下午各處的訪價，只有她願意將往返三地船票所需之二千零四十元原價，特別優惠成一千九百元。四維夜市民眾出人意料的熱心贊助，讓圈圈募得的費用超過目前所需。所以，我乾脆拿著大部分的銅板，加上幾張紙鈔，湊成二千一百元購買船票，順便請林國金老闆娘幫忙跟船長說一聲，將我的單車一併載去。

「明天早上，有一班到蘭嶼的船次，你可以先去那裡待個幾天。」

恰巧隔日即有船班可以前往，所以，我決定聽從老闆娘的建議。

「好，那就先去蘭嶼吧！」

緊接著，「欽的旅遊」的洪國鑫老闆很「阿莎力」地邀請我參與隔壁街坊鄰居們的聚會，和他們一同吃宵夜。我握著小黑的把手前進，發現單車推起來特別費力，想不到，輪胎竟然已經破損洩氣。幸運地，機車行近在咫尺，我準備的維修工具也派上用場，而洪老闆以前曾任職修補砂石車輪胎的工作，還親自上場技術指導一番。

補好輪胎之後，我先跟小黑到便利商店補充乾糧備用，總共購買了一百六十八元的營養口糧、巧克力與即溶原味麥片。

現在，我的口袋還留著現金，這種情形就像是遊走自己所訂的律法邊緣，有違「不帶錢」之初衷。

我隨意望著櫃台旁的照片，思緒，忽然被深邃的雙眸牽絆。有種渴望的眼神在黑白背景之間特別鮮明，幾字「找錢來救命」，竟讓人感觸良多。我的流浪，自忖餐風露宿之行爲是一灑脫，卻不知異國他鄉裡，有些人連圖個「溫飽」都是奢求。

腦海裡的我，忽然聽到了金包里教會李牧師所說過的話，「當你有能力時，再將這份愛傳出去就可以了。」於是，本人略盡棉薄之力，將所剩的五百六十元零錢全數轉贈於「世界展望會饑餓三十」。銅板像是一陣小雨，叮叮咚咚接連地落進了募款專用之透明壓克力箱子。說來慚愧，由於當初低計了零錢數量，加上闇小姐盛情難卻的贊助，更是讓募得的經費超乎了想像。因爲，零錢的部分經過統計，足足占了今天募得款項的五成。接著，我算一下所剩的紙鈔，拿來買了船票和乾糧之後，竟然還有一千七百元。怎麼辦？

「捐出去！」我開始與自己爭論，「別吵，你知道，這些錢可以買多少食物嗎？」我站在櫃台的旁邊，用手托著下巴，面不改色地沉思了幾秒。管他的，本人咬緊牙根，心肝竟淌著涓涓血泊，我趁著自己尚未反悔之前，火速將花紅似的鈔票對折，卷成一團，準備投進箱子。

「等一下！」說遲亦快！二十四小時值班的便利超商店員，趁我下手之前，制止了我的舉動。

「我們不收鈔票。」他得知小弟明日即將前往的目的地之後，給了一個很好的建議。他義正辭嚴地回答，「不如，將這些錢拿來贊助我們蘭嶼的朋友！」

嗯，施主所言甚是。那，我就先依照此計辦理了。

在路燈照耀的柏油路上，我踩著踏板回到聚餐的騎樓旁，放鬆心情地與街坊們聊聊天，用口琴演奏〈綠島小夜曲〉，順便吃個宵夜慶祝。想不到，洪老闆很熱情地用台語說，「如果你不嫌

棄的話，晚上就來我們家的客廳睏！」

「客廳」對我來說，簡直就是高級的旅館。求之不得，又怎會拒之千里呢？茶足飯飽之後，我就在洪老闆家裡睡了一夜。

今天早上，我就要搭七點四十分的船班前往蘭嶼，腦子裡，突然有個念頭一閃而過。再不久，蘭嶼即將眞實成行，但是，小弟對這座小島的印象似乎只有長髮舞與丁字褲。下一班由蘭嶼直達綠島的船班，還要等上七至八天左右。不帶錢，又想前去這座謠傳物質貧乏的島嶼待上一個星期，到底，該如何找尋生存之道？

害怕之中帶著一份心怯的感覺，將我團團圍住，（詳情請參閱〈附圖一〉）那種情形就像是被鎖在狹隘密閉的空間，令人窒息，卻又不知該如何應對？這種迷惘的幻想無異於赤足跳入泥淖流沙之中，如同浮移在不確定的惶恐裡，不禁讓人越陷越深……

你是不是暈船了

害怕，害怕，害怕，害怕，害怕，
害怕，　　　　　　　　害怕，
害怕，　　圈圈　　　　害怕，
害怕，　　　　　　　　害怕，
害怕，害怕，害怕，害怕，心怯，

〈附圖一〉

所謂，「生死有命，富貴在天。」我當下決定，如果此行難免，那麼，最少也得吃完早餐再走。

我再度動用經費，花了七十元買了兩個素食飯糰、一個燒餅油條與一杯熱豆漿，剩下的三十塊零錢，用於購買科學麵備用。這次，小弟眞的吃得很飽，掃除盡淨地連一粒芝麻都沒剩。然後，我向賣船票的林國金老闆娘揮手道別，與小黑攜手踏上甲板。

船隻徜徉在風平浪靜的無垠滄海，載著旅客漂往太平洋上的蘭花之嶼。

可是，我的胃，被早餐撐得鼓脹；人，待在破浪而行的船上，心，卻感覺有股隱藏於無形的氣息於碧海中迅速漫延；一種因未知而產生的莫名恐懼，似乎在我的血液中流竄，像是束縛巨木的藤蔓與囚住罪犯的牢寵，將人緊緊地禁錮。

我帶著這些錢到了蘭嶼之後，該怎麼處理？

到了外島之後，是否還能繼續流浪之旅？

這座島嶼，到底是個什麼樣的地方呢？

老天呀！爲什麼我總覺得自己現在像是一艘想要前往虛無海角的小艇，不知未來將會航向何處？

「這位先生、這位先生，你是不是——暈船了？」

無ㄊˋ不ㄗㄨㄛˋ的夫婦

想著到蘭嶼可能會挨餓的遭遇，身體竟不自覺地產生了一股驚人的毅力；我走到船艙外透氣，遙望著遠方的海平面，開始控制在胃部即將翻滾的早餐。

好險，約三個小時的船程，忍一下就過了。而且，我的頭暈目眩與身體不適，都於「腳踏實地」之後逐漸好轉。

二〇〇二年九月三十日　星期一　第十四天　天氣：粉晴朗

早上七點四十分，船從富岡漁港出航，先於綠島靠岸小憩，然後於十一點左右抵達蘭嶼的開元港。經過了一番波折，小弟終於有幸親眼目睹這座海上綠洲，踏上了這片陽光普照的土地。

不過，我對這裡一無所知，只好先隨著小黑搖搖晃晃地沿著水泥道路前進。

沒多久，我到了不知名的村落，一群人，正在教堂旁的藍白塑膠布棚底下忙著製作大船，周圍還停滿了許多摩托車，這種情形，看起來就像是一個小型的慶典。（事後我才曉得，他們那天正好舉行母語比賽。）禁不起烈日曝曬的我，看著這個似乎很熱鬧的地點，腦袋也沒多想就騎上短短的斜坡，找了一個空位停車，坐在遮蔭的涼台旁喘息。

基於禮貌，我向坐在隔壁嚼著檳榔的阿嬤注目微笑。她瞧了這個外地人一眼之後，也把這位陌生的朋友當成自己的族人，直覺地開口回應：「（&^&asgdk q;kd%up㊣a;k^&（）_#+◎＋）*&%※……」阿嬤說著一口流利的母語，可是，我連半句都聽不懂，用盡本人所學之語言也無法溝通的情形，讓人茫然不知所措，只好默默地再度向她微笑點頭回應。

十幾天的舟車勞頓令人疲倦不已，我臨時起意，決定放自己一天假期。

反正休假，乾脆午餐就吃昨晚買的乾糧。可惜，塊狀的巧克力，被高溫融成慘不忍睹的液體，怎麼看都像極了火山爆發後的岩漿。所以，我拿出營養口糧，順便分一包給坐在隔壁望著我的阿嬤。老人家高興地分給附近的小朋友享用。

一百七十公克的餅乾，硬得像是石頭，啃得下巴有點脫臼。我簡單的塡飽了肚子之後，用拭汗用的毛巾充當眼罩，遮住眩目的光線，到教會後方的涼台上，好好補眠。睡醒了，就坐在涼台寫日記。

沒想到，有位披頭散髮的遊民拿著一瓶藥酒，步履蹣跚地走了過來，見人就問：「昨天晚上，是不是你拿東西丟我？」

好險，本人神智還算清楚：「我今天中午才來到這裡。」

這位老兄找不到犯案的凶手，過沒多久便自行離去。當時的情形，剛好被一位路過的朋友看

海上綠洲

見，他親切地跟我解釋：「不用擔心，剛才那位怪怪的老兄，不會去傷害別人！」

難得有一位當地朋友肯跟我聊天，本人就趁著這個機會向他學習幾句基本的達悟母語以備不時之用。

村子裡的教會，是由董牧師負責掌管，所以我就在涼台裡慢慢地等待。到了傍晚，牧師抓了幾條魚返家，我便趕緊趁著這個機會向他探聽這裡有什麼機構需要贊助，並且向他請教街頭表演可能會產生什麼樣的反應。

「在蘭嶼吹口琴？」董牧師一邊忙著用手握著鐵鋏替砲彈魚剝皮，一邊替我解答：「應該沒有人會理你。」

啥！這句話，像是將巨木擊成死灰的高壓電流，轉瞬令人傻眼一楞。費盡辛苦來到此地，心裡竟悄悄地浮出詭異的想法。看樣子，我將會餓死在這座島嶼。

「你還是將這些錢留著吧！」董牧師覺得這個怪怪的外地人應該更需要現金。

想不到這筆錢，現在竟然成了讓人不敢再去思考往後日子的燙手山芋。我的雙腳似乎像是長了板根的熱帶林木，杵在一旁無法下定決心，只好先將這個問題擺在旁邊。然後，徵求牧師的同意，於教堂旁邊搭帳篷過夜，並且簡單地吃個泡麵打發晚餐，再回到小窩裡，利用睡眠來補充流失的體力。小弟並未擁有什麼超乎常人的天賦異秉，不過，倒頭就能入睡的功力，倒是鮮少有人可及，我常認爲養足了精神之後，就算是天塌下來的事情也可以迎刃而解。

經過一夜的調養，果眞讓人再度神采煥發。隔天的早晨，我用童軍繩將洗乾淨的衣褲晾在太陽底下，並享用冷卻後的「岩漿巧克力」來祭拜五臟廟，然後，坐在董牧師親手製作的涼台，寫著流浪札記。

沒多久，出現了一位拿著攝影機四處取景的小姐。

雖然，我不是偵探，至少，也曾看過幾次卡通影集，經年累月的耳濡目染之下，再依照無師自通的沉睡圈氏推測法來分析，手裡握著這個尖端科技的機器，漫步在本人眼前的小姐，九成九是來自外地。可惜，此話只猜對了四成五，因爲來自台灣的這位年輕貌美的小姐，現在已經是蘭嶼的媳婦了，而且，她還是一間酒吧的老闆娘呢！

我就在教堂旁，遇到了這位有如天降的救星，本人二話不說，急忙放下友情牌美索不達米亞日記本，向她說明事情的來龍去脈，並請教一些令人困惑的問題。

「放心吧！蘭嶼的朋友都很熱情！」Charlene老闆娘笑著回答。

也許，她無法得知這句讓人眼睛爲之一亮的幾個字，對我有什麼影響。

騎單車的旅途中，常有人說：「太猛了！不帶錢的旅行是一種很勇敢的行爲。」但是，圈圈實在是愧不敢當，這並非自謙，而是因爲他們形容的那個人，並未擁有那種無所畏懼的勇氣，在旅行的途中，有時候害怕心怯也會不由自主而生。不過，老闆娘這句當頭棒喝的開示，頓時讓我從五里雲霧之中得到了豁然開朗的光明省悟，讓人了解那股恐懼矛盾只是庸人自擾，再仔細地回

無餓不坐

想，未帶分文在台灣流浪了十幾天，仰賴著大家的幫忙，一路平安地踏上了蘭嶼的過程。近日潛藏在腦海裡的心驚膽顫，其實都是自己憑空捏造出來嚇唬自己的幌子。

原來，膽怯與勇氣，兩者僅止於一線之隔，只是看你如何去選擇。

古有名訓道之「境由心轉」，說得眞的一點都沒錯。當下念頭一轉，竟如釋重負，反正，就算遇上了不能解決的困難，也還有金融卡爲最後防線，那麼，我又何苦作繭自縛呢？

我找到了所懼爲何，那麼，爲何不能再度硬著頭皮放手一搏呢？

「請問，妳認爲蘭嶼最需要贊助的地方是哪裡呢？」

老闆娘依照當地的情形分析之後說：「居家關懷協會。」

思路敏捷的Charlene老闆娘觀察入微，除了與這位流浪旅人暢談，大方地邀請我到他們的店裡用餐。

不過，在這之前，本人還有一件事情得先完成才行。我問出了協會的地址之後，立即騎著單車火速前往全島唯一的郵局旁，將所剩的一千六百元全數轉手贈予居家關懷協會。錢雖然不多，但是志工樂得開懷，並且回贈小弟一瓶愛心防蚊液。

原來「疾病」爲惡靈附身的認知，是達悟族的一種傳統習俗，病患或是老人於生病之後，爲了避免禍及子女，可能會遭人刻意隔絕，或者寧自選擇離群索居。於是，成立了居家關懷協會來因應此種困境。

而且，與志工的閒談之中，讓我不小心發現海安夫婦平時如有餘力便會儘量幫助協會運作，所以當志工問起我的姓名，並準備開立收據，本人便心生一計，請他塡寫一間酒吧的店名。

然後，到了店裡之後，我就將這一分署名「無餓不坐」的收據，轉送給海安夫婦。Charlene老闆娘欣然地接受了這份小禮物，還說：「你這個人還滿可愛的！」

圈圈則賺到了一份免費的什錦午餐。

「無餓不坐」是蘭嶼風味餐與海景咖啡座的店名，也是目前島上碩果僅存的酒吧。當我踏進到他們店裡，就發現了這是一處很有趣的場所，倒吊著酒杯的吧台前，杵著一根可供來訪遊客隨興起舞的不銹鋼管，左右兩側的牆壁上滿是遊客們留下的心情塗鴉與隨筆的簽名，其中不乏影視明星曾經到訪的字跡。撇開這些不談，這裡大部分的裝潢，多是由他們夫婦兩人攜手打造的結晶，有些不經意的聯想，常常讓人不禁讚歎，就拿店裡的沙發來說，便是取材於報廢廂型車內的座椅，不過，現在擺置的地方換成了他們店裡的角落，感覺就是新奇有趣，頗有物盡其用的巧思。

不瞞您說，坐起來還滿舒服的。

由於氣候的關係，從十月分開始，蘭嶼就因爲東北季風的影響而進入了旅遊的淡季。恰巧今天是非假日，中午也沒有其他的客人到店裡消費，我們三人就趁著這個閒暇的空檔漫談，享用海安老闆的廚藝。

啊！差點忘了介紹最重要的男主角。

海安，也就是「無餓不坐」的掌廚兼任老闆，他理著平頭，皮膚黝黑，身材結實魁梧，個性豪爽的言談之中流露著獨樹一格的純真幽默，常常讓人笑到差點岔氣。而且，這種天生俱來的喜感似乎有種像海的寬闊渾然，別人想模仿，還學不來呢！

「你知道菲律賓的巴丹島嗎？」他很嚴肅地說。

我搖搖頭表示不曾聽過這座島嶼。

周老闆馬上開始剖析社會與政治的現狀，再加以滔滔論述之後說：「現在的台灣這麼亂，蘭嶼跟巴丹島之間的距離，比到台灣還近，改天，我們就和他們共組一個國家。」

海安很認真，連國名都先想好，爲了尊重雙方，就取其兩地的字首，「名稱就叫作——蘭巴共和國！」

圈圈對閩南語略懂一二，聽了也不禁開口大笑。雖然，這句話裡的字眼難免粗俗，卻也給人一種近

乎坦白率直的感覺。

可惜，其他笑料屬於老闆嘔心瀝血的商業機密，本人不便公開，想聽的朋友，不妨撥空前去漁人部落，欣賞蘭嶼的海安幽默！

用完午餐之後，他們想要休息片刻，就讓我到樓上自由活動。

打從被海安夫婦撿到之後，我就像是被朝陽籠罩，瞬間一掃揮之不去的陰霾，心情，如同佇立在前方的礁岩，望著海天一色的湛藍，感到浩翰奔放；此時此刻的我，倚著二樓陽台的欄杆，環顧四周簡樸的村落，看著水泥路上自由奔走的黑色小豬，爲了遠離都市塵囂的悠閒步調而感到無比的開懷；然後，我找了一處可以瞧見太平洋的咖啡座，隨手寫著札記，直到傍晚，Charlene老闆娘拿起盛著餐點的盤子到樓上才告一段落。不過，我覺得自己不能特立獨行，就厚著無堅不摧的臉皮，徵求與他們全家共進晚餐。

他們不介意餐桌旁多一個人，於是，我就與海安一家坐在隔壁的雜貨店裡，享用熱騰騰的佳餚與如同珍珠般寶貴的白飯。不過，大概是因爲相處的時間太短，所以尚未適應這座海島的生活，總覺得蘭嶼的風味餐吃起來別具特色，其中一道金針菇炒青菜，嚼在口裡的口味就是迥然異於台灣，那，淡淡之中的微酸眞是與眾不同！

我品嘗了之後，就連向來遲鈍的神經也不自覺地動了起來，心想，那些從本島運過來的食材，是不是到了蘭嶼之後，口感也會開始改變。

就在本人沉醉於尚未回神的瞎猜之際，海安也挾起了盤子裡的金針菇，吃了一口之後，望著老闆娘輕聲地說了幾個字。

隱隱約約之中，我試著將聽到的那幾個飄浮於空中的字句拼湊在一起。如果沒錯，他好像是說……

「Charlene……這道菜，壞掉了！」

會雕刻的菜

來到蘭嶼的第二天晚上，我將帳篷的內帳搭在無餓不坐的二樓，在柔和的燈光下，聽著流行歌曲的音樂，沉睡地度過了一夜。說也奇怪，流浪的時候，感觸總是特別多，兩個多禮拜下來，我竟然養成了紙上碎碎唸的習慣。早上盥洗完之後，圈圈就找了一處位置，繼續執筆於日記本上的塗鴉。

由於酒吧的作息時間較晚，海安夫婦通常會遲一點才起床。不過，待人周到的他們，一醒來就想到了早餐，所以，我就喝著蘭嶼的山泉水，吃著蘋果配上無餓不坐牌的厚片土司夾蛋，順利地解決了晨間的民生問題。可是，在這裡打擾了一天，卻沒能幫上什麼忙，我想依照往例獻上經典老歌聊表心意，結果，口琴還沒拿出來就被「餓老闆」嫌太吵！

（果真沒人理我……）

恢復了流浪時捉襟見肘的孑然之身，看著晴空與大海的我，腦袋慢慢地加溫，雙腳也不聽使喚，開始蠢蠢欲動地想要騎著單車去走訪這座小島。Charlene老闆娘深怕這位流浪的旅人在途中遇到困難，特別送我八寶粥和文旦應急。於是，圈圈與小黑就帶著這份關懷的禮物，踏出了今天的旅程。

我像是一位未曾見過世面的城市鄉巴佬，獨自一人哼著歌謠閒晃，隨興地在環島公路上遊覽，過了不久，經過了種植芋頭的田野，看到了一群婦人辛勞地忙著農務。好險，未卜先知的路人朋友，早已義不容辭傳授一些實用的句子，現在恰好派上用場。

「A KO KAY!」我騎著鐵馬，坐在單車座墊上，主動向她們揮手招呼，接著，自作聰明地高喊：「卡比亞達悟！」

想不到，簡簡單單的幾字也能帶來熱烈的迴響。大家馬上將手邊的工作放下，高聲地用流暢的達悟母語喊話，熱情地在芋頭田裡振臂歡呼。

當時，小弟不明其中原委，心裡還這麼想著，「哈哈哈！原來我也是很有魅力的萬人迷呢！」

註：羅馬拼音的「A KO KAY」，就是達悟族的「你好」，唸起來有點像是「阿鍋蓋」，原則上，各村口音有些微的差異，所以當地的朋友聽了你說這句問候語的腔調之後，大概就能猜出這個人是來自哪個村落。

圈圈後來才知道，那位路人朋友忘了告訴我，「卡比亞達悟」除了有「人很好」，或「你長得很漂亮」之意；這句話也可以用於追求女朋友或是向愛人表白。

蘭嶼的紅綠燈

呼！難怪那群媽媽高興的不得了！只差沒將我抓去當押寨小弟！

居住在蘭嶼的達悟族溫和純樸，就算遇到無法以同一種語言溝通的長輩，只要你主動微笑，大多都會得到國際共通語言的回應，而且，他們對待外來的陌生人幾乎毫無心防，也不知何謂矯揉造作。待在這裡，常能感受到那股人與人之間的眞誠。我常猜想，在這個可愛的地方，就算母豬跌倒的這種芝麻綠豆般的消息，都有可能經由四面八方的口耳相傳而遍及全島。所以，在這種島嶼千萬不能做什麼壞事，否則，將會遭到全島民眾的排擠與唾棄而無地自容，大概也是因爲這個原因，野放的豬羊只要標上耳號，即使無人照料也能自由自在地攀岩或是逛街，絲毫沒有失竊的疑慮。不過，我卻沒想到，一個鮮有人知的小道消息，已經藉著如同潮水般的傳播媒體，悄然地曼延在這座同舟共濟的島嶼。在我們尚未謀面之前，就先以另一種的形式，在紙上相遇了。

大約過了中午，僅剩二百公尺左右的距離就完成了約三十八公里的環島之旅，此時烏雲密布的天空，突然降下大雨。我趕緊將單車停在路旁，躲在騎樓下的麵攤避難，結果，這陣急時雨，竟然讓圈圈因禍得福，賺到了免費的午餐。

原來，四維夜市巧遇的記者將不帶錢單車環島之舉，當成地方新聞，刊載於報紙，恰巧被這兩位年輕的知識分子看見，她們朝著眼前流浪旅人的方向，竊竊私語的推測之後，決定要請我吃麵。兩位知名不具的小姐，一位自稱只要去椰油村問有誰染髮就知道她是誰（以下簡稱：去椰油村問有誰染髮就知道她是誰的廖小姐），另一位，則說她是來自眷村的美女。

（她們說這樣介紹，在蘭嶼就能知道她們是誰。眞是太神奇了！）

雖然「緣」自報紙而起，但是，面對盛情的招待，我覺得應該一視同仁。所以本人先拿出吃飯的傢伙，配合在騎樓外下著的雨水的節奏，用口琴高歌一曲，再與她們共進午餐，現場報導旅途趣聞。

「繞了環島公路一圈，我發現這裡沒有紅綠燈呢！」

去椰油村問有誰染髮就知道她是誰的廖小姐聽了之後，立即流露一種像是導遊般的專業神情，向這位木訥的遊客解釋：「有，我們這裡也有紅綠燈啊！」

「在哪裡？在哪裡？」

「那些在路上跑的豬和羊就是這裡的紅綠燈，所以，看到牠們要趕緊刹車！」

（忽然有種沁人心脾的熟悉寒意，讓我覺得自己上輩子也有可能是生長在蘭嶼的一分子。）

這兩位心地善良的小姐，除了免費招待午餐，傳授了幾句實用的達悟話，還建議我到舊的蘭嶼國小校舍歇腳，然後，她們騎著摩托車帶路，確定這個沒有方向感的浪人不會迷路之後才離開。

「旅行」並非全是高潮迭起。現在陣雨間歇而降，就是充電調養的最佳空檔。

學校的校舍一間接著一間，呈L型排列於籃球場的旁邊兩側，隔壁不遠處的舊教室裡，住了

一戶新房子尚未蓋好的人家。我找了附近一間沒有人居住的舊教室，將單車停妥，在裡面搭帳篷，整理札記，用手機撥電話給親友聊聊天，吹奏口琴，打發著傾盆陣雨的午後時刻。晚餐，吃著無餓不坐贊助的八寶粥和文旦裹腹之後，鑽進睡袋過夜。

清晨四點三十分被公雞的啼叫聲喚醒。不過，居住在棄廢的舊教室，不用擔心影響學生的作息，我闔上雙眼，再來個自然醒的回籠睡，養足了精神，收拾行李再度出發。昨天，我騎著鐵馬採順時針的方向繞了一圈環島公路。爲了維持基本水準的體能，本人決定今天要換個方式才行。

嗯，不然這次就改採「逆」時針的方向好了！

吃了三塊融成岩槳狀又冷卻凝固的巧克力之後，我一路騎著鐵馬到了東清村，參觀達悟的傳統紀念品製作，其中，有一間擺滿了木雕的工作室，吸引了我的目光。停妥單車之後，我好奇地走進去，看到窗戶旁躺了一個人。這位藝術家似乎知道有遊客來訪，但是，又不想中斷悠閒的小睡，像是沉浸在夢境與現實之間，喃喃地說：「你可以看一看，要買東西再跟我講。」

買東西？

抵達蘭嶼的首日，本人即因爲語言的溝通障礙而懊惱不已，之後，圈圈當下決定勤學苦練，經過了數天的努力，終於學成了幾個堪用的基本單字。

「亞布『楞兒』比故。」

註：這句話由「去椰油村問有誰染髮就知道她是誰的廖小姐」親自傳授。「亞布」為「沒有」之意；「『楞兒』比」就是「錢」，（「楞兒」兩個字必須唸快一點，合而為一之後，同英文nurse不加se的發音）；「故」置於句末，在此為語助詞之用。

躺在床上的希岡菜聽了這句話之後，在刹那之間撥開臉上遮陽的雜誌，像是海面上飛舞的魚兒般從床上一躍而起。

我被他嚇了一大跳，以爲發生了什麼石破天驚的大事。

「你會說我們的話！」

「嗯，有位小姐教的。」實不相瞞，我就只會二句而已。

希岡菜是一位從事木雕、繪畫、陶藝的創作家，他也研究並紀錄珠光鳳蝶的生態環境。不過，從事木雕等藝術創作的主因是興趣，大部分的收入還是來自行政院農委會特有生物保育中心的工作。原本想繼續睡個過癮的希岡茱，覺得這個觀光客非常有趣，眼睛一亮，精神全來了，特別准許我拿起擺在桌上的半成品木雕，仔細欣賞他以漂流木爲材料且最擅長的雕刻作品。結果，這次擾人歇息的閒逛，靠著半句達悟母語而牽線熱絡，兩人談天說地欲罷不能。接著，希岡茱乾脆將工作室的門一關，帶著我去看珠光鳳蝶的研究，專程爲了小弟一人免費解說。

「啊！馬軋木軋！」

王前權 單車環島不帶分文

隨身帶一把口琴 沿途表演籌募便當、旅費 已逍遙遊14天

報紙上的那個人

註：由於達悟的母語裡，似乎沒有「感動」二字，所以，希岡菜就傳授了一句意義相近的話。「啊！馬軋木軋！」大致上類似「啊！不好意思！」。應該也有一點點羞怯與感動的意味，我想。

岡菜帶著我到學校裡看他的研究，然後，再轉移陣地到環島公路旁，找了一處附近長有海檬果的涼台，守株待兔。（應該是，守株待「蝶」較爲貼切。）不過，他覺得中午應該吃點食物，知道我不吃肉之後，特別回去街上買了一些餅乾和飲料，並且，騎著摩托車載了另外一位好友來聊天。

聽著岡菜數說研究，詳盡地解釋珠光鳳蝶從幼蟲孵出至化蛹成蝶的過程，看著他雙眸熱忱的眼神，這時候的他，好像是變了一個人似的。講到了激動的地方，他還指著黝黑發光的皮膚，說明當初爲了抓盜賣珠光鳳蝶的小偷，騎著機車不小心摔跤所留下的疤痕……三句不離本行的潛意識，如影隨形，他講解之餘還不忘宣導，「所以在蘭嶼，除了有許可的研究之外，只要拿著捕捉昆蟲的器具『揮網』就觸犯了保育法。」

點頭如搗蒜的我，像是著了迷似的仔細聆聽，感覺到岡菜從懵懵懂懂到視珠光鳳蝶爲蘭嶼瑰寶的心路歷程，有種無言的艱辛，但是，那股從實務經驗之中發掘問題的用心，不禁令人爲之喝采！聽完了他的故事，換我瞎掰（亂扯）環島的奇遇。

岡菜還沒聽完，竟然脫口而出：「你一定是藉著這種方式來尋求突破！」此話，由藝術家的嘴巴講出來，眞是不同凡響。雖然我不飲酒，卻有一種酒逢知己千杯少的感慨縈繞心頭。

正當我們閒談得起勁，郵務士忽然開著綠色的廂型車出現，直接將掛號送到岡菜的手中。（這裡的郵局眞不是蓋的，就連出門在外也能收到信件。）沒多久，一台環島專用的小型公車也停在路旁，這座島上的人們似乎全都認識對方，希岡菜連忙向大家介紹這位來自異鄉的客人。

「什麼！」、「口琴！鐵馬！環島！不帶錢！！！」、「他就是報紙上的那個人！！！」希岡菜口若懸河說得天花亂墜，如此推波助瀾之介紹，就連駕駛公車的司機都露出一種渴望的眼神，將車子停在路上許久，期盼能一睹報紙上這位人物的風采。小弟不才，只好硬著頭皮，拿出隨身的口琴，站在馬路旁，免費爲現場的親朋好友演奏一曲，幾位叔叔阿姨姊妹弟兄聽完了之後，才心滿意足地離去。

頃刻之間，單車流浪的無名小卒當眾獻醜，儼然冒險犯難之有爲青年。

岡菜擔心這位剛認識的朋友挨餓受凍，力邀我到他的工作室歇息。這種千載難逢的機會，可遇而不可求，本人只好順理成章地欣然接受招待。岡菜媽媽爲了晚餐，特別摘了一些山蘇的嫩芽，煮了一大鍋不加糖的地瓜，不辭辛苦下廚準備道地的蘭嶼風味餐。讓我不禁大快朵頤，沾著醬油，吃撐了。

然後就寢前，岡菜說了一種傳統的睡法。

所以晚上，我不搭帳篷，直接窩在睡袋裡，躺在緊鄰於工作室旁一座沒有屋頂的涼台，仰望滿天像是散布在黑色絲綢上的夜鑽繁星，瞧著閃爍宛若點綴林徑小道上的螢火星光。

不知爲何，浩翰無垠的星空與海風輕拂的夜，有種深深的莫名感動，讓人猶如置身滿天星級的劇場，欣賞悸動心靈的音樂饗宴，直叫人痴痴發呆，久久不能自己。

那天，我就看著自從有記憶以來最多的星星，在蒼穹的寂靜中酣睡入夢，度過了一個畢生難忘的夜……

那種心情似乎只能用一句剛學成的達悟母語來形容吧！

「啊！馬軋木軋！」

中場休息——簡介「免繳燃料稅的車牌」

「你在環島嗎？」旅行的途中，經常遇到人們這麼問。

「你怎麼知道？」除了可以利用單車上載著大包小包的行李判別，我也很好奇，在未開口之前，他們如何猜測眼前的這個陌生人在從事何種活動。

有些冰雪聰明的人就會說：「啊！就那個牌子上寫的！」

這時，這個看似從未出聲的沉靜車牌，反而有點像是辯才無礙的發言人，以另類的獨到方式，早一步幫忙解釋了我與小黑形影相依的旅行。

其實踏出家門之前，我常常為了這種獨特的自助旅行擔憂，試想，在台灣不帶錢單車環島，究竟會出現什麼意料之外的事情？誰又曉得，憑著幾招瞎唬弄的功力，會演變成何種未知的狀況？本人打從心底這麼覺得，「如果有個什麼鮮明的象徵與解說，先讓大家多明瞭我的單車之旅，可能會好一點。」只可惜，憑著本人停留在國小時代的繪圖技巧，要生出一個引人注目的標誌，難如登天。這個傷腦筋的構思，讓圈圈竭盡心思，卻又遍尋不著解決問題的光明大道。

就在暈頭轉向的節骨眼，忽然有位曾經朝朝暮暮騎著單車一起上下學的好友，彷若黎明黑夜前拂曉的曙光，在我的腦海中透出若隱若現的一線生機。

弘維是我的國中同學，從我們認識開始，他就很喜歡畫畫，目前從事的工作也與美術工作有關。

言歸正傳。

「你要用什麼樣的主題呢？」老同學就是省了拐彎抹角的好處。

「就『單車環島』吧！反正『單』與『車』都有『田』字部，我想將裡面的『田』改成輪子的形狀。」

弘維覺得太過複雜，不如直接用「畫」來表達這個主題。他坐在電腦前，開啓了一個繪圖軟體，用手輕輕按著滑鼠挪移，在螢幕裡利用幾個黑色的線條組成了一台單車的形狀，接著敲了幾下盤鍵，將「環島」兩字置於後輪一旁。

我未曾想過利用字與畫互搭而產生層次的概念，不過，看著「環」字與單車「後輪」重疊交織，竟然靈光一閃，好像發現了別致有趣的新鮮事，讓人忍不住為了這個構想而倚在一旁的椅子上竊笑。

我們經過短暫的討論，馬上有了心意相通的默契，並且決定將單車的「畫」與「環」字相結合。弘維操作此一軟體的功力早已達到駕輕就熟的程度，彈指之間，便將畫中單車的後輪調整成適當的比例，置於捨棄右方「四」的環字上方。

經過了一些細部的修改之後，大體的部分已經完成。

橫豎前面三字都已經被我們改裝，乾脆再來個順水推舟，將「島」字裡「山」的部分轉化成一座小山。接著，弘維在畫的底下加入一行小標題，並且叫我用手指比出V的形狀，所以，藍色小標題末端上畫的笑臉，正是本人。最後在單車後面加上影子，「單車環島」的標誌，在老友的鼎力相助之下順利完成了。

這就是既經濟又實惠，「免繳燃料稅的車牌」整個幕後花絮。

其實這個製作的過程，本人從頭到尾只出了一張嘴，老同學卻堅持不收任何費用，我覺得至少要讓無法撥空同行的他，將名字列印在這個親手繪製的標誌之上。旅行的途中，不管是刮風下雨，這份用細繩綁在行李後方的標誌，總是靜靜地陪伴著我。而這個隨風飄動的半畫半字的圖案，一路上也默默地發揮效用，吸引了許多好奇的眼光，其中不乏願意放棄與圈圈合照的機會，而指名一定要將「單車環島」攝入鏡頭的朋友。

有些陌生的交集，似乎也就順著這個標誌，開始熱絡……

「是不是還有另外一個朋友同行？」有些人仔細地觀看之後，常指著上面的兩個名字問道。「沒有。雖然目前人在平鎮，不過他的精神與我同在。」

通常，我會讓大家猜一猜其中的小祕密，聽聽各方的意見，再解釋這個標誌的由來：「……這郭『環』字去除原本的『四』，藉由單車的後輪延伸而結合字與畫，恰巧代表這次環島旅行以單車為代步工具的意義……」

不過有些初次見面的朋友，聽了這番解釋之後，也會冷不防從天外冒出新穎的見解。

「啊，我剛才還以為上面寫的是——單車環『鳥』呢！」

「ㄟ這郭嘛……」（還滿像的說……）

您覺得呢？

王前權&陳弘維

環島

歡迎贊助食宿・感謝您

生活小插曲

蘭嶼的傳統，大多以甘藷、芋頭與飛魚爲主食，岡菜原本想炒一些飛魚乾讓我品嘗道地的口味，只是，基本上小弟對於吃的方面不太講究，簡單即可。早餐，我就吃著岡菜媽媽親手炒的蕃薯葉與水煮過後瀝乾的地瓜。

這裡的甘藷跟台灣品種不同，咬起來粉粉地，口感滿新鮮的。

今天是我們認識的第二天上午，岡菜接到一份環島解說的任務，必須出門一趟，於是，我就地成了這間工作室的榮譽店員。本人常想，未多加考慮就決定將自己展覽及製造木雕作品的工作室交給一個剛認識的朋友看顧，這樣的境界，大概只有一些

蘭嶼藝術家

純樸的朋友與可愛的原住民才能辨得到吧。

我接下了這份輕鬆的工作，坐在從窗戶外透進充足光線的木床旁邊，在環繞雕刻作品的工作室裡，寫著札記。

有一位昨天在涼台認識的年輕人，也是希岡菜的好友陳清聖，路過時，發現工作室只有一人，二話不說就義務陪我聊天打發時間，多虧他的解釋，本人又學了幾句簡單的達悟生活會話，還因此知道了一些當地的風俗，如：

達悟族的朋友所取的名字並不固定，而且還會隨著子孫替換。以「希岡菜」爲例子來說吧！「岡菜」的名字之前冠上「希」，表示他還沒結婚；如果哪天他有了小孩子，名字就要換成長子的稱呼，並且冠上「夏曼」，等到他榮登了爺爺的寶座，又要改成「夏本」再加長孫的名字，不過，等到子孫全部結婚之後，就省事了，到那時候也不需要名字，榮登寶座的耆老，稱之爲「夏本ㄍㄨㄚˇ」。（註：冠上「」之稱呼爲音譯。）眞是太神奇了！

聊著蘭嶼生活習俗的清聖，突然想到待會兒要去紅頭村一趟，於是力邀我順道去拜訪他的親戚。所以，等到了岡菜回來之後，我便卸下了單車上的部分設備，跟著小黑越過蘭嶼的中橫公路，在郵局旁與他碰面。在抵達他表哥家之前，清聖帶著我，先到附近的商店買些米酒小菜。雜貨店裡的商品種類及擺設與台灣的傳統店舖相似，不過，有一點令人印象深刻，尤其是看著牆壁上寫滿密密麻麻的名字與簽帳的明細，更覺得這裡是充滿了人情味的島嶼。

這位大約四十歲左右的叔叔，論輩分是清聖的表哥，講起話來十分客氣，談吐之中沒有一絲長者的那份嚴肅隔閡。而且，他們的閒談，攙雜著許多達悟話，有時還有類似顫音的語調出現，某些單字要學起來，舌頭眞的是會打結。

好奇的我四周張望，發現了隔壁棟看似正在施工的鋼筋水泥建築，正是這位表哥尚未落成的新居。表哥搭房子不求快，有空就找些建材、挑些沙子，有多少材料就蓋多少東西。只有進度表，沒有時間表的方式，眞是符合蘭嶼的悠閒步調。

我們拜訪了這位忘年之交的表哥之後，清聖就帶著我到附近的餐館，招待熱帶島嶼炒飯。他覺得略盡地主之誼是件小事，不需要做什麼事情回報，總是對我說：「不用客氣！如果下次我去台灣找你，再換你請囉！」

「沒問題！」

現在，我多少也能體會在雜貨店的牆上簽一筆的感觸了。

下午，清聖有事先行離開，我獨自一人繞到「無餓不坐」串串門子。然後，騎著單車沿著依在山巒的斜坡，到蘭嶼燈塔參觀，騎累了，就停在小坡上遠眺著藍天與激起無數白色浪花的大海，再由朗島的方向騎往位於東清村的工作室，趁著回程的空檔，看看環島公路旁，大自然以

岩石爲材的雕刻藝品。其中有一排於海中突起的岩石，遠處觀看就像停泊的軍艦。傳說在資訊不發達的二次大戰，美軍的軍機從空中鳥瞰時，曾誤以爲是日本的艦艇，對此投下炸彈，最後才發現是虛驚一場。

我與小黑東晃西晃，回到了東清村的時候，已是夕陽西下的傍晚時分，岡栞外出不在。

反正閒著也是閒著，待在寧靜與悠閒的島嶼寫札記，似乎也已經成了騎單車之外的主要休閒了，我走到工作室旁的露天涼台休息，拿著小本子，寫到了天色暗了下來，欲罷不能，就移到路燈下，繼續從事這種既可抒發情緒又可留下回憶的簡單手工。

寫到了天黑，路過的岡栞媽媽看到了我，好像突然想起來什麼重要的事情。她解釋這是個難逢的機會，而且還補充：「我歡迎，你來。」

既然，岡菜的媽媽這麼說，我也沒多想，就跟著她到了一處聚滿了人群的場所，坐在馬路外的角落旁靜觀其變。

「他們手上拿著的『矛』是用來驅趕惡靈……」

「那位穿著紅色衣服的老人，是我表姐的老公，他剛才說的是：『你走掉了，少一個人，經濟的支柱就減少了……』」站在人群之中的長者，說完一段母語，岡菜的媽媽，就照著他的意思說給我聽……

我的腦海中，在此刻傳來一點訊息，來訪蘭嶼的外地人，除了觀光客，不乏來自各大專院校的研究生與著名的專家學者，該不會她看著我整天寫著筆記，造成了小小的誤會？

呃……邀我來參加這個儀式之前，岡菜的媽媽該不會所說的是：「我翻譯，你來。」

「他從小到大由父親培養製造大船的技術，慢慢長大後，製作大船……」

啊！我該怎麼辦？

就這麼認識了月餅

不久之前，我陰錯陽差跟著岡菘的媽媽參加了一個達悟族的葬禮，不過，流浪的時候能遇上這麼湊巧的機會，大概也不多見。在這種莊嚴肅穆的氣氛之中，站在人群裡的長者所講的母語，有點像是飄浮在空中悠揚柔和的催眠曲，加上日出而作、日落而息的生活步調，更讓欲振乏力的眼皮緩緩地隨著陣陣的發言而開始轉爲鉛塊般沉重。

在昏昏欲睡之際，我的腦海傳來一個訊息，「面對這種情形，只有據實以告，才是上策。」我非常婉轉地將實情告訴岡菘的媽媽之後，慢慢地回到了海邊的工作室，在涼台下過了一宿。

雖然，岡菘不在工作室，不過，他特別交待家人要幫我準備晚餐。想一想，在這裡待了幾天，經常接受特別的待遇，贊助食宿不打緊，就連拜訪親友、參加喪禮都能共襄盛舉。這其中除了幾分的幸運，更重要的是，原住民朋友簡單的物質生活卻又不吝招待客人的純樸熱情，簡直就是超乎當初的意料之外。

由於昨天岡菘精闢的環島解說，獲得了遊客的青睞，今天早上，他搖身成了嚮導，繼續帶著同一批的旅客前往天池。

出發前，岡菜帶著些許的歉意說：「圈圈，眞是不好意思，這次的導覽解說，遊客都有付費，如果帶你去，對他們而言不太公平。這幾天有空，我再專程帶你去走一趟。」

「不用擔心！」本人非常贊同這種公私分明的工作態度。

一回生二回熟，我待在工作室裡，幫忙接電話，有空就陪著路過的朋友與順道來訪的岡菜親友們聊聊天。然後，趁著閒暇之餘，將工作室的木門闔上，穿越小徑到達隔壁的沙灘，一探礁石之中自然湧出的清澈泉水。聽說，這股可供露天沐浴的活水源頭，屬於可以飲用的淡水，還讓這個神祕的地方成了當地居民的天然澡堂。在這種如同盛夏的大熱天，得知了這個小道消息，怎麼可以平白無故地錯過呢！

我拎著衣褲就在太陽底下給他好好地浸在冰水裡，感受通體舒暢的沁涼，泡個過癮之後，再穿著拖鞋回到工作室報到。在炙熱的正午，島嶼的時間度量衡，似乎派不上用場，彷彿所有的作息都跟隨著氣溫的攀高而顯得無精打采，我試著將注意力集中在札記，分散屋外陽光的烘烤，直到下午有兩位到此參觀的遊客才宣告結束。

想不到，其中一位小姐，進門的同時像是看到了令人驚訝的事情，開口就說：「啊！你不是騎單車的那個人？」

話說前兩天與小黑在環島公路閒晃的途中，遇到了帶著一群小朋友放學回家的新老師，看來，世界眞的是很小，當時短暫地打聲招呼的相逢，成了現在話題的開端。而林明孝老師身旁一起來訪的朋友，正是目前任職於同一所學校的替代役男。俗話說：「山中無老虎，猴子稱大王。」反正老闆不在家，我就趁著這個機會和這兩位客人閒聊並且參觀堆在屋內琳瑯滿目的作品。好險沒多久，岡菜便返回工作室，不厭其煩地爲我們詳盡地解說作品之中的涵意。

待在東清村的這段時日，大多吹奏口琴、寫寫札記打發時間，要不就和岡菜拿著麥克風唱歌或是漫天閒談，全顧別的，反倒忽略許多近在咫尺的作品，此時經由作者說明與詮釋之後，才發現這些相處了幾天的雕刻藝品一斧一鑿的背後，竟然藏了許多奧妙的小故事與原始的生命力。看來，岡菜所要傳達的意義，只是換成了雕刻的方式來表達而已。

在這座島嶼，人與人之間的互動似乎特別密切，原本僅有一面之緣的替代役男，在希岡菜的工作室開啓了話匣子之後，索性留下了聯絡的電話號碼，並且邀我到蘭嶼國小參觀，順道和他們共進晚餐。算一算時間，在工作室也打擾了好一陣子，況且又有人主動邀約，經過了一番思索，我決定遷徙至別的地方。向岡菜致謝之後，收拾行李，在遙遠的天際透著薄暮的傍晚時分，踏上環島公路，直奔山巒的另一側。

「晚餐、晚餐……」

我滿腦子的記憶全被兩個莫名的字眼占據，不知不覺，踩著踏板的速度也隨著這個潛意識的頻率而加快，雖然單車的行囊滿載，但是，晚餐的魅力難擋，由東清往紅頭這段約二十幾公里的距離，竟然締造出單車之旅平均時速的最快紀錄。

嗯，人類果然蘊藏著許多尚未開發的無窮潛力。

新建造的蘭嶼國小附近沒有路燈，加上十月的白晝縮短，快要抵達學校旁的小山坡時，已經是只剩星光閃爍的黑夜。我趕緊打開單車上的電燈，再撥通電話告知月餅之後，順利地抵達依山傍海的校地。

月餅，當初自願到蘭嶼服替代役的舉動，讓我留下深刻的印象，而這種換個角度克盡國民的義務，且善用此機會深入去了解一處偏僻遙遠的島嶼，將心中的想法付諸行動的作爲，著實令人折服。尤其，戴著眼鏡，看起來就像是飽讀詩書的斯文模樣，如果不說，很難發現私底下的他，是一位愛爬山的老師呢！

你怎麼到蘭嶼

等一下，先回到正題。通常因爲交通上的不便，以及居住在學校宿舍的緣故，這群教師們平時都會輪流下廚，託他們的照料，我一踏入餐廳就能品嘗別具個人風格的手藝，大飽口福。正當我要開口道謝，並向這兩位老師說明事情的來龍去脈之前，月餅先發制人，將輾轉從另一位老師那裡得知的消息全盤托出。

原來，這位仁兄早就發現了圈圈正在從事一種很特別的旅行。

月餅很謙虛地說：「我身上一定要帶錢才敢出門。」

「其實，爲了預防萬一，我身上備有金融卡應付緊急的狀況，這趟旅行全依賴著許多陌生人的幫助……」說到單車環島，我又開始聊著似乎三天三夜也敘說不盡的經歷。

「你不帶錢，怎麼到蘭嶼呢？」

「問得好。我站在大街小巷以及熱鬧的夜市吹奏口琴，等到附近的民眾受不了之後，便會掏出身上的現金說：『這位先生，不要再吹了，這些錢你就收下吧！』所以，我就順利地籌募了來回船票所需的足夠經費。」

他被無厘頭的瞎扯給逗得笑了。

好端端地，我腦子突然躍出一個小時候曾讀過的故事，於是話題一轉，「從前從前，有個一毛不拔的小氣鬼，每次用餐的時候，只要聞著遠方飄來的味道，配著空氣中佳餚的香味就能享用白米飯。有一天，餐館的老闆聽到了這個消息，跑到他的住處，要向這位吝嗇的老兄收費，結

果……」

「……結果，這位鐵公雞也不是省油的燈，拿著錢，在這位老闆的耳邊搖出聲響，不花半毛錢就解決了這個問題。」月餅竟然說出了童話故事的下半段結局。（月餅以前也是一位很愛看故事書的小朋友呢！）

長大之後，我總覺得這只是一個無中生有的趣聞，哪有人配著飯菜的香味就能解決一餐？現在流浪，雖然還未遇過三餐不繼的窘迫，不過，有時為了下一餐的著落而開始努力的這段時間，嗅到了空中四處飄溢誘人的佳餚香氣，腦子情不自禁聯想起這個年代久遠的故事，一小段相似的遭遇，居然讓我開始暗自地佩服起故事裡那位神乎其技的主角。

而這個無意間蹦出來的故事，似乎也成了打開模糊記憶裡相互連接的鑰匙，開啓了話題，也喚醒了許多塵封的童年往事。提到了往事，我便不由自主追思起當初與慎一騎著單車的旅行途中，一個曾經憑空說過的構想。記得當時騎著單車的我，有點半開玩笑地對慎一說：「我想寫一本書，不過——可能沒人想買。」

沒想到慎一非常認眞看待此事，問我為何介意銷售的問題？

「Just do it!」他的語氣不但直截了當，而且還很鄭重地說：「I will buy your book!」受到如此深厚的鼓勵，我的心情宛若陷在窮山惡水的迷途羔羊找到了指引正確方向的康莊大道，忍不住一時溢出心底的那股歡喜，竟然開始像是超高功率的擴音器般在馬路上大聲高喊著：「我

找到了來自日本的第一位讀者啦！」

這趟嘗盡冷暖的單車之旅，眞是充滿了奇妙的際遇，連書名都還沒決定之前，我居然已經先接到第一本書的訂單，而且還是外銷日本的呢！

不過話說回來，我個人認爲，靠著幾招雕蟲小技的不帶錢流浪，跟騙吃騙喝的行徑似乎沒有多大的差異，尤其一路走來，又接受了許多難以回報的人情，但是對於土生土長的寶島，卻沒有多少正面的貢獻，所謂「取之於社會，用之於社會」。所以，小弟許下了一個小小的心願，如果有朝一日，這些單車環島的遊記集結成冊，那麼我將效法基督徒奉獻的精神，將此書十分之一的收入回饋社會大眾。

月餅聽了這番慷慨激昂的計畫之後，嘴角露出了一絲的微笑，用著像是熟識多年老友的口吻，淡淡地說：「這位先生，現在科技發達，非常盛行自行出版，到時候印好了，別忘了送我一本。」

對了，那麼我應該先準備幾張複寫紙……喂，魂回來喔！

「少說也賣個兩本吧！」加上我自己的那一份。

玩笑歸玩笑。正巧同寢室的室友老師回台灣休假，尚有一個空床位，所以，月餅大方地讓我留在附冷氣空調的房間過夜。因此，這回的單車之旅，暫時告別風餐露宿，搬進了教職員的寢室。

天南地北的漫談之後，我淋了暢快的熱水澡，分別與月餅睡在同一張雙層木床的上下舖，準備就寢。因爲睡飽了，明天才有充沛的體力探訪祕境。

至於究竟要去哪裡呢？

這個嘛，咱們下回揭曉囉！

實習

在蘭嶼待了一年半載的月餅，對於島上周遭的環境已有相當的認知。前不久，還曾經帶著一群蹦蹦跳跳的高年級小朋友到附近的景點郊遊。陽光普照的星期天，享用過淋著煉乳的法式雞蛋煎土司的營養早餐之後，我先騎著卸下重裝的單車，準備到天池的入口處與他會合。

此次同行的還有一位九月才來學校報到的新夥伴，也就是林明孝老師。不過，課堂外的她，似乎不太多話，三人步往荒煙的羊腸小徑上，大部分都是我和月餅兩人顯得有點呱噪的談話。

月餅不經意就聊起了師院時代的往事，當時，他的父母非常反對他加入登山社，可是越不贊成，年少心底的那股擺脫束縛的叛逆就越加堅定。他經常不顧反對，趁著假日與三五好友登山涉水。有一次，他們遇到了難得一見的下雪，好奇的月餅，沿路抓著免費的雪花冰往嘴裡品嘗，後來，他漸漸地發覺行走的速度變遲，離隊伍似乎越來越遠，意識雖然清楚，行動卻開始異常的緩慢。好險他的隊友及時發現異狀，趕緊回頭，扛著月餅身上的背包，拼了小命將他平安帶回營地。不過，這次因為誤將冰品當成行動糧，造成失溫的意外，並沒澆熄對大自然的愛好，他只是輕描淡寫的敘述當時千鈞一髮的生死交關，依然繼續和同好一起享受登頂的喜悅。

那股執著的喜好似乎找不出原因。

有時，費盡萬苦千辛之後，在山頂打開背包裡面因氣壓差異而變形的鋁罐，讓一路搖晃的飲料像香檳般冒出四溢的氣泡，再加上幾包鼓脹的科學麵，就足以讓他們開懷慶祝。好像到了人煙罕至的荒野，縱使簡陋的簞食瓢飲也能顯出無比的珍貴。

或許遠離塵囂的艱辛過程之中，也藏了一種難以抗拒的魅力吧！我想。

至於，我對於山的基本認知，則以服兵役時的山訓爲主。大概自己不拘小節與隨遇而安的個性，也跟當時長期團隊生活的磨練與崇山峻嶺之間餐風露宿的潛移默化，有著或多或少的關聯。總之，背著沉重的物品邁向山巒與帶著簡單的行囊單車環島，至少都要擁有些輕微的精神異常，才有辦法做出這種瘋狂的行徑。

也難怪我們一見如故，相遇的首日就睡在同一間寢室。

還有，月餅曾經想完成徒步環遊蘭嶼之行，現在得知了我的單車之旅，又燃起了新的構想：「相較於鐵馬，我一定要來個什麼『滑板車』環島才行。圈圈，看來你要繼續失業到二○○三年的十一月才行。」

「爲什麼？」

「到時候退伍，我才有伴可以同行！」

呃，我開始覺得，我們兩個人都很需要精神科的醫師贊助一下門診。

走到了半山腰之後，我們停在山林間的小徑旁歇息。反正閒著也是閒著，我拿出了隨身攜帶的口琴，演奏幾曲耳熟的老歌，塡補一下這段闔眼的空檔。喘口氣之後，三人再度出發，途中，月餅也會適時解釋當地的傳統習俗：「達悟族製造拼板舟的技術高超，通常，他們選擇適當的樹種之後，就會刻上屬於不同家族的記號，開始照料自己所選的樹木，有時爲了造船需要的形狀，還得撥空移開周遭阻礙生長的異物或石頭……」

我們沿著叢林裡的蜿蜒小徑，聽著月餅的解說，聊著過往的趣事，越過滿是石塊的乾涸小河，拉著繩索攀爬一小段陡峭的河岸，經過大約一個小時左右的徒步，揮汗抵達了這處尙未遭到人爲開發的祕境。

環顧四周的翠綠山林倒映於波光粼粼的池面，與幾株散落的枯木形成搶眼鮮明的對比。

就像是置身一幅靜得出奇的畫，卻又可以聽見不時傳來悅耳的蟲鳴鳥叫。恍如一切都還停留在與世無爭的原始狀態。

我忍不住脫下了鞋子，然後像個頑皮的孩童般赤足涉水，躍上擱在淺灘旁的枯木。月餅說：「幾個月前，台灣鬧乾旱，蘭嶼的天池也無法倖免，隨著水分的蒸發殆盡，露出了池底。那時候我帶著一群小朋友來此，剛好目睹了十幾年罕見的景象。」直到現在，還可依稀見到水底的土塊於乾旱時所留下的裂痕。

這次託月餅的福，有了稱職的業餘嚮導，才得以悠哉悠哉地探訪天池，閒晃了一陣子之後，我們在這處山林之中留下幾張合照，選擇了另一條沿著乾涸的河谷與林道中的小徑，踏上回程。

午餐，就在月餅交際聯誼的萬用寢室裡，享用熱騰騰的家常麵。

然後趁著天氣晴朗的下午，我帶著小黑前往蘭嶼的氣象站。不料，位於中橫公路旁，連接氣象站旁的水泥道路坡度，比想像中更爲陡峭，奮力騎著單車的後果，讓汗水像是飛瀉於懸岸峭壁之間的瀑布般不斷地從皮膚湧出，我試著採取S型的迂迴方式前進，不過還是費盡了九牛二虎之力，才勉強抵達了氣象站的平台。汗流浹背的我，喝光了單車上所有的水，轉而向氣象站裡好心的值班人員求助，才解決了飲用水不足的問題。

話說回來，氣象站可近觀左右兩側的山陵，也是一處遠眺的絕佳地點，雖然累了點，但是能從高處看看山腳下像是模型般大小的村落，再遙望令人心曠神怡的蔚藍天際與變幻無窮海洋的相

天池

連景致，還是滿值得費力走上一趟。

我停妥了小黑之後，就待在氣象站外的草皮上歇歇腳，到了傍晚才回到蘭嶼國小。

不過，今天的晚餐很特別。所以在介紹這位廚師之前，先稍稍說明一道異國風味的開胃菜，以及讓人回味無窮的獨特料理。削成塊狀的蘋果和切成細片的美式火腿加些金針菇，淋上義大利香料之後，滴上幾滴酸溜溜的醋與新鮮的檸檬汁，馬上食慾大增。（置於密封的盒子，冷藏在冰箱內，可隨時取用。）晶瑩剔透又有嚼勁的蒟蒻麵拌著日式醬油，低熱量又不失口感。再佐以一盤水燙的牛蒡絲與些許嗆鼻的芥末，健康有益的清淡之中帶著一絲強烈的調味，無與倫比的組合。

如果你已經覺得食指開始蠢蠢欲動，那麼請稍稍忍耐一下。這位老師自己親手調製烘烤且中西合併的點心，內藏綠茶餡的南瓜土司，還有齒頰留香的薰衣草月餅……絕對讓人垂涎三尺。

黃國政，曾經放棄於市區任職的機會，為了認同一位校長的教學理念，自願到蘭嶼服務的一位老師。與他的言談之中，不難發現那股自然流露的教學熱忱。而且，這些年待在島嶼的單身生活，更讓他練就了一手令人讚不絕口的廚藝。

還有一個與眾不同的特點，黃老師喜歡到開發中的國家旅行，費用便宜，這倒是其次。舉例來說：有一次，他參觀一所位於尼泊爾的高中，學校裡的教室窗戶都還沒裝妥，屋頂上的工人正在敲敲打打地忙著施工，屋頂下則是正在上課的學生。更別提沒水沒電的生活，早已是司空見慣的常態。

在這些國家體驗了一段時日之後，他便覺得生在台灣是一件非常幸福的事情。更重要的是，有著藝術的手腕加上豐富的巧思，就算是國外食材的採購至烹調，也難不倒他。離鄉背井的自助旅行，根本不用擔心飲食文化的差異。獨具匠心的自創佳餚，眞是讓人羨慕！

我坐在餐廳裡，聽著黃老師說著旅行點滴，品嘗桌上的美食，吃得盤底朝天。

接著又到了就寢的時間。今晚，月餅的室友收假返校，寢室裡的床位額滿，不過，熱心的他徵詢大家的意見，爲了我的棲身之處而奔波。最後，贊助晚餐的黃國政老師，願意空出房間內的一角，讓我有了溫暖的小窩可以過夜。

不過，他有一個附帶的條件：「如果，你不介意跟我的女兒睡在一起的話？」

「老師。」不，這時候我應該要改口爲「丈人」才是……

「沒有啦！因爲我養了一隻小狗，怕會影響你，所以先通知一聲。」黃老師在我尙未意會之前，早一步說出了下半段的句子。

女兒？小狗？

呼，這樣我就放心多了。

於是我借宿了房間的一角，在擺著許多學生贈送的手工藝品與老師親手布置的溫馨寢室裡，安然地與黃老師以及他的「女兒」共度了一夜。

蘭嶼的時間最多

隔天，由於東北季風開始增強，陰雨綿綿的氣候可能會持續好幾天。

雖然豐沛的雨水可以滋潤大地，但是，這樣的天氣卻不適合外出的旅人，待在這座遺世獨立的小島，最適合的活動，還是動動筆了。

其實，寫日記的這個習慣，是當兵的時期所培養的興趣。我發現縱使在時間安排緊湊的部隊裡也能很輕易地完成這件事。例如：只要選擇操課時結束的十分鐘、利用午睡前或者晚餐後到晚點名的休息空檔……等，總之，將這些零碎的幾分鐘加起來，就可以有足夠的時間替生活的蛻變留下紀錄，將軍旅生涯的悲歡離合、瑣事趣聞轉成了文字。

也許日記裡沒有優美的詞句，但酸、甜、苦、辣的點點滴滴，都是值得細嚼的回憶。諷刺的是，當兵的那段日子，自由受限，我都還會想盡辦法抽個空寫寫日記，然而，這個習慣卻在退伍之後中斷。

我經常告訴自己：「哎！工作這麼忙，哪來的時間寫日記。」於是，日復一日，好像許多事情也就被自己編出的藉口給擱了下來。直到前二年，我趁著學習操作電腦的機會，將紙筆油墨轉成電子，寫日記充當練習打字，才重拾字裡行間碎碎唸的樂趣。

接著，這次的單車環島之旅，腦袋裡竟冒出了一個瘋狂的念頭。

對！就是要出一本書。

雖然，圈圈並非鬻字維生的作家，隨興揮灑的札記無精準輕重之分，天外飛來幾筆的奇想也亂無章法；要寫科幻未來，恐怕貧瘠有如寸草不生的腦袋，半天道不出個所以然；別人的傳記故事，巧筆生花如行雲流水，字字都是妙語珠璣；我的笑話裡，似乎找不著幾次暖場。不過，也許我應該嘗試著換個角度去看這些。

我擁有什麼呢？

小弟雖然只有高職畢業，遍尋全身不著顯赫的學歷，但是，本人的熱情卻無異於盛夏豔陽，宛如花生帶些土里土氣的駑鈍之筆，就算科幻未知不著腦海邊際，卻想自不量力來個鐵馬行空。也許正因自己不是作家，反倒覺得書寫創作的包袱規範最少，不如就先來個業餘的說夢札記，一圖己之狂想，說不定也可令人樂乎。而妙語珠璣並非天生與俱，好好習之即是。至於，冷場笑話，則是重點了。對於欲攻頂玉山的朋友，相信對於適應冰冷的環境，應該是助益不少。本人掛保證，來這裡閱覽幾回，再去台灣的至高極地也不覺寒意。

好了！親愛的各位，現在可以將毛毯睡袋準備妥當。

古人云：「切莫劃地自限。」既然札記可抒發，網海有包容。反正，唬爛不用繳稅，加減哈拉也有益身心。

圈圈又何妨一試呢！

原以爲，人到了一個年紀就會與夢想絕緣。只要肯嘗試，神智清醒時也能說著夢話。

雖然天空的顏色灰暗得像是舖在馬路上的水泥，不過，我現在的心情卻像是活蹦亂跳的熱帶

蘭嶼國小

魚兒，拿著筆紙，像是長了翅膀在藍與白的字海間飛躍。坐在折疊的鐵椅上，手裡拿著札記，在宿舍的走廊下，一字一句寫著這次的流浪之旅，揮灑著沿途的奇緣巧遇！

停留在蘭嶼國小的日子，食宿不虞匱乏，老師們待人也十分友善，可是，隔天的氣候由下雨轉爲陰天，我阻擋不住心中的渴望，決定騎著單車出門透透氣。不料，到了龍頭岩附近，風勢開始增強，有些路段還可以看見岩石旁激起好幾層樓高的浪花。既然都出門了，只好卯足了勁，逆著風緩緩地前進，到了東清村附近，風勢才逐漸減弱。我與工作室裡正忙著雕刻小型拼板舟的岡菜聊了幾句，又踩著踏板上路。到了蘭嶼的西邊，乘著順風而行的悠閒，流浪到了椰油國小。

學校的教學組長陳銘洵老師，見外頭風大，找了一間教室讓我過夜，而且，還讓我使用他寢室裡的衛浴設備。更重要的是，我們素昧平生，善解人意的陳老師依然開口道出優良的傳統問候語：「吃飽沒？」

（依照固有禮儀，就算這時候已經在荒郊野外挨過三天三夜飢寒交迫的苦楚，也應該咬緊牙關，若無其事誠懇回答：「謝謝！我吃飽了。」）

「呃，還沒有。」我的腦子想著古人諄諄教誨的禮儀，不過，嘴巴還是受不了熱食的誘惑。

陳老師似乎不曉得我正在從事未帶分文的單車之旅，所以，在餐廳吹奏口琴聊表感謝時，竟顯得有點驚奇。總之，吃了豐盛的晚餐，看了現場直播的棒球比賽之後，我搭起帳篷的內帳防蚊，在椰油國小的教室裡過了一夜。然後，在破曉的早晨收拾行李，與小黑返回蘭嶼國小。

因為，我之前曾答應月餅一件事情。

所謂「無巧不成書」，蘭嶼國小的音樂老師，因為蜂窩性組織炎而返回台灣治療，現在的音樂課沒有專職的教師，只好暫時先以影帶教學為主。代課的月餅想到了一個也許能夠勝任的人選。

老實說，人才濟濟的學校，教師員工各有其專業與職責，如果剛好有這個空缺，未嘗不是與學生交流的好機會呢！（不然，待在學校白吃白喝也過意不去。）

於是，本人大膽冒名接下了兩節音樂課的課程。

在月餅老師的陪同之下，我站在小朋友的面前，將講台當成舞台，演奏口琴當成開場白，簡短地介紹與我朝夕相處的樂器之後，將地圖攤在黑板上，說著沿途發生的趣聞，再以口琴穿插幾曲流行通俗的歌曲，並講解曲子背後的典故。或者先演奏曲子，再讓小朋友猜猜歌名。

由於第二、四節都是音樂課，我竭盡所學，雙腳踩踏，為他們彈奏教室裡的風琴。一首是經典動人的〈月亮代表我的心〉，將來追女朋友的時候可以稍稍派上用場，另一首則是〈哭砂〉，失戀時候可以替令人悲傷的心碎止痛。最後的結尾，再以口琴吹奏課本裡的教材，引導小朋友歡唱之前音樂老師曾經教過的童謠。

這群小朋友露出天真無邪的笑容，反應熱烈，高年級的學生下課之後還說，明年想邀請我到國中演奏口琴給他們聽。

其實，圈圈將來非常希望能成爲一位鋼琴老師。雖然，目前這條音樂的路對我而言，還非常遙遠。倒是尚未結婚的月餅老師非常捧場，認爲音樂可以陶冶性情，淨化人心，並且對圈圈的空頭計畫吐露想法：「如果你成爲鋼琴老師，以後我的小孩子就讓你教。」

「你不怕以後小孩子學一學琴，改天就騎著單車去流浪？」

「不用擔心，我會多生幾個，然後，先讓老大和老二做實驗。」他似乎胸有成竹。

「眞的嗎？」

想不到這趟旅行竟然冒了出人意料的驚喜——在我還未當上鋼琴老師之前，就已經有家長先替尚未出世的小孩報名了。

二〇〇二年的十月九日星期三，課程結束之後的音樂教室外，一位旅人與一位替代役男漫步在走廊，開始談論著不切實際的未來。

「那麼，到了那天，我的學生一定要先去流浪之後，我才要收他們爲徒。」

也許吧，還要好久，但是，我總覺得會有那麼一天的。

再會啦！人之島

蘭嶼國小的師生約有五十人，各年級學生固定於自己所屬的教室上課，從一年級開始，直到畢業不曾更換。所以，每間教室就像是溫暖的小窩，布置了學生們許多不同風格的勞作。上完音樂課之後，月餅和我到活力充沛的三年級教室與小朋友一起用餐。

剛步入教室，幾位小朋友興奮地圍著我，童言童語著實有趣，如果不是這次旅行，大概也少有機會跟小學生共進午餐吧。

隔天是雙十國慶，學校放假。不過，這幾天的氣候像是叛逆的少年，依舊不按牌理出牌。早上下了一陣大雨，沒有學生蹤影的校園，顯得有點冷清。起床後，我到音樂教室彈彈電鋼琴，然後，借用月餅辦公室裡的電腦上網找資料、回覆電子郵件，順便寫寫札記。沿途前所未有的經歷，加上叨唸的文筆，所以一天的流浪，要花上好幾天的時間來書寫，敘述到秀姑巒溪的時候，竟然已將友情牌美索不達米亞的日記本寫滿了。我拿出〈地理地通實察——綠島行〉的報告，暫且用空白的背面充當臨時日記，並且決定先將每日的重點記下即可。

下午，向月餅學了一招利用塑膠吸管製作螃蟹的勞作。

撥電話詢問售票的林國金老闆娘之後，我得知了明天十二點三十分有一蘭嶼直達綠島的船班。在這裡打擾這麼久，差不多也是準備前往綠島的時候了。（其實，習慣了安逸的日子，有點不太想走……）

二〇〇二年十月十一日　星期五　第二十五天　天氣：晴時多雲偶陣雨

一早，我帶著月餅與施秀惠老師贈送的餅乾、零食道別了蘭嶼國小。繞到了郵局，將月餅工作室製作的明信片，蓋上蘭嶼的戳章，寄給朋友。

走到了無餓不坐的店內，餓老闆免費招待了一份洋蔥蛋炒飯。

上次原本打算在店內吹口琴，結果還沒吹出一個音之前就被嫌太吵，這次，本人冒著

被撵走的風險，也要演奏一曲才行！在吧台前，我拿出口琴，爲餓老闆及Charlene老闆娘演奏個人最欣賞的一首經典名曲。

然而，天下無不散的筵席。時間也不早了，道別之後，我騎著單車在開船的前五分鐘抵達了開元港，與小黑踏上了甲板。

「這十幾天朝夕相處的島嶼是個什麼樣的地方呢？」我追問自己。

一望無際的遼闊海洋、白雲緩飄的藍天、普照萬物的陽光、滿天星斗的夜晚。

是翠綠的山林、環島的奇岩異石，或傳統地下屋、技藝超群的拼板舟、歇腳的涼台。在我的印象中，這是什麼地方呢？

這裡，有一群達悟族朋友，講著舉世無雙的幽默；在路燈下寫作時，會有人搬個木椅請你歇息；遇上瘋子，會有人來幫你解惑；當你高舉著手展開笑容地問候大家，會有振臂的熱情回應；有擅長雕刻的藝術家；好客的陌生人；愛爬山的月餅；待人友善的老師們；天真無邪的孩童以及無ㄜˋ不ㄗㄨㄛˋ夫婦。

這裡也是偶爾要注意一下「紅綠燈」的地方。

蘭嶼，不只擁有上天賜與的自然景觀，更讓我覺得值得回憶的是——那一群可愛的人們。站在船艙外，看著海上被白雲籠罩的島嶼，我忍不住於離去之前多瞧幾眼。

如果蘭嶼的觀光發展已是不可阻擋的時勢潮流，小弟衷心地期盼，來訪的世人能好好愛護珍惜這塊土地，那麼，有緣與它相逢的那刻，相信你也會不禁忘情地驚呼：

「讚！很美麗的地方喔。」就如同發現世外桃源一般。

附註　綠島

我總覺得這世上，有許多事情並不是人們先安排就能恰好遇見了……

離開了蘭嶼之後，船隻在起伏的波浪之間前進，我則站在船艙外的甲板吹風，儘量凝視著遠方的海平面。經過約兩個小時左右的搖晃，終於抵達了南寮漁港。

待慣了蘭嶼，看到馬路上川流不息的機車，讓人楞了一會兒。

不過，既來之，則安之。我騎著單車，走走停停繞了綠島一圈，決定今晚借宿於綠島國小。拿著身分證向學校的主任登記之後，接著，就要爲晚餐的著落想辦法了。販售紀念品的店家及餐廳林立的街道對面，可以望著夕陽餘暉的海，又有熙來攘往的人潮，應該是個不

攝影：「P.S.綠島」版主小蘇

你旅途中都怎麼洗澡

錯的地點。於是，我站在堤防上，開始吹奏口琴。沒多久，有一位選擇到蘭嶼和綠島自我放逐的黃南獻先生，站在旁邊聽了幾曲之後，贊助了晚餐。而且，他還說了一個小祕密：「其實，曾經在蘭嶼的環島公路上見過你，今天我們都是坐同一艘船來到綠島。」

這位有緣的仁兄，帶著我到對街的一家小吃店，叫了幾道熱騰騰的菜。兩個原本獨自流浪與放逐的旅人湊在一塊，索性就坐在桌子旁用餐聊天：「我向公司請了幾天假，決定單獨一人出門散散心，同事都說我瘋了。」

現在，圈圈終於發現了單車環島的一個潛藏優點——至少，有些人發現了我的旅行，便會開始覺得自己正常一點。話不多的黃先生，倒是多點了幾道菜，吩咐小弟一定要吃飽：「我明天就要離開綠島，如果相遇，再請你吃飯。」

「謝謝啦！」

用完餐之後，我回到了學校，在穿堂搭起帳篷過夜。隔天一早，便收拾行李，騎著單車四處閒晃，沿著小路騎到了燈塔附近歇腳。

隨後，有三位女子也將摩托車停在路旁，眼神流露一股強烈的好奇，對我微笑，並且問了一個讓人摸不著頭緒的問題：「你……是台灣人嗎？」

「是的，我是台灣人！」

她們覺得在台灣騎單車旅行，似乎是外國人才會去做的事情。「我們剛才在猜測你是不是日

本人。」（早知道，我應該跟愼一學習基本的日語。等到下次有人再問相同的問題，再講幾句外來語，必定會產生意想不到的效果。）

她們打量著單車大包小包的行李，確定此人正在進行單車之旅，馬上轉移話題：「那……你吃早餐了嗎？」

「啊，我的老天爺！」根據不帶錢單車環島的非正式問卷調查指出，七二．六五％的女生，對於長途旅行最優先聯想到的問題是：「那……你旅途中都怎麼洗澡？」

此時就算本人已經餓到四肢抽搐，但是，爲了保持單車騎士的基本風範，也得沉著穩定回覆：「這郭，旅行的時候，天空偶爾也會降下雨水吧！」喂！

這回流浪綠島，竟然遇到了三位活潑開朗的專業社工，其中一人還是素食主義者，二話不說，隨即將素食包子與豆漿送給我當早餐。面對這份無微不至的關懷，小弟只好拿出口琴，祭出世界名曲，略表感謝！

「你去浮潛了嗎？」她們說，「綠島的陸上與海底，是兩個不同的世界。」

「還沒。」說實在，如果能夠完成這趟不帶錢的單車環島之旅，我就很滿足了，不敢奢求能在透澈的海中浮潛。就連之前在冬山河親水公園抽獎得到的全新呼吸管，也老早送人了。

她們建議我嘗試浮潛。

雖然，這三位小姐待會兒趕著中午的船班準備返回台北，卻不忘將身邊的零食點心送我應

綠島的哈巴狗岩

急，並介紹一位在地的綠島通讓我認識。

於是，我就跟著她們來到了林媽媽的家。

不過，萬萬沒想到，許雅娟、土豆與王麗娟三人集資贊助三百元的浮潛費用，已經塞在裝滿零食的袋子裡，交到我的手上。吃軟不吃硬的怪脾氣，讓人陷入了兩難之中。在自己的期望裡，總是希望不帶錢之旅能夠不接受現金，但是，就算百般推辭，我仍然拗不過她們的盛情美意。（哎，說來說去，就是自己定力不夠……）

接著，她們介紹了林老師之後，匆匆地騎著摩托車離去。

我常想，換個角度來看，這應該是旅途中最受幸運之神眷顧的一天吧！因爲許雅娟、土豆與王麗娟三人的牽線，我在林媽媽的家，竟然遇見了一群「網友」。照理說，這趟旅途的朋友，都是在馬路上認識，怎麼會扯到網路呢？

這個嘛，一時之間也很難解釋清楚，直到現在回想起來，我還是覺得不可思議。當時的我，站在門口與林老師聊了兩句，心裡還想著，等一下要去浮潛。

倒是不知情的金魚落落大方，邀我到客廳坐一坐。

反正現在的我身上沒有別的，多的就是「時間」，恭敬也就不如從命。流浪的過程似乎也讓人產生了微妙的第六感，小聊之後，有種直覺告訴我，縱然不計酬勞，也非得在此演奏一曲送給這群朋友之後才能離開。我順手拿出隨身的口琴。他們形容這個舉動有點像是哆啦A夢從百寶袋

變出道具的感覺。（如果當時從口袋拖出一台鋼琴的話，肯定更有感覺。）

簧片振動傳出的音符聲響，引來大家的注意，第一首曲子尚未結束之前，客廳裡就多了許多新面孔坐在椅子上專心地聆聽。足以令人欣慰的是，老掉牙的旋律竟也能尋到了知音，引起共鳴，搏得了滿堂的掌聲。這招娛樂性質大於專業的小小技藝，有了熱情如火的掌聲，恐怕是欲罷不能。古有明訓亦云：「閒著也是閒著。」對於反應熱烈的聽眾，本人當然是得竭盡所學，來個搏命演出。兩首曲子暖身之後，理所當然也該要應聽眾要求，來個即興的點歌。

「拜託，流浪了二十幾天，可不是混假的！」本人早已將口琴視爲生死與共的一體，語氣更是充滿著極其自豪的驕傲與堅定。

「那就，來一首阿姿最新的歌。」金魚謹慎地重覆了兩次歌名。

「沒！問！題！」深深地吸了一口氣之後，我的神情就像專業的演奏家，徐緩將口琴輕輕置於雙唇，在時光彷彿靜止的那刻，試著在吐納與移位之間，讓這首新曲能夠透過簧片，不受任何影響達成最完美的演出，直至曲終。

「這個……」有些同學在第三小節的時候忍不住噗嗤地笑了出來。

「不是這首嗎？」原則上來說，〈愛的眞諦〉跟阿姿的新歌都有個「愛」字。

（此時，便是能深刻感受〈愛的眞諦〉這首歌曲所帶來淨化人心的功效。如果你也曾歷經冷場笑話出現暖場的剎那，大概也就能或多或少體會到小弟當時的心情，就好像放在冰庫裡的幽默，搬上台之後，有人能意會其中的詼諧，就算只是報以淺淺的一笑，卻已足夠。）

當然，玩笑歸玩笑。老是別人點歌，自己卻演奏一些毫不相干的曲子也不行。遇到了一群願意傾耳細聽的朋友，還是得拿出一路練習的成果與大家分享。我將客廳當成發表的場地，簡短說明這些曲子背後與我的小小典故之後，口琴一曲接著一曲演奏。沒多久，有位朋友好奇地問起了我的姓名。互相認識之前，也免不了基本禮儀，自我介紹一番。

「大家好！我姓王，名叫前權……」不過，天眞的我，怎麼也沒想到，名字才剛說出口，有位同學竟然差點應聲笑倒在地上。

突然冒出的舉動，讓人丈二金剛——摸不著頭腦，楞在那裡。

這位同學回神之後，趕緊用手掩著笑得合不攏的嘴，忙著解釋：「你跟我的兒子同名。」無巧不巧，騎單車繞了台灣半圈，居然在綠島遇見同名的朋友。而且，內心正在爲了此一微乎其微的機率而感慨萬千的時刻，更勁爆的謎底，亦像閃電般隨即而來。

米安像是中了樂透的頭彩般興奮，強忍著笑聲緩緩地接著下一句話：「沒有啦！因爲，我的狗兒子也叫『錢錢』。」

我的媽呀！這下還眞的不知道該如何是好？

（總之，早在本人有點像是美少女的筆名之前，旅途中已經平白無故多了一個稱呼。也許是因爲這整件事情的經歷太過於湊巧，往後到了這群網友的站台上留言，我也就一直沿用了這個

稱呼至今。不過，我倒是喜歡這個名字。甭談潛移默化的功效，光是聽著人家喊著這兩個字，心底就像極了按到收銀機的按鍵一般，有種莫名的雀躍。要不然，有空的話拿來試試。左一句「錢錢」、右一句「錢錢」，還滿順口的呢！）

好啦，現在回到正題。到了中午，這群朋友決定邀我到餐廳一起吃飯。

大夥似乎對單車旅行很感興趣，趁著上菜之前，米安幫忙拿著地圖，我則站在餐桌旁，細說流浪的那段日子。所謂熟能生巧，一路的不斷練習，不知不覺，生澀的題材也慢慢地轉爲熟悉，我挑出了重點精華之後，在餐廳裡說著沿途發生的故事。

話說這回流浪，新的朋友們大多是馬路上巧遇相識，不過，這群網友實在是太特別了，圈圈被他們撿到之後，就加入了他們行列，跟著這群朋友體驗了一趟驚奇的旅程。（見到「P.S.綠島」的網友之前，我實在很難想像一群來自四面八方的人，竟然因爲網路上的聯繫而相聚，甚至與未曾謀面的朋友同遊。）浩浩蕩蕩的一群新朋友享用完「熱熱鬧鬧」的午餐之後，下個節目，就是與林登榮老師遊覽當地豐富的自然生態。

我們沿著小長城旁的石階小徑徒步至海參坪，聽著林老師不拘泥於形式的講解，在談笑之間將原本看似枯燥乏味的題材，轉變成詼諧逗趣。

走累了，大家就坐在岩石上看海。

「P.S.綠島」的網友們，似乎有種非常微妙的默契與情感，相處的時候，經常能由許多的小

朝日海底溫泉

細節感受到一種愉悅的氣氛圍繞，不但團隊裡經常傳來開懷的笑聲，而且大家不分彼此。如果碰上了稍為崎嶇難行的地形，身材壯碩的阿基拉馬上就主動伸出援手，幫助大家通行。

我們一步一腳印，繞過了睡美人岩的脖子下方，攀爬小坡，分批回到原點，在不知不覺之中消磨了一個下午的時間。

到了傍晚，大家開始計畫夜遊綠島。

爲了整體行動與夜間的安全起見，他們決定將圈圈納入車隊的編制內，讓我與嘉珍坐同一部摩托車。雖然，男生擔任駕駛的責任，早已是一項不成文的規定，但，天生就愛胡思亂想的我，卻開始不由自主地煩惱了起來：「哎，好一陣子沒騎摩托車了，上坡的時候，該不會發生右手忘了催油門，雙腳卻用力踩踏板的情形吧……」（幸虧當時並沒有發生單車與摩托車混爲一體的情形。）

我騎著車載著嘉珍，尾隨摩托車隊，開始夜遊綠島的活動。

負責解說的不二人選，當然就是上知天文、下知地理，像是活動百科全書的林老師囉！

老師帶領著我們在沒有路燈的公路上駐足，在漆黑的夜，認識高掛在天空裡的星座、尋覓梅花鹿的蹤影、藏身於林投葉裡的林津田氏大頭竹節蟲。對於島上的一草一木，林老師是如數家珍。解說時，彷彿就像是在介紹自己熟識多年的好友，有時還不忘幽默幾句；在詳盡的講解裡，也帶著對於這片土地的關懷，給人一種很特別的感覺。

我想，那是一份與這座島嶼長年相處所產生的感情吧！

生態導覽與星空下的夜遊，讓人對綠島的美，有了更進一步的了解。然而，這還只是個暢遊綠島的開始呢！當晚，我在林媽媽民宿前的草地上搭帳篷過夜，爲了欣賞自海平線躍起的日出，隔天凌晨四點三十分起床。我們原本計畫泡在天然的海底溫泉之中觀看美景，但是受到風浪的影響，溫泉只開放ＳＰＡ的部分。不喜歡泡在人造池子內觀看日出的金魚，提議更換地點。於是，我們決定沿著山坡旁的小徑，步行到一處視野遼闊的平台。

黎明前的夜，似乎特別黑暗。其他的網友都還在與周公下棋，我們五個人站在平台上，忍著冷風的吹襲，等待拂曉時分的來臨。

只可惜，厚厚的雲層擋住了第一道的曙光。揭開今天序幕的，是像玫瑰般豔麗奪目的紅色彩霞，接著成束耀眼的黃色光線從如同鑲了金框的雲層中乍現，微暈著尚在沉睡的天際。多變的雲像是漂在海上的帆船緩緩地移動，不偏不倚恰好遮著光芒萬丈的太陽，其餘掩不住的日光，絲毫不停留地一片一片從雲縫裡竄出。

此時，金魚想出了用「念力」趕走雲的點子。

使用「念力」的姿勢與構想，滿分，只是雲層不按照指令消失。不過，令人驚喜的事情卻在後頭。沒有多久之後，當天色轉爲光亮，竟然出現了難得一見的彩虹。

金魚大聲歡呼尖叫，然後忙著撥手機通知還在夢境中的朋友們，想趕緊藉著這個機會與大家分享一下稍縱即逝的晨景。

來過綠島好幾趟的金魚，讓人感覺好像是第一次拜訪這座島嶼。「要是再來綠島，不知道還能保持這種既期待又興奮的心情嗎？」我的腦袋在回程的路上不由自主地盤旋著這個問題。我的印象裡，也經常看見金魚在人群之中擔任溝通的工作，爲了整合大家的意見，不辭辛勞。不但如此，有時即使只是發生於日常生活的小小感動，也會令她樂得歡呼。

「如果我們的生活周遭多一些活潑的人，肯定會更加多采多姿。」我的心底似乎也感染了那份熱情的活力。對了！遇到這麼特別的一個人，當然要給予一個「濕背秀」的鼓勵。

幸而圈圈秉持祖訓，自幼即悉心戮力學習折紙之技巧。在可以一邊望著蔚藍的海洋一邊享用點心的早餐店，我隨手拿起一張點餐用的紙，趁著大夥忙著點餐的時候，悄悄地折出一朵百合花。

我突然回想起小時候，有段時期也是活潑好動，到哪裡都是嘰哩呱啦地說個不停，似乎永遠都有用不完的精力，但是，隨著年齡的增加、環境的變遷、抑或是生活中的無奈，那顆熾熱的心好像蒙上了一層厚厚的灰塵而漸漸地冷卻。

還是，那是一種錯覺，一個人在內心深處的本質其實從未改變。

也許，某天我會找到這個習題的答案吧！

在這之前，我還是要把這朵親手折的紙百合送給金魚，希望她繼續保持這種陽光般的樂天個

性。雖然我覺得送人一朵紙折的花，有點唐突。但是，我還是當著大家的面，將折好的百合送給金魚，並且告訴她：「妳是我旅途中，遇到最活潑的女孩子，希望妳能繼續保持下去。」花是紙折成的，材料隨手可得。但至少，給一位對生活充滿熱忱的朋友來點小小的鼓勵，也算是回應了藏在我心底的感動。

我們吃完了早餐，接著在鄉間的小路遊走、參觀燕子洞、到人權公園走走。以前曾經是口琴社成員的可樂，還趁機傳授圈圈一些演奏口琴的技巧。住在高雄的米安則說：「沒有多少人可以在二十六歲前完成自己的夢想，要好好加油。到了高雄可以來找我，到時候一起去『晶華』吃大餐。不過，這個晶華是『晶華路邊攤』的晶華。」

想不到已經有人願意先提出贊助飲食的計畫。說到這，就不能忘記每次用餐的時候，大夥都會特別吩咐，要我吃飽一點。那時候，我覺得自己像極了即將越冬的候鳥，為了從台東抵達高雄之間所需的體力，非得先貯備好滿滿的能量才行。

這兩天也多虧了他們的照顧，圈圈才得以盡興地參觀了許多美麗的景點。然而，歡樂的時光總是過得特別地快。早在幾個月之前就開始呼朋引伴，並且在光輝的雙十國慶來一次綠島戰鬥營之行的這群網友，也將於十月十三日的午後踏上回程。同時，林老師也將搭船離開綠島到台東拜訪一位好友。

收起搭在草皮上的帳篷之後，我騎著單車到港口，準備爲這群愛好攝影、活潑又充滿熱忱、散發能量時甚至可以掀起屋頂的網友送行。

就算再過幾分鐘就要踏上回程，PS的網友還是不改搞笑的本性，站在堤防的旁邊，做起了嘗試偏方的實驗，不分男女老少，將酸梅放在肚臍，然後貼上撒隆巴斯預防暈船。（不好意思，遠遠望去，這種動作還眞像是站在路旁小解。）

但是這沒什麼，因爲他們隨即接下陳教練手中的姓名牌，擊掌唱歌歡迎一位前腳才剛踏上綠島的旅客。

那位被歌聲包圍的旅客想必是又驚又喜吧！

那種感覺大概就如同當初我遇到他們一樣。

言而總之，「送君千里，終須一別」。不過，這種場面，我實在是不知道該說什麼，只好站在港邊用口琴演奏一首老歌向大家道別，望著載滿乘客的船緩緩離開港口。

難掩心中空虛落寞的我，忍不住離開了南寮漁港，騎著單車到了一處綿長平緩的白色沙灘，找了附近沒有遊客的地方，坐在擱淺的漂流木上吹奏口琴，一首曲子接著一首。原以爲音樂可以適時替人解愁忘憂，但似乎有個揮之不去的悵然，依舊困惑著我的思緒。

這個問題也一直放我的心底。

我想，已經過了這麼久，現在應該也是要勇敢地說出來的時候……

呃，那個，防止暈船的偏方到底有沒有效啊？

附註：

「P.S.綠島」是由老闆娘小P與老闆小su所成立的網站。

二○○二年的十月十日是禮拜四，只要星期五請一天假，就等於有了四天的連續假期。很恰巧，圈圈就在十月十二日遇上了他們的綠島行。

記得米安曾說：「只要用心體會，就算騎單車去上班，也是旅行。」

我想在他們的網站裡，不管是綠島相關的旅遊資訊、網友們的互動或是站台的經營，從其中都不難看出那份默默耕耘的用心。

「P.S.綠島」也是在成立個人新聞台之前，圈圈第一次嘗試發表遊記的地點。

在這裡，還藏了許多令人開懷的對話，許多人與人之間真誠的交流，也是一處令人放鬆心情與分享快樂的園地。（如果你還沒去過綠島，可以先來神遊一遍喔！）

網址是http://greenisland.idv.tw

公園裡的恐龍

二〇〇二年十月十四日　星期一　環島的第二十八天　天氣：晴

清晨五點三十分，被不遠處傳來海浪的拍打聲響喚醒，沒多久，溫煦的陽光像是件柔柔的薄紗覆蓋在帳篷之上。昨晚借宿於公館國小走廊的我，也開始收拾行囊，準備啓程。少了一群朋友，有點孤伶伶的感覺。連續假期的結束，也順道帶走了大部分的遊客，比起之前的熱鬧，現在的島上多了幾分近日以來難得的寧靜。我騎著單車到柚子湖閒逛，接著到了小長城旁的涼亭喘喘氣。

單車上有許多人贈送的乾糧，我還不擔心飲食的問題。

依山傍海的環境，是一處遠眺賞景的絕佳地點。在岸邊、在佇立在海中的礁岩旁，豔陽下如曇花一現的白浪就像是跳著曼妙的舞姿，忽起忽落，盡情地於清澈見底的水上共舞。

看著海，一望無際的寬闊視野，鬱悶的心情也不藥而癒。

有一對打扮樸實的夫妻瞧見了我單車上的行頭，好奇心作祟，與圈圈聊了起來。我的心情好，自然就想演奏個口琴交流一下。曲子才進行沒兩首，路旁就停了一部遊覽車，導遊與魚貫而出的旅客，恰巧成了臨時的聽眾。而我就這樣遇到了台中旅遊的蔡雨辰小姐。她從事旅遊業已久，人也隨興大方。跟著琴聲哼著曲子後，竟邀我與來自彰化的團員們共進午餐，免費贊助了一餐。然而，吃飽喝足，唱了幾曲卡拉ＯＫ，他們趕著搭下午的船班，坐著車子到港口，又要往下一站的景點邁進。

綠島的治安不錯，隨處可見車上掛著鑰匙卻沒有主人相伴的摩托車。小黑也入境隨俗，經常離開主人的蹤影，單獨置於路旁的一角。

揮手向這群來自彰化的遊客們道別之後，我正準備帶著小黑繼續旅程。卻有一位不知名的陌生人，走近了我的身旁，開口問了一個問題：「這部單車是你的嗎？」她的語氣像是一位偵探，想解開陷入懸疑之中的謎題。

「是的。」本人偷瞄了小黑一眼，心想，圈圈雖然以個性迷糊馳名，但，應該不至於發生認錯單車的糗事吧？

眼前的這位小姐是「柴口公園」複合式餐廳的老闆娘。Micky知道圈圈是這台黑色鐵馬的主人，就請我至他們的店裡面小坐，並且主動招待了一杯免費的茶水。「每次看到你的單車出現，就很想在馬路的兩側拉起繩索，將你攔下來。」Micky興奮地說著她之前的計畫。

而櫃台的後方，有一位打著赤膊的男子。看他皮膚黝黑，挺著中年微突的小腹，想必就是這間店的老闆了吧！

浮潛

等一下，所謂「無功不受祿」！人家這麼熱情邀我到店內一坐，本人豈能平白無故就接受他們的招待呢？出一回神，小弟於現場用口琴回贈拿手的曲子。通常初次見的陌生人，對於眼前冒出了口琴的表演大多感到驚奇，但是這次感到意外的卻是圈圈本人。原來，老闆已經「橋」出了電吉他在一旁等候。環顧周圍的音響與置於店內一角的爵士鼓，這下，八成是遇上了樂界的練家子。

自古云：「輸人不輸陣」。以圈圈的功力而論，也只好硬著頭皮將一路苦練的曲子都搬上了檯面。

外號恐龍的鍾品澄，以前曾於學校擔任吉他社社長，是「柴口公園」複合式餐廳的老闆。我吹起了口琴，他則即興地彈著電吉他伴奏。興致一來，在沒有客人的情形之下，經過了老闆娘的特許，我們兩人就渾然忘我地拿著麥克風現場瘋狂高歌。（值得一提的事——沒有任何的玻璃器皿在這次的演奏裡遭受池魚之殃。）

其中，彈著電吉他的恐龍唱起了〈綠島小夜曲〉。儘管這首曲子的年代久遠，在他稍稍沙啞的歌聲詮釋之下，卻讓我留下了深刻的印象。因爲恐龍的歌聲裡，似乎還藏了一絲絲歷盡滄桑的味道。

我請他再度引吭高歌，並且下定決心要學會並唱好這首曲子。

恐龍老闆是位愛好旅遊的前輩，喜歡唱歌帶團旅行。年輕的時候曾經騎著重型機車環台八次，小綿羊環台一次。擔任台灣導遊也有十年的經驗，可說是正港的「台灣走透透」。也難怪，恐龍老闆和Micky老闆娘看到有人騎著載滿行李的單車到處亂晃，就想抓來聊聊。（談到恐龍，就讓人聯想起侏羅紀，許多史前大型動物藏身在汪洋裡一座小島的畫面，不禁浮出了腦海……喂，魂蹬來唷！（台語釋義：魂歸來兮）不好意思，圈圈太久沒按時服藥了。）

談到恐龍這位仁兄，非得從他的童年講起。小時候的他，如果挨了長輩的痛罵，就帶著一張板凳開始踏出家門流浪，然而這位五、六歲的小朋友，通常走沒兩條街，就會被住在附近的阿姨嬸嬸發現，最後將他平安地送回溫暖的家。論資歷，圈圈的流浪晚了二十多年，但聽人說起幼年的往事，還是忍不住提出一個問題：「爲什麼當時的你要帶著板凳出門呢？」

恐龍回答地正經八百，理論上還眞有點道理：「因爲走累了的時候可以坐在板凳上休息。」

「厚！你嘛幫幫忙，離家出走也帶點吃的或是什麼有用的東西吧！」童年時期的天眞想法，可愛到讓人禁不住虧他幾句。

唱完了歌，我聊起了單車之旅的趣聞，恐龍也從童年開始道出他帶著傳奇的故事。他的爸爸是山東人，聽說他們家以前是青島的望族，下了港口，雙目所及的範圍都是他們家的土地，後來卻因爲戰爭而被迫遷移，他的父親孑然一身來到台灣，所以恐龍自幼家境清寒。大概也是環境的緣故，他的腦袋裡經常想著如何去賺錢，打從高中就開始將心中的計畫付諸行動。滿懷抱負的年輕人，第一次的創業選擇了樂器的仲介，可惜少了點社會經驗，平白無故損失了四十多萬。他靠

慢活

著唱歌、帶救國團的活動、四處打零工，甚至到殯儀館洗屍體，瞞著家人，花了兩年的時間用自己的力量償還這筆債務。而這個慘痛的教訓，卻只是九牛一毛，他的人生幾乎可以說是像坐雲霄飛車般起伏，一路走來，在失敗與挫折裡打滾已經不知幾回。不過，我覺得他的跌倒了再爬起來的精神可佩。至少，他現在當了老闆，還經營了一家複合式餐廳。

Micky看我們聊得高興，突然叫我猜猜恐龍的年紀有多大？望著恐龍，再依照圈氏的第六感與無師自通的沉睡推測法來分析，大概也接近四十吧！但這麼直截了當地說出口，恐怕會傷了他幼小脆弱的心靈，不如打個八折：「嗯，我猜大概是三十出頭吧。」

「他今年二十七歲！」

「啥！恐龍只大我一歲。」

傳記裡經常記載著偉大不凡的人，大部分自幼即經歷過窮困潦倒的日子，不是看著魚兒逆水上游，要不然就要拿著枯樹枝在沙地習字，現在的我，竟開始覺得自己一事無成，是不是因爲圈圈小時候過得不夠貧困呢？

好了，言歸正傳。曾經在蘭嶼流浪十一天的我，原本預估停留在綠島的時間大約是三~五天左右，頂多也是一個星期吧！然而，恐龍這位環島旅遊的前輩很欣賞年輕人單車環島，覺得能付諸行動的精神可嘉，打算收留圈圈，所以我也決定不收薪水在店內打工當成回報。

想不到這個決定竟讓我在綠島多待了一個星期左右。

「浮過潛了沒？」恐龍天南地北的聊，忽然問起不可錯過的綠島之行。

「還沒。」我開始道出整件事情的來龍去脈。

說來話長，原本有三位小姐集資贊助了一筆經費，但是島上大部分的遊客都隨著雙十國慶連續假期的結束而返家，與「ＰＳ綠島」的網友道別之後，我找到了當初許雅娟、土豆與王麗娟所推薦的民宿，但是，浮潛的這項活動卻因爲遊客人數不足而無法成行。我心想，未帶分文亦能到綠島一遊，實屬萬幸，說不定再過個幾天就要啓程離開此地，如果這段期間沒有浮潛的機會，至少要將她們三人集資贊助三百元的浮潛費用轉交給與她們有親戚關係的民宿老闆娘。

我將現金交給了她們在綠島的親戚，繼續兩手空空的流浪旅程。

恐龍覺得到綠島沒有浮潛似乎就像是沒到過綠島：「明天，我帶你去浮潛！」

我不知道該說什麼，總覺得人生的際遇眞是奇妙！

當晚，恐龍老闆與一位當地的朋友有約。反正最近的遊客不多，他索興打烊，帶著Micky老闆娘與我到別人家串門子。

阿美阿姨是「江龍商號」的老闆娘，一看到客人來訪，就拿出了幾罐「阿比」，招呼我們到店門口前小坐。（註：「阿比」，是某廠牌藥酒之簡稱。）

除了幾道小菜之外，她特別端出了一道平時吃不到的傳統點心。以往的綠島，像是蓋房子之

吸管螃蟹

類的粗重工作，需要左右鄰舍攜手合作，有時這方面的工作並不涉及金錢的交易，依照習俗，主人家通常會準備「芡粿」招待不辭辛苦的親友們，以表感謝之意。這道以花生與米磨成漿再加九層塔煎成的「芡粿」，在餐桌上與精緻華麗的美食相比較，可能少了一點誘人的外表，然而它背後的小故事與樸實的模樣卻充滿著另一種綠島特有的人情味。

但是，無論我如何用力地思考，似乎也想不起他們當時聊了什麼，只是隱約記得……爲了表示誠意，我毫不客氣就吃了一大盤傳說中的芡粿。然後，腦子裡竟然慢慢浮出了一個驚人的想法。芡粿，平時吃不到；蓋房子，粗重的工作。呃……我的身旁好像冒出了幾根柱子與建材之類的影子。

等一下，該不會綠島至今還保留著這個優良的傳統吧？（基本上，上面的芡粿與粗重工作的關聯，只是圈圈一時無厘頭的胡思亂想。）

總之，待在柴口公園衣食無虞，在流浪的日子裡算是挺悠哉的一段旅程。開飯時幫忙端一下餐盤，平時清潔打掃周遭的環境，偶爾搬搬貨品，其餘的空檔都屬於自己能夠安排應用的時間。（另外補充一點，恐龍老闆也很歡迎缺乏經費的旅人到他的複合式餐廳打工。）

來到了柴口公園的第二天早上，恐龍決定先實踐昨日的承諾。我們先到阿美阿姨的店著裝，因爲江龍商號不但販售日常用品，舉凡民宿、機車與浮潛用具的出租也通通包辦。我換上浮潛衣，再加上必備的救生衣，跟著恐龍到著名的石朗浮潛區。

這身打扮騎著單車在環島公路奔馳，倒是吸引了不少人的注目。

好了，別離題，說重點吧。溫暖的太平洋黑潮北流通過附近的海域，得天獨厚的自然環境，讓綠島擁有世界級的海底景觀與豐富多樣的生態，這裡也是潛水活動愛好者的天堂。浮潛雖是入門，對於不曾接觸過這類活動的我，卻像是開啓進入秘境的鑰匙，然而，對曾經於海軍陸戰隊服役的恐龍而言，簡直是易如反掌，像是青蛙遇到了水，與陸上的他相較之下，給人一種很不同的感覺。更貼切地說，應該是一位年紀看似中年又有羅漢肚的人，遇到了海，卻像是一條勇猛的蛟龍。在一切準備就緒之後，恐龍叫我拉著救生圈，隨著他一窺這個充滿奇幻絢豔的繽紛國度。眼前數不盡的熱帶魚兒，優遊地在千奇百怪的珊瑚礁之間，浮在清澈的水面欣賞處處都是令人驚豔的美景，讓人像是飄在空中的氣球般放鬆心情。（可能與非假日的空檔也有關聯？！少了人山人海的遊客，多了一份難得的自在。）

Micky游累了，找恐龍至棧道式的潛水步道旁陪他小憩。由於目前的海水正處於漲潮的狀態，我不忍錯失千載難逢的良機，一個人就扶著救生圈在附近的海域隨浪載沉載浮，無拘無束地享受這場無與倫比的視覺饗宴。

浮潛之後，我們三人坐在沙灘旁閒聊了幾句。

Micky說：「農夫一年四季辛苦工作，等著作物的收成，漁夫則是爲了生活上的需要才出門捕魚，兩者的生活步調不同。綠島人的生活步調不快，工作結束之後就是串串門子，聚在一起喝個小酒。」恐龍跟著說：「許多台灣的旅客不知調整生活的步調，花了一天的時間，騎著機車沿著環島公路繞個兩圈就匆忙打道回府。這種走馬看花的方式，根本無法體會綠島的生活。」他似乎有感而發：「你看那些老外，來這裡就躺在沙灘上曬曬太陽，在一個景點就足夠讓他們耗上半天，反觀我們……實在非常可惜。」最後還不忘補充：「如果你出書，一定要寫出這段話。」（今天圈圈終於發現，自己別的不行，倒是昭告天下的能力屬一屬二，天外飛來的奇想未具雛形之前，全宇宙的人都已經知道了本人想要出書的計畫。）

我想，旅行不一定要這麼趕時間，也許緩慢的單車正適合小島的步調吧。

我們決定躺在沙灘上殺時間，抹上一層防曬油，任由暖暖的陽光曬個痛快之後，才離開石朗浮潛區回到店內用餐。至於單車環島，似乎成了只有進度表而沒時間表的旅行。總之，計畫永遠比不上變化，出發前預計二十多天即可完成環台的行程，沒想到待在綠島的日子加起來，占了十一天。

綠島自然有他吸引人的地方，更何況待在這座小島，不管順時針或逆時針走，都能回到原點，就算是路痴也不會發生迷路的情形。而這段日子，圈圈每天撥出固定的時間騎著單車沿著環島公路繞行一圈，可散心，又能維持基本的體能，一舉兩得。要不然，抽空走一趟被綠色林木包圍的過山古道，體驗大自然處處充滿生命的驚喜。

偶爾騎單車穿梭村莊內的小徑，或是逛逛街上的商店，尋找新奇有趣的藝品。在餐廳打工，

順便與來自各地的顧客閒聊，交換旅遊的心得。飯後聽聽恐龍老闆令人捧腹的傳奇故事，感受笑中帶淚的心路歷程，分享辛苦耕耘後的經驗與獨到的見解。

也可於拂曉前到山頭觀看耀眼律動的日出，展開充滿活力的一天。

撥點時間，找個無人打擾的角落，細細地紀錄下生活裡新鮮的糗事與雞毛蒜皮的點點滴滴。有時候再來點小小冒險的戶外活動。

有一回，我們趁著大退潮的時候，走過崎嶇不平的礁石並且游泳度過一小段海水的阻隔，探訪遊客罕至的楠仔湖。因爲四面環山加上交通的不便，讓這裡成了杳無人煙之處，卻也少了人爲的破壞，留下了一片原始潔淨的海岸。這裡只剩下一個被林投環繞與雜草叢生的荒廢村落，卻似乎保留著與世隔絕的孤寂，有一種令人難以言喻的感覺。

總之，能夠有機會造訪此處，也算是一件滿幸運的事。

話說回來，自從有了一件固定的差事，度日有如眨眼似的快速，時間的消逝就像是經過島嶼附近海域的洋流般無法阻擋。然而十月下旬的綠島天氣，開始像一位心情善變的少女。這幾天，有時晴空萬里，跟蹦蹦跳跳哼著歌謠沒什麼兩樣。有時話還沒說完就已烏雲密布，垮了臉，遽降滂沱大雨。天氣變得陰晴不定，遊客的數量寥寥無幾，待在柴口公園打擾了八天之久，現在也應該是啓程繼續邁向未知的時刻了。

回想起之前待在蘭嶼的空檔，曾經向月餅老師學了一招用吸管製作螃蟹的勞作，而且當初將生平第一個親手完成的作品送給月餅之後，我自滿地說：「看，給我一些材料，就送給你一個成品，我這個朋友還不賴吧！」

月餅打趣地說：「下次我拿紙給你，希望你也能做出一些鈔票。」變出鈔票的方法，圈圈至今尚未學成，但是現學現賣的勞作，此時正好派上用場。

「就送給恐龍老闆一個手工藝品當紀念吧。」打鐵趁熱，我心裡冒出了這個念頭，找了材料即刻動手。

雖然這個小禮物不成敬意，恐龍老闆還是大方地將本人親手做的藝品置於吧台後方壁櫥的顯眼處。而且，在離開綠島之前，恐龍老闆送了一張關聖帝君的平安符給圈圈，希望單車旅行一路平安。不但如此，爲了預防我旅途會挨餓受凍，他還準備了一袋的乾糧與泡麵。

恐龍老闆和Micky老闆娘騎著機車到港口爲我送行。不過，道別的時刻，百感交集的情緒反倒令人口拙。

也許不知道該說什麼的時候，還是保持點紳士般的靜默好了。我拿出身上的船票，登上了甲板，向他們揮揮手，朝著我的下一站出發。

船隻轉了向，朝著台東慢慢地駛離港口。

待在船艙內的我，看著恐龍老闆與Micky老闆娘騎著機車飛快似地抵達堤岸的盡頭，站在堤岸上揮手道別，此刻，圈圈也顧不了其他旅客的眼光，趕緊擠到最靠窗戶旁的座位，揮手回應。

（恐龍老闆，下次，千萬不要再把場面搞得像是拍電影一樣，不然的話，會讓人有一股想跳下船游回綠島的衝動。）

就這樣，帶著恐龍老闆與Micky老闆娘的祝福，我搭船離開了綠島，並且小小修改一下預定的行程，決定去拜訪一處屬於原住民的部落。

第四章
返鄉

埋葬臍帶的故鄉

離開了綠島，抵達台東富岡漁港之後，圈圈順道至「欽的旅遊」打聲招呼。洪國鑫老闆與林國金老闆娘一見面就拿出了新鮮美味的釋迦招待，還盛情地邀我留下來用餐。

老天爺眞是太眷顧我了，再次踏上台東的土地，連晚餐也一同有了著落。坐在餐桌旁難掩興奮的我，只差沒有載歌載舞地聊起這次蘭嶼、綠島之行的趣聞。

但，空氣中似乎漫彌著一絲鬱悶的氣氛，如揮之不去的陰霾。

用餐之後，林國金老闆娘語重心長且略帶歉意地說：「幾天前，住在我們隔壁不遠處的一位親戚往生，許多人聞訊之後都前來幫忙，有些親友就近借宿我們家，所以，這次不太方便讓你在這裡過夜。」

出門在外，總是不好意思造成別人的困擾，更何況他們早已盡了地主之誼，不求回報款待一位流浪他鄉的旅人。我向洪國鑫老闆與林國金老闆娘致上十二萬分的謝意之後，開始尋找今晚的棲身之處。

沒多久的時間，我順利找到了附近的國小，只可惜，抵達學校的大門口時，卻只剩空無一人的漆黑校園。不知怎麼，那一刻緊鄰學校旁的富岡派出所竟然像是一座發出閃耀光芒的城堡，吸引了我的目光。（只差沒有吹著號角的天使圍繞四周。）但是，不爭氣的腦袋卻隨即冒出了一個奇特的念頭：「……新聞快報……ＳＮＧ現場連線，某一騎著單車未帶分文的青年，於台東搶劫超商之後，像木頭般杵在原地，等待警察緝捕歸案。」

喂，清醒一點、清醒一點！我還沒有絕望到想吃牢飯的地步。

這趟旅程從教會、海邊、瀑布、國中、國小、露營區至野外涼台以及好心的陌生人家……小弟都曾借宿，但是印象之中似乎還少了一處平常人鮮少進出的地點。既然現在天色已晚，實屬萬不得已的情形，爲了能找到安全的地方過夜，本人只好使出睽違已久的王牌絕技。正所謂兵不血刃而擒也，乃臨軍對壘之至高境界，更爲亙古不變的法則，就先來個旁敲側擊再行迂迴方式一探。

我吸了兩口氣之後，牽著單車緩步走向派出所的大門，很有禮貌地問道：「警察先生，請問附近有供人露營的地方嗎？」

警察伯伯望了我一眼，看著單車上的行頭，也沒多想，開門見山就說：「這麼晚了，現在也沒有什麼地方可以露營，不然，你就委屈一點睡在我們的車庫那裡好了。」（拜託，人家老早就看透了你在想些什麼了。）閒聊幾句，留下身分證字號並且填寫一些資料。完成了這個手續之後，警察伯伯熱心地提供了派出所裡的浴室讓我使用：「我們目前有輪班執勤的員警要住在這間

借宿派出所

寢室，要不然就讓你睡這裡。」雖是簡短幾句嘘寒問暖，也足以令人涕零。

其實對一個流浪的旅者來說，有個棲身的場所就已經像住在五星級飯店般迷人。況且除了派出所之外，還能找到幾處不分日夜都有員警二十四小時保護旅客安全的地方！

還全天候的說。

糟了，第一次在派出所旁車庫裡搭帳篷過夜，竟開始讓人有種沾沾自喜的感覺，啊，我該不會是上癮了吧。

二〇〇二年十月二十三日　星期三　第三十七天的流浪　天氣：晴

今天一大早，騎單車經過台東卑南的綠色隧道，載著沉重的行囊爬著彎蜒山路，為了前去參觀位於延平鄉的紅葉少棒紀念館。豔陽四射的日光下，湧著溫泉的野溪繞著的翠綠山巒，連綿的高山綴著幾片淡薄的白雲，果真是個讓人感到悠閒的好地方。我心想，這一路緩緩地爬著斜坡欣賞著怡人的景致並不會擔誤多少的時間，車上的乾糧也足夠應付一陣子，參觀少棒的發源地，順道就在紀念館旁用餐吧。然而照理來說，目前的環島行程應該繼續南行。不過，擔任多年導遊的恐龍老闆大力推薦台東幾處的遊覽勝地。於是，我稍做調整，在紅葉小憩之後，順著路就抵達了桃源村的布農部落。

大門口旁的牌子，註明了收費的標準，頓時讓我傷透了腦筋。

但是不用煩惱，這回本人可是有備而來。因為恐龍老闆早已料到此事，特別吩咐我去尋找一位名為依斯坦・達霍松安那布的部長。（光是聽這個「部長」的職稱就知道對方的來頭不小，事後更證實他是全台唯一之布農文教基金會副執行長兼文化部部長。）

怎奈天不從人願，盡忠職守的售票員不加思索地說：「那布他上山去探勘，過幾天才會回來。」既然攀交情的招式無用，只好打電話求救兵了。可是，人生地不熟，到底要找誰呢？

此事說來話長，且聽本人娓娓道來整件事情的始末。

記得那是在綠島騎著單車閒晃的某天，一位年輕人蹲在對面的路邊，看起來就像是正在忙著修理停在身旁的機車，騎著鐵馬的我，剛好悄悄地經過這個地點。

我的心裡想著，這環島一路走來，都是滿懷善意的陌生人無怨無悔地幫著圈圈，如今別人有難，是不是也該換人伸出援手呢？隨著這念頭於腦海一閃而過，我立刻在柏油路上調頭，回到那位年輕人的旁邊：「有什麼需要我幫忙的地方嗎？」

這位蹲在機車旁的小老弟先是嚇了一跳，表情中帶著些微難以置信的成分，然後吃驚地抬頭望著站在他面前的陌生人說：「沒有，我只是在整理東西而已。」

「喔！沒事就好。」看來只是我多慮了。

然而令人意料不及的好戲卻在後頭，這老眼昏花的因緣際會成了此次開場的話題，竟促成了往後的一段奇遇。原來，這位年輕人走訪台東，任職於台東的學姐特別撥空帶他到綠島一遊。

這位年輕人的學姐看到圈圈單車上的馬鞍袋，立即發揮了打破沙鍋的精神，仔細地問個究竟。經過了一番小聊，她覺得眼前的這位騎著單車旅行的我，有著平易近人的親和力，還會主動關心他人，似乎還滿不錯的（註：我得承認，上面的這段形容詞是我自己加的），離開之前留下了一張名片，並且補充：「有空到台東的時候，別忘了到我們那裡走一走。」

……時光飛逝、歲月如梭……

不得其門而入的我，站在售票處的外面，從皮夾裡拿出了放了十幾天的名片，用手機撥了上面的電話號碼。

「喂，請問妳是嘉琪嗎？」

「是的，請問你是？？？」她的語調有些遲疑，似乎無法聯想手機上顯示陌生號碼的主人是誰？

「妳好，我是圈圈，就是妳在綠島遇過那個騎單車環島的人！」

「啊！我想起來了、我想起來了！」這回，在電話的另一端傳來了驚訝的聲音。不多一會兒工夫，這位身材高䠷留著飄逸的黑色長髮的小姐，出現在園區的大門口。然而當初綠島的一面之緣，似乎也順理成章促成了這次參觀布農部落的機緣。

嘉琪目前任職於文化部裡的企劃執行專員，簡單地寒暄幾句之後，她就拿著招待券，準備邀

我至園區內喝咖啡。

「這怎麼好意思呢！」還好，流浪的圈圈還會幾招派得上用場的技藝，「先等我一下。」本人二話不說，先拿出口琴於文化部的辦公室內獻上一曲，當見面禮。

她不吝嗇地報以掌聲，並回憶起學生時期的往事：「我以前曾經參加學校裡的登山社，有位學長也是隨身攜帶著口琴，等我們這群女生走不動的時候，他就隨興地在山林小徑裡吹奏幾首動聽悅耳的曲子，爲席地而坐的學妹們打打氣。」（太不可思議了！口琴雖小，竟有此功效，簡直有如無往不利的神兵，宛若是一屢建奇功之利器。）

忽然之間，嘉琪想到了下午的園區內正好有一場部落劇場即將演出，除了原住民的創作舞曲與傳統祭典之外，其中更包含了聞名中外的八部合音。她要我先去聽一聽，等結束之後再品嚐咖啡順道討論心得。

布農部落

際遇至此的我，還能說些什麼呢？今天一定是我的幸運日！爲了把握這個千載難逢的機會，我找了一處可以觀看舞台全貌的位置，欣賞與聆聽現場演出之中所傳達出生命中最原始的感動，遇到了輕快的曲子即隨著律旋哼唱，並給予最熱烈的掌聲。

總之，現場的演出還是最能撼動人心。

然後，我趁著劇場演出後的空檔到原住民當代藝術中心觀看布農族到內本鹿尋根的過程與成果。牆壁上掛滿他們利用衛星拍攝之後所製成的地圖，以及翻山越嶺走在土石坍塌的小徑，身上背負著來回所需的糧食與衣物，跋山涉水約一百四十公里的路途，爲了尋找一個失落六十四年的部落所付出的辛勞。

註：一九二九年，日本政府出版的台灣地圖，唯一空白的一塊就是內本鹿區域，也就是說一直到一九二九年的時候，現代國家力量還沒有進入這塊區域，內本鹿可以說是台灣最後一塊被國家用政權管理的地方，而內本鹿布農族是最後被征服的民族。這樣一個地方，被中央研究院民族所所長黃應貴稱做「台灣歷史的窗口」，是了解台灣過去與未來重要的窗口。

資料來源：http://www.bunun.org.tw/2002/backhome.htm

欣賞了劇場的表演，對於內本鹿的歷史有了基本的認知，嘉琪的工作也剛好告一段落，於是我們就坐在部落咖啡廳旁，喝著香醇可口的咖啡漫天閒聊。嘉琪以前曾經待在台北從事社工方面的工作，過去老家住在新竹，是位說不上幾句客家話的客家姑娘，話雖如此，她依然非常關心客家文化的發展。而講到了基金會目前的工作時，更是侃侃而談。重返內本鹿的活動，只是基金會其中一部分的工作。他們希望能以內本鹿爲橋樑，凝聚部落裡耆老與年青人的共識，藉由大地的力量與重返傳統領域的活動，跨越時代背景以及不同教育體制所造成的鴻溝，找尋族群的定位。

嘉琪像說故事般將重返內本鹿的幕後過程，鉅細靡遺地一一道出。她認爲部落裡的耆老就像是一個寶庫，除了本身數十載的生活經驗，更包含了祖先們世代相傳的文化遺產。於是，從積極與誠懇的訪談開始，讓部落裡的耆老們相信他們並了解其中的意義，進而由被動轉爲主動參與，年青人也對自己的傳統產生了莫大的興趣。

行前伴隨著數以千計檳榔的開會討論，並且靠著結合了現代科技的人力探勘，一個腳印接著一個腳印，刻劃出了返鄉的地圖，慢慢地展現出成果。

下一次的勘探，他們就要開闢出一個停機坪，租用直昇機載耆老們回故鄉。

咖啡喝完了，嘉琪由學生時期的點滴聊到了工作的現狀，像是給我上了一堂精采的歷史課程。然而，工作在身的她預計在下午五點下山一趟，我也不方便繼續打擾，現在該是準備尋找過夜場所的時候：「對了，請問最近的國小在哪裡？」

嘉琪覺得餐風露宿不太妥當，靈機一動，徵詢辦公室裡同事的意見。她的同事得知後，一副處之泰然的模樣，像是微風輕柔般淡淡地說：「如果不嫌棄的話，可以到我們的宿舍裡過夜。」

「反正嘉琪等一下要出門，你就到餐廳和我們一起吃晚餐吧！」另一位同事蓉蓉附和著。不但如此，她們還趁著送文件的機會，順道邀我至附近的鹿野高台參觀。

可是，到現階段爲止，她們都不知道圈圈正在從事不帶錢的旅行，卻懷著滿腔的熱誠給予招待，於是在我忍不住前往高台的路途之中問了蓉蓉：「爲什麼妳要幫助一個素不相識的陌生人呢？」

她直截了當地回答：「因爲我沒辦法完成單車環島這種事，所以希望能幫助別人完成夢想。」興緻一來，蓉蓉開始細述起她們的故事：「我們之前還曾經收留過一位穿直排輪旅行的女生，還有一位身上只帶少許加油錢的刻苦機車環島騎士……」

喔，照這種的說法，這一次我應該算是第三名被撿到的陌生旅人囉！

逛了高台，俯瞰規畫整齊的田地與原野，回到餐廳享用完原住民的風味餐之後，我騎著單車跟著嘉琪的同事桂英來到她們的宿舍。（另外補充一點，文化部裡有部分來自外地的員工們，通常採取就近合租一間房子以解決住的問題，而嘉琪與蓉蓉和房東住在同一棟房子，對於人員進出的管制較爲嚴謹，而且大部分的房東都不想自找麻煩收留陌生人。至於桂英與英梅合租的房子，相較之下則少了這方面的顧忌。）雖然圈圈就只會那幾招耍寶的招式，但是有人排除萬難爲了偶然相逢的旅人尋覓一處棲身之所，我也只好拿出口琴，在皎潔月光下的屋前廣場演奏幾曲本人最愛的老歌，略表感謝。

聊到旅行，坐在台階上的桂英想起當初爲了工作的需求而到綠島待了三天的經歷，最後幾天的氣候不佳，小飛機與船隻都因安全考量停駛，她索興早上起床就買瓶啤酒，找個定點望著台東的方向澆愁。提到了綠島就讓人聯想起隔壁的蘭嶼，說到了蘭嶼聯想起達悟族特有的風俗民情，於是我翻出臨時記在簡譜背面的筆記，準備與她們討論。

然而，擱在一旁無聲無息的物品，竟被眼尖的桂英發現：「這張厚紙板是做什麼用的？」

基本上，圈圈不會隨意告訴別人自己正在從事另類的旅行，不過，上面寫著「歡迎贊助」的厚紙板既然無意之中被人發現，此時的我決定據實以告：「說來話長，因爲我正在從事不帶錢的單車旅行。」

（爲了節省大家寶貴的時間，就用比手畫腳來闡明這段經歷。

如此如此、這般這般……

相信冰雪聰明的各位都已經充分了解！

如果有新的朋友想更進一步了解詳情，請參閱《不帶錢單車環島》。）

她們先是嚇了一跳，提了不少的問題，漸漸地覺得有趣，桂英將之前收留過的旅客加以分析。刻苦機車環島大專騎士，只帶了少許的加油錢，沒有睡袋帳篷之類的設備，所以幾乎都是露宿街頭，睡在商店的屋簷下，有如家常便飯，流浪的途中則利用ＤＶ爲主、傻瓜相機爲輔的方式，紀錄旅行的點點滴滴。至於另一位小姐，其實是採用直排輪與搭便車兩種方法並行的策略，一來利用直排輪爲交通工具可吸引路人的眼光，二來可以銜接沒有汽車搭載的路程，而她當初規畫的路線以原住民的部落爲主，加上好運，沿途遇到了難得一見的豐年祭與許許多多的大小慶典。

然而這位滑直排輪的小姐利用轉換工作的空檔旅行，在途中接獲了錄取工作的消息之後，取消台灣西部的旅遊行程，心滿意足地回到自己的職場。

時候不早了，桂英說完了故事，招呼我至她們合租的房子裡，還半開玩笑地引述一段話：「刻苦大專生騎士，曾經看著牆壁上面由水滴所造成的斑駁與污漬，讚歎這面牆壁是一件藝術品。」她還不忘指著兩塊夾在窗戶內顏色相異的布料，補充說明：「那個就是窗簾。」

話雖如此，這棟歷史悠久的屋內擺設卻十分整潔，原木的桌子上放置了現代的電腦，一旁則是出自藝術家的手工木椅，而床舖前的地板，墊著原住民手工編織的毯子，書櫃內擺滿了各式書籍，就連充滿藝術氣息的那面牆壁，經過她們巧手粉刷之後，也呈現出煥然一新的面貌。只要踏進門，都會讓人覺得這是一間溫暖的小窩。但是呢，這間房子內只有兩間臥室，一間正處於整修的狀態，剩下的另一間屬於她的室友英梅，目前這段克難的期間，桂英只好暫時增加客廳的功能，將她的床舖置於廳內的一角。而這間客臥兩用的房間另一側，有一張木床，就是提供圈圈過夜的地方。

流浪的人，沒有什麼特別的心願，只祈求黑夜降臨前能找到一個遮風避雨的棲身之處。有緣借宿這間客臥兩用的房間，對我而言，已如同總統套房的等級，況且滑直排輪小姐與刻苦大專生騎士都曾經借宿於此，今日又能追隨前輩的腳步，實屬三生有幸。不過，基於噪音防治之先禮後兵的準則，在熄燈就寢之前，我只好勉為其難地告訴桂英：「妳得趁我開始打呼之前睡著！」

「喔，沒關係。」我想，就算桂英的心裡是萬般無奈，她也只能這麼回答。

「晚安。」希望這一夜之後，圈圈不會被評選為「呼」聲最高的旅人。

二〇〇二年十月二十四日，早晨六點三十分，我睜開雙眼，緩緩地坐在床邊，忽然覺得鼻子有股涼意，等我發現手上沾著鮮紅的液體時不禁叫了一聲：「哇！怎麼是血！」我趕緊以食拇指捏著鼻樑，到洗手間擦拭血跡，並且卷了一小卷衛生紙塞住左邊的鼻孔。

我的老天爺呀！旅途中第一次借宿於女生宿舍內，竟然發生流鼻血慘案，豈是一個「糗」字可以形容。（後來，榕榕聽了這個消息之後，覺得應該是氣候太乾燥，睡覺的時候，在身旁放杯水增加溼度說不定可以改善。我想了想，忽然覺得床邊放杯水的情節，似乎是梁山伯與祝英台的故事裡才曾經出現。開玩笑的啦！）

所以，假設現在圈圈說這趟單車環島是「流『血』流汗」之旅，應該也沒人反駁了吧，「休息──是為了走更長遠的路」的至理名言立即浮現腦海，我決定偷偷地放自己一天假，讓傷口有

聽打志工

充分的時間完全癒合，也趁著這個機會調養整日奔波的身體。

然而體貼的桂英不但免費提供了一處住宿的場所，上班之前，更像是多年好友般親切地說：「廚房裡的水果和泡麵你都可以拿來吃。」

嗚呼，這句撼動流浪者心靈深處的話，眞是太感人了（T_T）

現在不用擔心民生問題，於是圈圈利用半小時的時間將隨身的衣物清洗乾淨，然後，坐在客臥合一房間內的椅子上，聽著風兒吹過樹梢沙沙作響與山林間傳來的蟲鳴鳥叫聲，在札記上寫著那似乎永遠也描述不完的故事。我覺得這一路上幫助圈圈的朋友未必擁有許多財富，卻都樂於助人。尤其是，許多人事前壓根兒不知道小弟的不帶錢之旅，仍舊於最危急的時候伸出援手，不求回報地展現出招待老友般的熱情，著實有種令人窩心的感動。

也許剛開始有些朋友是出自對於單車旅行的好奇、有人想幫助別人實踐夢想、有時是因爲口琴所發出的悅耳曲子、有時甚至只是微不足道的問候，或者應該說那是一種無法解釋的緣分，橫跨了陌生的鴻溝，讓萍水相逢的聚會也產生許多令人驚喜的故事與回味無窮的記憶。

然而接下來事情的發展就超乎了我的想像，身爲企劃執行專員的嘉琪，下班之後忽然想到一件可以讓我體驗原住民生活的構想，她就像是發現了新大陸般興高采烈地說：「南橫新武的一個部落需要一位短期的工讀生，而且那裡的風景很美，或許你可到那裡走走，順便幫他們製作部落地圖。」

南橫？風景很美！

反正圈圈目前沒有時間上的限制，未多加思索就很爽快地答應了嘉琪。

隔天一早，經過嘉琪的聯繫，這個位於南橫新武可以欣賞美美風景的工讀機會，恰巧因爲近日將有政府的高級官員前往當地巡視而暫且耽擱，加上製作部落地圖的部分屬於三不管地帶，還得等上一段時間之後才能確認日期。既然如此，待在這裡白吃白喝似乎不是長久之計，說不定有什麼事情我能夠幫得上一點小忙。經過詢問，嘉琪想到了辦公室裡還有一些資料尚未整理，圈圈當然也義不容辭地接下這份工作。

這份工作不難，他們稱之爲「聽打」，顧名思義，就是「聽」著開會時所錄製的錄音帶，再將口語的內容用鍵盤「打」成書面資料，而且整理起部落裡的開會資料，將口語轉成文字的過程，更讓人有種身歷其境的參與感！想一想，有時候事情的經過就是這麼神奇。綠島的偶然相逢，原本計畫之外的延平鄉鄉遊，加上流鼻血的一日假期，接二連三串起來，接下了臨時的工作，竟順理成章讓我成了布農部落文化部的志工。

在文化部裡的電腦前打打字，幫忙看顧辦公室，有時接聽應答電話，或者支援布置場地兼打雜……擔任這個天上掉下來的職位，算是十分輕鬆愉快。然而，布農文教基金會的部落劇場因爲近期的演出場次增加，爲了多培養一些有能力上台表演的弟兄姊妹，動員了基金會裡所有的員工於固定的時間排練，當然，圈圈有幸成爲文化部裡的一員，也因此有了共同參與的機會，一同與原住民朋友學習基本的傳統舞蹈。

雖然圈圈沒有什麼長處，跳起舞更是手腳不能協調。反正既來之，則安之，更何況這種難得的機會可遇而不可求，我就硬著頭皮與大夥手牽手，似乎也有模有樣地隨著凝聚力與生命力十足的歌聲，沉浸在不能自拔的氛圍裡，蹈足起舞。

（呵，搞不好，我上輩子就是某某族的原住民呢！）

待在好山好水的部落，工作的閒暇之餘，自然是少不了一些戶外活動。偶爾，趁著下班的空檔，可以騎著單車到附近的鹿野高台散散心。聽說上回獅子座流星雨讓她們看到頭暈，可惜無緣親眼目睹。有空的時候，我就駐足於鄉間的漆黑小路，欣賞懸於夜空之中耀眼動人的星光，過過乾癮。

然而至今讓我最懷念的時光，就是趁著午間的空檔溜到成群蝴蝶飛舞的小溪旁，找一塊平坦的岩石，然後光著腳丫子，泡在冰涼的溪流中，無拘無束地與友人談天說地，然後，聽著潺潺水聲，享用一份怡然自得的簡餐。

基本上，清新的空氣，加上大自然的懷抱，平時在此曬曬太陽吹吹風，就已經夠舒適迷人了。（對了，附近的野溪裡，有自然湧出的溫泉，我都還沒去一探究竟呢！）

記得有一天晚上，我的好奇心作祟，想到了一個老問題，問起了未對外營業民宿的二房東桂英：「爲什麼妳要幫助一個陌生人呢？」

桂英說：「因爲，這樣可以增加生活的樂趣！」

回答得眞好，不趕緊問下去怎麼行呢！「難道妳不怕遇到壞人嗎？」

她想都沒想地說：「反正這裡也沒有什麼東西好偷。」

「假設我是那種十惡不赦的殺人魔，騎著單車到處犯案，那妳該怎麼辦呢？」

這回，她的回答更是輕鬆愉快：「如果想這麼多，要怎麼幫助別人。大不了死路一條而已。」

「好個大不了！」想不到收留一位流浪的旅者，除了要有樂於助人的無私精神，還得擁有置死生於度外的氣魄，眼前這位女中豪傑，實在是令在下佩服不已。（其實她不怕，圈圈倒是擔心不知哪一天借宿某地，半夜醒來會發生被西瓜刀架住脖子的事件。）

自從過起了食宿無虞的生活，幾天的時間也就在不知不覺之中飛快消逝，目前南橫新武的工讀之旅還沒有下文，而桂英的一位好友打算下星期從台北來台東作客，她正想把屋子裡白色的臥室與水藍色的浴室重新粉刷一遍。

這幾天的免費三餐加上遮風擋雨的溫暖民宿，不要說是粉刷牆面，就算現在要房子要重建，我也得頂著「沒吃過豬肉，也看過豬走路」的革命精神欣然答應。

這回完成了嘉琪交代聽打的資料，成了「閒閒美黛子」的我，備妥了相關的工具，戴起了自己動手用報紙折成的小帽，開始了她們託付的任務。粉刷牆面看似簡單，也得注意幾件小細節才

粉刷牆面

能達到美觀耐用的效果，首先，要用刮刀清除牆面上的粉塵與剝落的水泥漆。第二，水泥漆如果要調色，必須要一次調好足夠的使用量，粉刷後的顏色差異才會減至最低。第三，每次粉刷的方向要一致，如果刷第一遍的時候，採用垂直方向，那就全部依序先由上至下、由左而右，刷第二遍就採用水平的方向，先由左至右，由上而下，如此，粉刷後的牆面不易出現紊亂的痕跡，看起來才會整齊平滑。

常聽人家說：「從事藝術創作的工作者，個性要沉穩，並且耐得住孤獨與寂寞。」我想，一個人粉刷牆面，將會是體驗這種感覺的好方法。不過話說回來，反覆地刷著斑駁的牆面，看著煥然一新的轉變，竟讓人不由自主就哼著歌曲，一面牆接著一面牆，逐步地完成重新粉刷的工作。（完成之後的成就感，總讓我覺得自己身上似乎藏著成爲藝術家的潛質呢！）完成了臥室及浴室牆面的粉刷之後，未對外營業民宿的另一位二房東英梅覺得很滿意。今天要回老家的她，決定順道邀請我到她家吃晚餐。

英梅的老家位於同一個村落裡，騎單車大約五分鐘不到的距離就能抵達。而且，她的姊姊預定於明日中午結婚與宴請賓客，幾乎所有的親友都先行返鄉準備婚禮的相關事宜。於是用餐的時刻一到，這裡也就成了熱鬧的場所。基本上，台東縣原住民的人口比率位居全國之冠，主要有阿美族、排灣族、魯凱族、卑南族、布農族與達悟族等六大族群，台東縣自然也成了一個族群的大熔爐。而且更重要的是，原住民朋友個性豪爽，有話直說，不會拐彎抹角，非常好相處。

雖然互不相識，但是藉著英梅的介紹，大家也就不把這個流浪的單車騎士當成外人。有一位初次見面的原住民朋友，趁著大家用餐的時候，輕鬆地與我聊起天來，他簡短的自我介紹之後，並且將掌心朝下，用手橫放在臉的中央，打趣地說：「我是一個混血兒，臉的上半部像客家人，臉的下半部看起來像是平埔族。」

我也用手遮住臉，開玩笑地說：「其實我也是個混血兒，你看，我右半邊的臉是混到了存款不『ㄗㄨˊ』，至於左半邊，則是混到了睡眠不『ㄗㄨˊ』。」

他開懷大笑，覺得這個人很有趣，還直說結婚之後要多生一個女兒，然後收我當童養婿。可惜我已經超齡了，不然的話，這趟可以說是將「旅行」、「成家」畢其功於一役的單車環島！

現在回想起來，待在延平鄉的日子就好像在半開玩笑中的氣氛之中，不知不覺地一天又過了一天。就連此次到內本鹿探勘的勇士們，也完成了艱鉅的任務，平安回到了布農部落。

布農族有個傳統習俗，就是將臍帶埋葬於出生的土地。所以土地就像是母親，與人們有密不可分的關係，而埋葬臍帶的土地，也就是他們的故鄉。

因爲歷史的種種因素，布農族被迫遷離自己的故鄉，雖然歷經了六十多年的阻隔，返鄉的古道早已成爲被樹木草叢淹沒的荒野，卻切不斷他們對內本鹿的情感。我想，不管路途有多遙遠，他們總有一天會排除萬難，完成尋根的夢想，讓族人找到自己的定位。

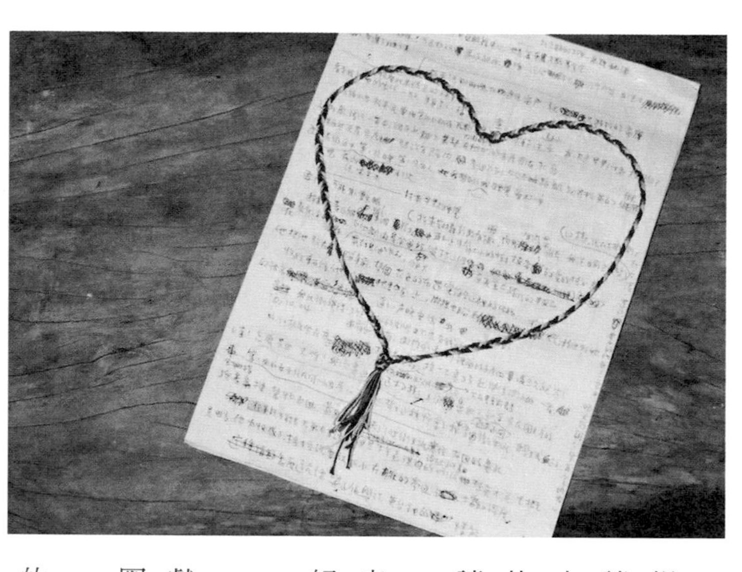

圈圈很榮幸能夠了解關於內本鹿的歷史，並且親身體驗部落裡的風俗民情。只可惜到南橫新武的工讀機會，因爲某些單位無法協調的原故，至今未有下文。待了九天，叨擾了這麼久，也該是往下一站出發的時候。（一篇札記寫了快半年，再不走，恐怕會有讀者寫信來抗議了……）

嘉琪有個願望，就是希望將來能開一間手工藝品店，幾天之前，她還送給我一條親手編製的幸運繩當紀念，希望圈圈旅途平安。

愛好攝影的桂英，則是送了我一些底片與泡麵。

我向嘉琪索取了材料並且學習編製的方法，借花獻佛，將親手編製的幸運繩回贈給嘉琪與這幾天收留圈圈的朋友們。

就這樣，帶著他們的祝福，告別了這處令人懷念的部落，我踩上了踏板，繼續那未完成的流浪之旅。

註：每日一句：與眾不同的問候語

圈圈天生像是好奇寶寶，到了原住民的部落，自然入境隨俗，學了幾句布農語。今天就和大家交流一句基本的問候語。

這句打招呼的話，譯成中文類似「米呼米薩」。

因為布農族天生驍勇善戰，為了部落的利益難免與其他族群發生戰爭，加上以前的環境暗藏毒蛇猛獸，出門時往往生死未卜，親友見面，不知何時才能再度相遇，所以他們見面時通常會說一聲：「米呼米薩。」

它的原意就是「好好活著。」

下次遇到布農族的朋友，可別忘用這句話向他們問候喔！

「mihumisang布農語釋義：送給您我最卑微的祝福，即使它不值錢，也是代表祝福您好好活在每一天——好好活著。（布農語釋義資料來源：布農文教基金會）」

終於輪到我了

頭頂豔陽、腳踩踏板，到戶外吹吹風的日子，才是正統的流浪生活。

我從布農部落再度出發，並且選擇了另一條不同的路線往南方前進，繞到了一九七縣道，經過了台東市，於中午抵達知本。有一段時間沒到街頭表演的我，試著在便利商店前吹口琴，順道了解在沒有遊客與人潮的情形之下，會產生什麼樣的結果。

事實再度證明，街頭表演眞的是一種極爲不穩定的工作，容易受到人群與環境不同而產生許多變數，在人生地不熟的街道上，從一日數千元的收入至換不到一個麵包的情形都可能發生。但是，街頭即是舞台的特性，一來，不受場地限制，二來，又能與群眾近距離接觸，且因爲有許多的變數而充滿了挑戰性，還能訓練膽量與磨練耐性，最後連旅行的開支與民生問題都一併解決。雖然不穩定，卻又是個有趣的工作。或許應該說這種工作的性質比較接近——遊戲？！

大概也是因爲自己吃飽閒閒就喜歡哼哼唱唱或是演奏樂器消磨時間，眞的遇到沒人理我的時候，也能自我調適，利用這種不擾人的空檔練習一些新曲子或是曲子裡不熟的部分。有些路人就會覺得這傢伙看起來似乎是心情很好，其實，嚴格說起來，倒不是我心情好才吹口琴，而是藉由音樂轉換心情，嚴格說起來，應該是吹口琴讓人心情好吧！

俗話說的好，「皇天不負苦心人。」大約幾十分鐘之後，有兩個人提著便當與熱飲，如同上天派來的使者般出現在我的面前。

她們是就讀觀光系的李家雯與陳曉娟兩位同學，目前在知本的飯店實習。剛才利用午休時間到便利商店購物，發現有人在門口外面吹口琴，覺得很訝異，購物之後，在離開的路途中，不禁擔心起這個陌生人會不會連午餐都沒著落，於是半途折返，贊助了一份熱騰騰的餐點。

遇到這種情形，只好用本人最原始的方式來回報了。

喂！各位千萬不要聯想太多。小弟不才我依照慣例，厚著臉皮發揮了賴以維生的流浪技藝，再度爲她們演奏幾首本人最喜歡的曲子，接著小聊一下沿途的趣聞。

有人常問我：「一個人騎著單車環島的時候會不會覺得很無聊？」其實，一有這種跟陌生人接觸的機會，大概就有許多聊不完的話題可以討論，而且現在通訊器材發達，想到誰，撥通電話就找到人了，何況又是在國內流浪，有很多事情可以打發時間，所以這種情形倒是還沒發生在我身上。講到這，就讓人聯想到了我那同梯小白。各位還記得嗎？出發前的小白精神上支持而且還提供二十四小時道路救援：「如果騎不動，只要打一通電話，我馬上開車來支援。」（註：詳情請參閱〈個人小感言〉。）此話讓我印象深刻，莫名感動了許久。

這個同梯果眞是擁有革命情感的患難之交。

皇天不負苦心人

前一陣子抵達台東，我回想起有一段時日沒跟他聯絡，於是撥了通手機給小白，先是寒暄了幾句，然後假裝現在遇到了無法解決的事情：「喂，小白，我現在騎不動了，你能不能過來接我？」

「你現在人在哪裡？」小白似乎回想起了他與同梯患難時所約定的使命。

「喔，我現在人在台東。」

「什麼，台東！」小白倒是反應敏捷，馬上搬出了救兵：「你也知道，我今天約好要陪女朋友去逛街，你自己要多多保重。」

啊，怎麼會差那麼多。

（好險小白後半段還不忘補上一句：「回到桃園之前別忘了通知我一聲，到時候我再幫你辦個洗塵大會。」啊，既然小白都被出賣了，那就乾脆湊個整數，順便再加上一位老同學好了。）

這還不算什麼，再來說一下我那高職就已經認識的老同學吧。菜頭輾轉得知圈圈騎著單車出門，基於多年同窗情誼，也在百忙之中抽空，撥了通電話來關切。

忘了告訴各位，菜頭目前任職於某大知名化學工廠。

菜頭覺得大家都友情贊助了許多物資，竟然沒讓他出錢出力，言談之中還不忘透露出深表遺憾的語氣，他補充說道：「實在是太可惜了，如果出發前就先知道你要單車環島的話，我一定要先贊助一罐我們公司調配好的『王水』，等你眞的精疲力竭，覺得心灰意冷且無法完成這趟旅行的時候，還有東西可以讓你解脫。」（註：王水，簡單地說就是將濃硝酸與濃鹽酸以一比三的比例混合而成的溶液。具有強烈的腐蝕性，能溶解金、鉑等尋常酸類所不能溶解的金屬。所以請多加注意，叔叔是有練過的，各位小朋友口渴的時候，千萬不要拿王水來喝喔。）

這下可好，都交到了一些壞朋友，現在圈圈身上沒有半毛錢，環島的路程亦超過了一半，回頭太晚，半途而廢也不是上策。相信各位現在多少都能夠了解何謂「騎虎難下」吧。

看來這次圈圈不管如何都得想盡辦法完成單車環島之旅！

在知本繞了一圈之後，正在前往太麻里的半途上，粗線條的我，突然發現按住剎車時，前輪竟然會噴出一道閃亮亮的小光芒，起初還不以爲意，後來越想越不對勁，停車仔細檢查，才驚覺剎車片已經被磨光，那道光芒，原來是小鐵屑的反光，而外露的鐵皮已經將前輪的鋁圈刮出了一圈傷痕。好里加在，情形並不嚴重，我試著放慢速度，想問問看路人附近是否有腳踏車店。就在這個時候，一位騎著單車出來散心的中年車友提供了當地的路況與修理單車的地點：「前面並沒有腳踏車店，而且接著有許多上下坡的路段，最好還是返回知本尋找腳踏車店更換新的剎車片。」

看他提供消息時說得一本正經的樣子，不像是開玩笑。爲了安全起見，我決定還是暫時折返爲宜。

「只不過，目前正需要一筆現金修理單車，講到了『錢』就傷感情。」我心底正想著到時候該怎麼去湊出這筆經費，無意中在路上看到了一間平時不起眼的工廠，那時，置放於一旁的廢五金就像是沙漠中的綠洲爲無助的旅人燃起了一絲希望。俗話說：「窮則變，變則通。」果眞是千古不變的銘言之一。知會老闆一聲之後，老闆慷慨地提供免費的零件，而我也在一堆報廢的鐵馬裡，找到了一組九成九新、無內傷的剎車片，並且利用車上的工具迅速更換，順利解決了燃眉之急。

再趁著天色還沒暗，沿著台九線，在日落之前，抵達太麻里。

正當我騎著單車找尋過夜的地點，有位站在網咖附近閒晃的年青人揮手叫住我。好奇的他，大概是覺得騎著單車的旅行很有趣，問了一堆問題，還告訴我哪裡有地方可以過夜。我懷著姑且一試的想法，沿著這位年青人指示的小路，找到了位於半山腰的至善宮。

原本我只是想借個落腳處，簡單地搭個帳篷過夜即可，沒想到正在廚房料理晚餐的卓媽媽，竟主動邀我與至善宮裡的道親們一起用餐。

巧的還在後面，剛好今天有位點傳師來到此地爲眾人開示，在盛情難卻的情形之下，我就順著大家的建議，參與求道的過程，並且藉著這個難得的機緣瞭解一貫道的教義與理念。（更何況晚餐已經吃了，洗了通體舒暢的熱水澡，就連住的地方也有善心人士替我打點妥當，這下子是不去也不行了！）平易近人的點傳師與道親們，對於我這位半路出家的小老弟照顧有加，從生老病死講解到至高的無極老母，聊到了大約晚上十一點才結束今天的活動。

安穩地睡了一夜之後，隔天早上我就卸下部分的行李，騎著減重的單車沿著附近的小路到金針山閒晃。可惜現在是十一月，已經錯過了採收期，無緣目睹滿山遍野黃澄澄的金針花海。

圈圈在路上回想，擾人清修不是上道的行爲，決定返回至善宮整理行李，繼續往下一站邁進。再度出發之前細心的卓媽媽還準備了餐盒，就連點傳師也贊助了一顆可以健胃助消化的木瓜。

臉皮雖然厚了一點點的我，也不知道該說什麼才好，只好滿懷著感謝之意收下他們的愛心餐點，往大武的方向前進。

那天是二〇〇二年的十一月二日，就位於台九線路標四三九公里處附近吧？！應該是一座不起眼的廢棄工寮旁，在依山傍水的一棵老樹下，有位悠哉悠哉的先生正在演奏著吉他。我想，騎了一段時間的單車，也該讓兩條腿稍稍歇息一會兒，就越過馬路，將小黑停在路旁，瞧瞧這位先生的廬山眞面目。

閒情逸致的潘先生與劉小姐，除了身旁的吉他之外，還自備了茶具。不嫌棄小弟叨擾，且拿出了他們親手泡的花茶請我喝上幾杯。可惜天色漸暗，離今天預定的落腳處又有一段距離。與潘先生交流幾曲，圈圈即先行告辭，借宿在大武國小。

隔天一早，邁進南迴公路！

常聽人說：「微笑是世上最好的語言。」此話，在南迴公路上，得到了最好的驗證。通常圈圈遇到了不認識的陌生人好奇地望著車上大包小包的行李，我都儘量微笑以對。今早，圈圈從大武出發，經過了達仁，正踏上南迴公路的上坡路段，有位賣蜂蜜的歐巴桑就站在路旁笑著向我打招呼，雖然互不相識，但是基於禮貌，我也點個頭，報以微笑。

忽然之間，這位歐巴桑就招手示意要我將單車停在路旁。

「來，少年せ，這杯請你！！」她準備了一杯飲料送到我的手上，口中還接著說：「這裡是單車環島必經之路，我看到騎單車又會向人回個禮的人，都會請他喝一杯泡好的蜂蜜飲料。」

「啊～妳要請我喝涼的喔！」

且慢！在此之前，本台台長要穿插一個歷史悠久的典故。各位想知道蜈蚣爲什麼很窮嗎？

事情是這樣開始的。從前、從前，有一隻蜈蚣，一隻很窮的蜈蚣，他四處流浪，在街頭賣藝，彈著他心愛的吉他，旁邊經常圍繞著許許多多的路人。

蜈蚣演奏完之後，路人都會異口同聲給予讚賞。

「嗯！彈的眞好。」

大家都覺得很感動，紛紛想要投錢給可憐的蜈蚣，但是，就在這個時候，蜈蚣開口說：「我不能拿你們的錢！」

因爲……蜈蚣不受祿。

（註：此典故乃是改編自友人很久以前轉寄來的網路冷笑話。）

是的，正所謂：「無功不受祿！」所以圈圈就拿出了口琴，先獻上一曲再說。在這路旁賣蜂蜜已經有幾十年的張媽媽，遇過各式各樣單車環島的朋友，就是沒看過這種拿口琴吹奏幾曲再喝飲料的年輕人，剛開始還覺得有點難爲情，沒想到坐下來和我一聊，竟然欲罷不能，從她小時候的生活開始講到了人生之中的甘苦。

在這南迴公路旁臨時搭建的棚子裡，雖然面對著南來北往的車流，但是除了購買蜂蜜的顧客之外，似乎就是少了一位可以花點時間傾聽的對象。也許這個人，與她素未謀面，還要有點閒閒沒事的感覺，最好是一位騎著單車路過此地的遊客。

恰好當時圈圈符合了上述的條件。

況且，張媽媽人這麼好，平白將清涼消暑、滋補養顏的蜂蜜飲料免費奉送給路人，陪她聊聊天，聽她說一說三十幾年的往事，算是剛好而已。（有時候騎單車在路上閒晃，腦袋裡不禁會聯想老一輩的人說起以前艱苦的生活，其實相較之下，我總覺得不帶錢的單車旅行是一種很愜意的活動呢！）

接下來，我繼續在南迴的上坡路段緩慢的前進。有位開著吉普車的好心司機，想要幫忙載我與滿是行李的鐵馬，越過這段令人耗費體力的上坡，可惜，我婉拒了他的好意，決定將「吃苦當做吃補」，靠自己的力量來完成這段路程。（不過，假如他願意直接載本人回家的話，小弟我還是會好好加以考慮。）

雖然沒搭上這位司機大哥的順風車，我還是覺得台灣隨時都可遇見許多願意幫助路人的朋友，想到這，心情就好！時間也過得飛快，不知不覺已平安順利地通過了這段號稱單車環島裡最艱辛難行之一的上坡路程。而且，在擁有多年環島經驗的恐龍老闆的建議之下，從達仁抵達壽卡之後，我決定經山林夾道的一九九號縣道，由牡丹轉至旭海。一路下來，大部分是人煙稀少的郊區，原以為旭海溫泉附近應該是人山人海的景點，可是到了現場，遊客卻少得出乎意料。而且越接近傍晚，越多人準備打道回府，讓人不由自主擔心起晚餐會不會沒有著落，尤其是，在我還沒練成呼吸幾口空氣就能塡飽五臟廟的絕技之前，還是先拿出陪伴圈圈流浪以久的口琴來解救危機吧！

我將單車停在旭海溫泉附近的一棵老樹下，坐在草皮上吹起了口琴，儘量像是演奏多年的大師，擺出一副不管何處都能登台的氣勢。可惜，今天的觀眾素性含蓄，就連坐在不遠的遊客，也只顧著在涼亭下打麻將、打牌的人、圍觀的眾人，心思全用在發揚國粹之上，專注的神情，儼然達到了廢寢忘食的最高境界。你想，一群人，連吃都不當成一回事，更別說注意到隔壁傳來繚繞的口琴聲。

（這種情形之下，圈圈大概吹口琴吹到往生，也不會被人發現。）

不過，自從踩著踏板旅行，日子總是充滿了許多意想不到的驚喜。眞的感到沒人理我的時候，也是轉機出現的時候。一位像是天使的小朋友，奉著父母親的指示，手裡拿著零食和麵包，親手交到了我的手上。晚餐不成問題，我卻不敢懈怠，仍舊坐在樹下吹著老琴，趁著天色未暗的空檔，練習新曲。才沒多久，有位路人帶著一絲絲驚訝的表情，望著我全身上下，像是巧遇數十年不見的兒時玩伴。表情之中，有種不確定對方是誰，認了、又怕認錯人的感覺。

這位似曾相識的先生，走到了我的身旁，然後指著我說：「嘿，你的朋友不就在前面嗎？！」

「我的朋友？！」圈圈第一次造訪此地，怎麼突然之間就冒出了一個朋友呢？

被問得一頭霧水的我，看見遠處有位戴著安全帽的車友以及滿載行囊的鐵馬緩緩地靠近，心中的疑惑才獲得了解答。（原來裝備那麼像，也難怪人家會把我們當成是同行的車友。）環島一路走來，遇到了許多愛好旅行的朋友，大部分的人將旅行當成是一種休閒，藉此脫離繁忙的生活與增加樂趣，或是放鬆心情、增廣見聞，甚至一圓許久的夢想。

在旅途中的那一刻，遇到同好，難免激起許多共通的話題，更別說現在人煙罕至的旭海，又遇見單車環島的車友。

你看，自顧自地說著說著，竟然都高興得忘了先向各位介紹這位新朋友！

「叫我『阿達』就可以了！」

個性隨和的他，名字裡有個「達」字，雖然初次見面，我也就左一句阿達、右一句阿達，感覺我們就好像是熟識多年的老友般稱呼。這位踩著踏板逐夢的騎士、至今仍舊在百忙之中抽空關心圈圈單車札記進度、文質彬彬且英俊瀟灑的有爲青年，從台中往南而行，繞過半個台灣，經過墾丁來到旭海。

他逆時針騎，我順時針走，兩人像是事前有著約定般相遇。

（是的，大家別急，這篇故事正要開始。）圈圈一路走來，吃別人的、喝別人的、住別人的，難得在天色已晚的郊區遇到了單車環島的車友，當然要輪到我招待一下。本人別的沒有，倒是有頂遮風擋雨的友情牌帳篷，碰巧阿達不嫌棄，於是我們尋覓了一塊合適的草皮，合力搭建了臨時的棲身場所，加上附近有座免費的公共溫泉，還可以浸泡在天然的湧泉裡，紓解疲憊，可說是一舉兩得。

到了晚上，我們各自窩在睡袋裡，交換旅途的相關資訊，閒扯到凌晨。

其實，這回是阿達第二次的單車環島之旅。

第一次的單車環島，阿達從台中騎到了台南，因爲旅途中的一場大病而被迫提前取消，令他心有不甘。然而，在此之前，曾經因爲工作壓力太大而困擾多時的阿達，辭去了收入優渥的工作，離開熟悉的職場。雖然壓力消失了，卻也因爲生活的改變而失去重心，心灰意冷的他，覺得人生似乎成了只剩黑白的世界，一時之間想不開，竟然購買木炭與安眠藥，準備回到永和的老家結束自己的生命。

就在萬念俱灰的時候，他突然想到了一件事。

阿達想到了那次因病而未完成的單車環島，決定克服萬難再試一回。（現在，我多少能了解，爲什麼有人會說單車環島是瘋了或不要命的原因了。）然而，老天爺似乎特別青睞單車旅行的騎士，總是愛開些小玩笑來增加途中的樂趣，沿途產生了許多意料之外的事情。單車踏板故障、半路被莫名其妙的狗追趕、爲了住宿的地點操心、惱人又無法繼續行動的爆胎……等，不過，吃了秤砣鐵了心的意志，讓他不再退卻。

一一解決這些困境的過程，反而讓人留下更多難以忘懷的回憶。而且，阿達用了一句很貼切的話來形容這種旅行：「騎單車環島，像是修行。」

看來，別人休閒是去旅行，單車的環島卻是修行。車友之間，果眞心有靈犀一點通。

我們相談甚歡，聊著旅途的趣聞也交換了相關的路況資訊，無意之間，小弟透露了欲將此行的點點滴滴集結成冊的狂想。阿達力表支持，一口氣預定了三本札記，準備用來饋贈親朋好友。

（搞了半天，原來我這本還沒出版的單車札記竟是一本自用送禮兩相宜的好東西。嗯，到時候三本加起來，應該跟枕頭差不多高，說不定還有更多的用途。）

（另外補充一點：各位都曉得圈圈是個好面子的人，爲了避免日後藉故遺忘這個存在心中已久的白日夢，本人早就利用環島的機會，逐一地散布消息，如此，等到將來全宇宙都知道的那一天，就算想賴也賴不掉，依我的個性，硬著頭皮也會完成這個心願。

（T_T）當時怎麼想，都覺得是個完美的計畫，怎料一拖竟是六年。）

總而言之，在這夜黑風高的夜，帳篷內，睡袋旁的枕邊人，現在正處於失業的狀態，卻能興高采烈地分享著旅途之中的人情冷暖、哪裡有著値得一探究竟的景觀，訴說著畢生難忘的點點滴滴。

如果阿達不說，任誰也想到他曾經是一位想要結束自己寶貴生命的人。

我常想，人的一生之中難免有高低起伏的際遇，加上現今的社會變遷快速，許多沉重的壓力隨之而來，如果碰巧你或你周遭的人，遇到生命中的低潮或是想不開的時候，不妨學學阿達，帶著簡單的行囊，騎著心愛的鐵馬去旅行。與其擁有求死的氣魄，不如用這種力量來實踐一個夢想。也許這並不是個解決問題的完美辦法，卻可藉此機會多認識這座可愛的寶島，所需的經費不多，還能順便鍛鍊體力、欣賞美景，更重要的是，花一點時間接觸各式各樣充滿活力的朋友之後，你將發現所在的社會之中有許多願意關懷付出的善心人士、台灣特有的人情味與意想不到的驚奇。

說到這，我不禁覺得阿達讓自己的人生有了一個重新開始的機會，就像是一位鐵錚錚的漢子在敵人重重包圍的困境裡，做了一個逆轉局勢的明智抉擇，雖然今天下午我才認識他，但是對他已經產生肅然起敬的感覺！

這種感覺，尤其是阿達決定一次預購三本單車札記的那一刻，感觸更深。眞的！

媽媽的味道

單車旅行都希望騎乘的時段能夠避開中午的烈日。雖然兩人昨日晚睡，卻也早早起床。特別是，阿達指著一旁「此地禁止露營」的警告標誌之後，我們收拾行李的效率更是出奇地快速。這個早晨也與平時有點不同，因為，涼亭旁出現了一群來自高雄的旅客。

他們原本只是路過此地順道歇息，其中一位朋友瞧見了載著行李的單車，在好奇心的驅使之下，提了些許問題。

就在這時候，阿達想到了圈圈缺了幾卷留念的底片，於是自告奮勇，向大家介紹起這位站在身旁穿著短褲的車友。想不到，原是一個窮光蛋，厚著臉皮的流浪之旅，經過了阿達的簡介之後，圈圈在幾位未曾謀面朋友的心底，大概成了藝高膽大的奇人，只差沒有三頭六臂又能飛天遁地罷了。現在，每個人不禁流露出渴望的眼神，期待能聽到傳說中悅耳的口琴聲。

遇到這種局勢，我也顧不得意識裡還存著清早起床的半昏迷狀態，硬著頭皮，祭出口琴絕技來響應阿達的一番心意。

兩人一搭一唱，讓這群可愛的朋友心甘情願贊助了一卷寶貴的底片。底片拿到手，接著又發

生了一件新鮮事，有位朋友忽然冒出一句：「你，該不會是報紙上說的那個人吧？！」緊張緊張、刺激刺激。雖然平時圈圈是一個處事低調的人，不過，此刻竟然有人能聯想起多日的報導，我也只好坦然承認。

「這篇報導都過了一個月，竟然還有人記得？！」我真感到驚訝！阿達聽到了我的碎碎唸，隨口應了一句：「有些事情是一輩子都忘不了的！」我不禁回了阿達的話：「嗯，有些事情是一輩子都忘不了的。」望著這群來自高雄的朋友緩緩離去，再回想起一路的經歷和相遇的人，想忘了，還真難呢！天下無不散的筵席，環島的路上想要遇到一位志同道合的車友，機率實在不高，無奈方向恰好相反，我們只好各自踩著踏板，繼續朝著不同的目標邁進。

經常有陌生人問我：「一個人騎單車環島會不會很無聊？」一人出門在外，難免會感到孤寂。但是說也奇怪，當你踩著踩板的時候，什麼稀奇古怪的事情就如雨後春筍般在身旁冒出來，其實，還滿「有聊」的！反正現在閒著也是閒著，你既然問了，我就先來說說幾個路上遇到的新鮮事吧。在前往滿州鄉的方向，有一段鐵馬可以輕鬆滑行的緩坡，就在四周種植綠色盤固拉牧草的公路旁，恰巧讓我目擊了一台藍色的貨車，正像是失去了導航的船隻，緩緩地駛離路肩，越過對向車道，在空曠的鄉間發出一陣「欽鈴框鎯」的金屬摩擦聲。

車友贈糧

一台不知名的貨車，半邊的車身已陷入未加蓋的排水溝內。

在卡通影片經年累月的耳濡目染之下，我猜想這種情形通常是駕駛被毛利小五郎給附身了。想不到怪事還在後頭。

我前去一探究竟，貨車裡卻空無一人。

農曆七月都已經過了這麼久，這短短的幾秒內竟然發生這種令人百思不解的情形。

正當我使出吃奶的腦力瞎猜，試著抽絲剝繭，希望能從其中理出一點頭緒之際，一位皮膚黝黑的中年男子似乎也聽到了這陣聲響，朝著貨車的方向，匆忙地穿過茂盛的竹林，抵達現場。原來，他是貨車的主人，沒注意到這看似平緩的路段也能讓貨車滑行，加上忙著到田裡工作，忘了將手剎車拉緊，一時的疏忽，終於造成了「幽靈貨車」的事件。所幸整個過程都無人傷亡。但貨車已陷入了狹窄的水溝，動彈不得，可施力的空間不足，連曳引機也沒辦法發揮作用。

無計可施的情形之下，這位可愛的叔叔向我借了手機，撥了通電話，請他的老婆大人來拯救這台貨車。過了數十分鐘，有位阿姨就開著堆高機出現在我的眼前，鏟起了貨車，完成了兩個男人都無法完成的艱鉅任務。

總之，貨車順利脫困，本人也該上路了，向這對夫婦道別後，又是那未知的旅程。不過，我的腦袋裡似乎多了一些靈感。「嗯，要不要在小黑上面加個什麼『手剎車』之類的裝置？」我不禁開始自言自語。

搞不好還能申請個專利呢！

總是愛胡思亂想的我，繼續踩著踏板前進，在鄉間的消防局附近，竟然發現對面車道也有人騎著單車閒晃，那天是星期一，在二〇〇二年的十一月四日，一個氣候涼爽的下午。

來自桃園又喜歡爬山的車友邱裕焰，經常搭乘火車或其他交通工具抵達旅遊的目的地，然後再騎著他的單車到處探訪景點。這位熱心的仁兄推薦我到七孔瀑布參觀，並詳細地說明路線，還送了一包餅乾給我當行動糧。車友就是這麼可愛，不曉得我正在從事不帶錢的旅行，擔心外人在這鄉下地方找不著店家，就把自己身上帶著的餅乾送人了。

我依慣例向他致謝，接著前去一探七孔瀑布。

照道理，風景區有售票亭，售票亭裡面有專員收費，此乃天經地義。一般來說，少了新台幣，要過這一關就令人傷腦筋了。遇到了這種狀況，只能使出轟動武林、驚動萬教的必殺絕技。

不過，我得先聲明，這招不一定管用，偶爾也是有吃閉門羹的時候。

而且普通人要施展這招失傳已久的武林絕學，事前得休養調息半年六個月以上，才能激發出潛藏在體內的能量，於一髮千鈞之際產生功效。（嗯，說得好像自己是位內功深厚的武林高手。）本人的功力因尚未達到爐火純青的境界，踏出腳步往售票亭之前，不自覺倒吸了兩口氣。

大概是因爲最近比較少拋頭露面的關係，連臉皮也變薄了。接著，我試著緩和起伏不定的心情，還環顧四周，看看有沒有其他奇怪的人，然後才走到售票亭，使出最誠懇的態度與口氣，告訴裡面的阿伯。

「你好，我正在從事一種不帶錢的旅行，請問我可以用打工、吹口琴賣藝或其他的方式來代替門票嗎？」

這位管理員伯伯望著我，露出了天使般燦爛的笑容，心平氣和地說：「出門在外，難免會遇到一些困難，你不用吹口琴了，趕快進去吧！」他揮揮手，示意我直接進入風景區。

「不行，這怎麼可以呢！」我忽然被莫名的正義感附身，一口氣回絕了人家的好意，只差沒有跟著大喊，伯伯，難道你又要我搬出蜈蚣爲什麼很窮的典故嗎？

兩人竟在大門口互相推辭。「沒關係，你就進去吧，不然主管看到有人在這裡吹口琴的話，就不好了！」反倒是伯伯覺得難爲情了。

各位都知道，圈圈雖然是位名不見經傳的小人物，但也通情識體，平時不怕別的，就怕麻煩別人與爲難他人。既然售票的伯伯都這麼說，那我也只好向他致上最高的謝意，正大光明地走進了七孔瀑布的風景區囉！

花了大約一個小時又五分，沿著山林中的蜿蜒小徑，我走到了一處有松鼠在樹叢飛躍的地方。有幾隻在樹梢閒晃的獼猴，一見到了這位來路不明的訪客，像是一陣來無影去無蹤的旋風，轉眼消失在我的視線範圍裡。

搞不好那是一家「人」？或許應該說是一家「猴」吧？！我心裡這麼想。

流浪在外的我，已經習慣留點時間尋找歇腳過夜的地方，尤其是一個人尚未適應與大自然裡昆蟲鳥獸爲鄰居之前，似乎該早點回程！沿著原路，回到了停放著鐵馬的停車場，我與我的小黑往佳樂水的方向前進，在傍晚五點，抵達了白榕園附近的一個叉路。當我望著路口，愁著是否又在腦神經失調的情形之下迷失了方向，正準備努力對照著手上的地圖，試著理出頭緒的時候。

就在這個時候。

人行道上出現了一位慈眉善目的年輕媽媽，對著我左右端詳，仔細地研究著載著行李的鐵馬，看著單車環島的標誌，還有標誌底那一行畫著微笑的臉的藍底白字。她若有所思地停頓了幾秒，眼神裡露出閃閃的光芒，宛如正要呼喚在外嬉戲而忘了回家的孩子那樣地說：「走吧，我請你吃麵！」

「眞的嗎？」這還眞讓人嚇了一跳，反正，晚餐時間也快到了，我就跟著這位老闆娘到她的店裡探個究竟吧。

但是對於這一次無緣無故就從天而降的請客，還是讓人好奇心作祟，我忍不住又問了她一個老掉牙的問題：「爲什麼要請我吃麵呢？」

她反問我：「你的牌子上不是寫著『歡迎贊助食宿』嗎？」

是的，這回單車環島的標誌終於發揮功效。不過基本上，大家通常會被單車環島的圖案所吸

事情問七分就好

引，卻不太會注意到這占不到六分之一版面的一行小字。（當初應該把這兩個版面所占的比率互換才是。搞不好，我的整個旅途就因此轉變成吃香喝辣的豪華之旅呢！）正巧店裡沒有其他的客人，小弟我自作主張拿出口琴在櫃台旁演奏心愛的曲子，想藉此聊表心意。

「吃麵吧！」她說自己不懂音樂，用不著這麼累，一碗麵值不了多少錢，況且幫助別人，如果是想要求回報的話，那多痛苦。就像對自己的兒女好，並不是巴望哪天他們來孝順自己。「就算是身上沒有帶錢的阿婆或是流浪漢，我也是如此對待。」（說得好！這讓我覺得自己已經越來越接近流浪漢的專業水準。）

「待在恆春的都是鄉下人，沒有什麼心機。」剛好今天遇上了星期一，街道上沒有人來人往的旅客。老闆娘手裡煮著麵，嘴邊不忘跟我閒話家常。這話匣子一開就無法收拾，我未加思索問了她許多疑問，但是，老闆娘無法接受打破砂鍋問到底的聊天方式。

「問事情，問七分就好。」這位老闆娘姓王，雖然我們只有一面之緣，但是在閒談之中，那種不會拐彎抹角的率真個性卻表露無遺。她見我一個人出門在外，便想起了二十年前曾經負氣離家出走的往事。當初她獨自一人，帶著兩千元到台北，住在工廠裡，做成衣的工作，有一陣子還投靠親友，在各地換過不少的工作。或許是曾親身歷經了社會的人情冷暖，對出外人的不方便感觸良多，在能力範圍許可的情形之下，對陌生人也就不吝給予幫助。接著，話題一轉，提起教育孩子的方式，她又有另一番獨到的見解。她從小就訓練自己的小孩從生活起居裡學會獨立自主，

期望這些小蘿蔔頭在大學畢業後都能獨立自主，讓父母親在未來也能擁有自己的生活空間。是的，社會正在改變，這一代的父母親也希望多留點時間給自己了。

她聊著日常的點滴，我也樂得談談旅途的趣聞。

你們也知道我這個人，沒事就愛瞎攪和，滿腦子又是一些沒有建設性的空想，記性不好，明明某天有約卻又常常糊裡糊塗地答應了別人邀請，偶爾能拿來一提的，就是重感情了。雖然有些平時守口如瓶的心願，我都悄悄放在心底，不過這位未曾謀面的老闆娘一見如故，小弟我就濃縮重點精華，告訴她，想將此行整理成冊的夢想。

她當我是在開玩笑。「如果你出書的話，我會買個幾本送我女兒。」

這可不能隨口說說的喔！到時候我可是會列出名冊，一一核對。（看來，這種吃人一餐，還厚著臉皮要人買書的事，大概只有小弟我才說得出口。）

不過，天曉得將來還會發生什麼離奇的鮮事，搞不好二、三十年後，我再回想起此事也會爲了當初的傻勁而竊笑。

二〇〇二年十一月五日　星期二　像是會發生好事的晴天

借宿在各學校的一角，已經成了不帶錢之旅的家常便飯。我在永港國小的走廊下，度過了短暫的一晚。依照慣例，我在清晨出發，騎著單車繼續著未知的流浪。似乎重覆地做著一件事，卻又在不同的地方遇到了不同的人，但是今天有些不一樣，因爲，我看到了一位老兄正在埋頭苦幹，他長得就像……一位既不相識卻又十分眼熟的朋友。這大概是還沒吃早餐的關係，明知道這一路在外沒有老友相隨，又無親戚可以依靠，怎麼可能無緣無故冒出個熟人呢？我應該是餓昏了頭吧？

我親眼看著這個人在路旁埋頭苦幹，手裡拿著電焊時專用的焊條，聚精會神地顧著修理翻草的機具，到達忘我的境界。一向抱持「寧可認錯一百，也應該會認對一個朋友」的小弟我，決定停下單車，趨前一探究竟再說。（小弟在此，謹向另外九十九位經常被我認錯的朋友說聲抱歉。）

不，這世上怎麼會有那麼巧的事！

（這個我就要補充說明一下，大家也都知道，有時候在路旁不是會看到眼熟的朋友嗎？尤其是長得就活像是某某國小同學或是久未謀面的朋友，如果遇到了這個情形，我就會去打個招呼，我常想，認錯了人也不會少塊肉，但是不經意遇到了一個朋友，那可是會讓人心情好上一陣子呢！）

他一抬頭，卷卷的頭髮，皮膚黝黑的中年男子，不正是在江湖中傳說已久的「幽靈貨車」的老闆！

短短一日不見面，竟然像是相隔了一年那麼久。

說來話長，且聽我細細道來，這位老闆姓古，名信志，家就住在公館路上。昨天我們沒有留下任何的聯絡方式便各自離開，沒想又在他家門前重逢。這回像是神安排的巧遇，兩人都覺得奇妙。古老闆藉此請我吃早餐，還說晚上可以到他們家前面搭帳篷過夜。

恆春眞是個有人情味的地方。只可惜，我預計今天要抵達鵝鑾鼻，無福接受他的招待。

這一回，靠著沒有約定的偶然相逢，倒是解決了早餐的著落。

離開佳樂水之後，有個緩坡，在夾雜著細沙的陣陣狂風的吹擊之中，單車經常被吹到重心不穩，我試著減慢速度，騎著單車抵達了台灣的最南端——鵝鑾鼻。我在一家藝品店前備妥給客人的長椅上小憩之後，突發奇想，打算直接騎到墾丁。

我卻高估了自己的體力，以爲這一路的歷練已經讓我達到了人車一體的最高境界，但是，很多事情並不如我腦袋裡想像中那麼的簡單。突然不聽使喚的雙腳，像是加了鉛塊般沉重，每踩一次踏板都幾乎用盡了我吃奶的力氣。

將單車停在路旁，我依靠著人行道的欄杆，兩眼無神地發楞。遠方的海洋帶著冷色調的藍紫，似乎成了目前心情憂鬱的寫照。

而陌生人贊助的糧食早已用盡。

對！我一定是餓了。就像是沒有燃料的車子，馬力再怎麼強也沒有發揮的餘地。現在所有的事物都好像跟食物有了關聯，左瞧前方的房子，如可口的薑餅搭建而成！右看小黑的車管，像一

鵝鑾鼻燈塔

根根甜美的甘蔗組合而成。

好險早在出發之前，我就已經做好萬全的準備，在這種前不著村後不著店的地方遇到了斷糧情形，就是啓動緊急應變措施的時刻。行動派的我，打開馬鞍袋，準備取出置於最下層的泡麵和營養口糧。原因無他，爲了避免把這份乾糧當成旅途中的宵夜或止饞的零嘴，小弟故意存放在最不易取得的地方，非到十分緊急不准動用。

拿出這些疊在上面的衣物和一件一件日常用品的過程，忽然有種很神奇的感覺盤旋在我的腦海。試想，出門將近兩個月的時間，旅途之中，除了做國民外交而拿出幾包素食泡麵招待愼一之外，還不曾使用過這份乾糧。

只憑我那幾首老掉牙的曲子搭配口琴的演奏，是走不了這麼遙遠的路途。靠著那麼多陌生人的適時幫助，才能一站接著一站克服困境，平安抵達目的地。就連發生事情的人、事、地、物，都似乎在冥冥之中已安排妥當。

尤其是身在台灣的最南端，望著無垠的海，嗑著硬得像石頭的餅乾，更加令人百感交集。（不然你想想，繞過了大半個台灣，現在才浮現折返回家的念頭，好像有點晚了！）正當我站在貝殼砂灘的人行道旁，吃著我的乾糧並且忙著自尋煩惱的時候，一位理著平頭的小老弟，像是一個自空中飄下的羽毛般無聲無息地悄悄走近了我的身邊。他穿著一件永不退流行的深黑色T恤配上短褲，像是待在自家裡的樸實裝扮，盯著滿載著行囊的鐵馬，不自主地流露一股全神貫注的眼神。

主動開口聊了幾句之後，才發現這位六十六年次的老弟，是一位業餘的單車選手，名叫陳瑞銓。曾經遠征澎湖，參加三鐵。也曾經自己購買零件，組合單車，再騎著這部單車，橫越中橫公路。大概也是因爲親身的經歷與對單車的熱愛，他的言談舉止之中似乎都脫離不了「單車」二字。從量身訂做的車架與材質開始，一路解說到避震器的種類與變速器的等級，過程鉅細靡遺，充份表達出他對單車的專業與熱情。「台中的工業區有許多腳踏車工廠，連許多國外的知名大廠也要找台灣代工。」住在龍井鄉的他，還不忘爲單車王國裡的生產重鎭打一個免費的廣告。

平時他的正業就是到處擺地攤，以販售窗簾維生。自己就是老闆，沒有打卡的壓力，心血來潮就開車到墾丁，帶著帳篷與簡單的行囊，自由自在，個性隨和的阿銓找個露營區就能度假。久了，跟老闆混熟，住宿的時候，還享有特別的折扣呢！

阿銓得知圈圈騎著單車環島，靈機一動，「說不定我也來個擺地攤環島！」

我隨口接著說：「有道理，這樣可以一邊做生意、一邊度假，連經費都不愁沒有著落。」

「經費？」我們才見面沒幾分鐘，口直心快的阿銓就發揮了打破砂鍋問到底的精神，「那你騎單車環島到底花了多少錢呢？」

我指著隨身攜帶的口琴，「就靠它了！」阿銓先是一臉茫然與錯愕，聽了我的解釋之後，竟露出了難以置信的表情。（老實說，也沒這麼神啦！這一切的一切，都是出門的時候忘了帶錢包所造成的。）愛好運動的阿銓，騎單車只是他眾多興趣之一，這位平日生活簡約的老弟，正巧在

露營地

附近租了一處可以搭帳篷的營地。

「我以前騎著單車的時候，都仗著別人的幫忙，現在不如換你跟著我回附近營地吧！」剛才以爲自己開始陷入了三餐不濟的苦難，轉眼間，出現了車友熱情招待。雖然平時我們是將吃苦當成吃補的年輕人，面對如此盛情，也只好再度勉爲其難接受了他的好意。

精力似乎用不完的阿銓，在卸下了行囊之後，緊接著邀我去爬大尖山。開著他心愛的藍色發財車，直奔山腳。隨著阿銓的步伐，我未多加思索，在幾近消失的山間小徑裡的樹叢草堆裡鑽，到了半山腰，我們覺得似乎是在轉圈子。直言的阿銓，回想起在合歡山的親身經歷，問我有沒有穿著T恤不帶其他裝備在山上過夜的經驗？

這種情形，在理論上來說，我們稱之爲「迷路」。

人行道的相逢，相遇不到半天，但是冥冥之中卻好像有一種早就存在的默契。兩人都擁有一種在苦中作樂的特質，我們半開玩笑提議，此時應該用相機拍下裝成在山中挨餓受凍數日的模樣留作紀念，說也奇怪，好像凡事經過了這樣子的比較之後，也就沒那麼嚴重了。人的心情開朗，就像放下心中的大石頭，不用多久，我們靈機一動，沿著一條乾涸的小河床，在天黑之前輾轉走到了山的另一側，找到了回程的出路。

在速食店用餐之後，我們回到營地泡茶聊天，整理札記，在蟲鳴聲中就寢。

二〇〇二年十一月六日　星期三　好天氣

然而我怎麼也沒料想到，兩人相聚的時間竟然過得如此的快速，一同在附近的一條步道健行之後，因為臨時有事，阿銓急忙趕著回家。

「到台中的時候，別忘了來找我，到時候再帶你到處逛逛！」他覺得我這個人很有趣，留下了聯絡的電話與住址，還送了一個吊床，給了一些調整單車配重的建議，才收拾行李返家。兩人的分離，並不代表流浪的結束，獨自一人的時候更是輕忽不得。現在該是為中餐奮力打拼的時刻。

但是打拼歸打拼，既然都來到了墾丁，還是先去逛逛貝殼砂灘，再往熱鬧的地方移動吧！閒逛了一圈之後，日正當中。我決定還在墾丁國小正對面的商家旁，吹奏口琴。但是此時的街道如荒涼空城，我站在街上，像是不存在這個世上的幽靈。經過了一個小時，沒有來往的遊客與人潮，也沒有人願意停下腳步，最後只有幾位天眞無邪的小朋友，好奇地望著這位不知打哪來的旅者。

就在我絕望之前，有一位國小六年級的小朋友手上拿著一枚銅板，出現在我面前，東張西望，想找一處放錢的地方。

想靠街頭賣藝混口飯吃，沒有準備一個裝錢的帽子或是容器，這種在別人的眼中看來，就跟士兵打仗忘了帶槍、和尚化緣忘了帶鉢的道理是相通的。

不過，我的旅行有點不太一樣，我指了自己寫在厚紙板上的自製招牌，婉拒了這筆現金。這位心地像是天使般善良的小朋友，有點害羞，卻不放棄這個幫助人的機會，他告訴我，打從放學的時候，就瞧見我在路旁吹口琴。他執意到附近的便利商店買了一個麵包和養樂多，送給我，再騎著單車繼續他的玩耍。我的心中百感交集，在接受與否之間萬般掙扎，雖然他的年紀小，然而面對如此善意，就算是鋼鐵打的心，也有融化的一刻。

我自他的手中接受這份無價的贊助，親口祝福他：「孩子，你一定會有好姻緣的。」吃完了這份珍貴的午餐，我將單車移到不遠處一間賣素食的路邊攤，借了桌椅，藉此躲避烈日，並書寫單車札記。老闆娘是位阿嬤，倒也可愛，見到沒有其他的客人，跟我說她要出門，待會兒就回來，留下我這位陌生人幫她顧店。

（看來，幫不認識的老闆顧店，似乎成了我這趟旅行的另一項專業技能。）沒想到阿嬤前腳離開沒十多分鐘，後面就來了一位客人自動上門。

主人不在家，我這不請自來的陌生人只好冒充一下侍者，向這位來自高雄的阿伯解釋：「老闆娘待會就會回來！」

這位理著平頭的阿伯茹素多年，原本要到附近的一座寺廟擔任義工，因爲廟方要等到下個月才需要人手幫忙，所以準備打道回府。在附近轉了一圈之後，只找到了這家賣素食的路邊攤，雖然已經過了用餐的時間，他還是選擇等待，並坐下拿出自己隨身攜帶的有機餅乾止飢，與我小聊

一番。他說，「因緣生、因緣滅，能在一起就是有緣。」佛家相信緣分，而我覺得擔任義工樂於付出的精神可嘉，於是拿出口琴，讓他免費點一首曲子。

他低著頭若有所思了半晌，腦海裡燃起了無功不受祿的念頭：「這樣吧，如果點到了你會的歌曲，等一下就請你吃麵。」頓時之間阿伯的眼神炯炯有光，如同買了樂透時就已經篤定這張獎券絕對會中了這期的頭彩，簡簡單單的幾個字，由他口中說出，宛如電影中的慢動作重播，深深地烙印在我的腦海之中。

那就來一首〈月、亮、代、表、我、的、心〉吧。

老實說，我有點不敢相信，打從幾年前對中了兩百元的統一發票之後，就不曾有過這種體驗。從他說出這首曲子的那刻，我全身的三萬六千五百一十二個毛孔像是褪去了衣服般舒暢，一種飄飄然的自在，如羽毛自半空中緩浮。這個莫名的感動久久不能忘懷，甚至讓我開始相信這個世上的某個角落一定有神的存在。

阿伯聽完之後，欲罷不能，自動追加：「想不到這個小子這麼會吹口琴，等一下再來個〈三寶歌〉好了。」

等一下？「沒有啦！阿伯你千萬不要誤會，我就只會這首而已！」

我賺了一碗麵，卻仍不知下一刻的旅途將發生什麼遭遇。我只曉得，民以食爲天，如果能找一處人群像潮水一般洶湧的地方，也許能解決糧食不足的窘況。我四處打聽，發現夜晚的墾丁可能比白天還熱鬧。

我決定延後歇腳的時間，在夜幕低垂的時候，等待人潮的出現，再放手一搏。幸虧接下來的街頭演奏，承蒙大家厚愛，順利募到許多餐點，乾糧、飲料、餅乾、便當……等物資。數量之多，解決了燃眉之急，也足夠我數日溫飽。

忙了一天之後，我只祈求有個棲身的地方。可是，墾丁附近的國小校舍怕被陌生的遊客破壞，一律都不准借宿給外人。我只好在沒有燈光的柏油路上，摸黑騎到社頂公園的停車場。繞了一圈，發現有處可遮風避雨的走廊，我隨即搭起了帳篷。但疲憊的身軀像是放完能量的電池，不堪使用，圈圈幾乎在眼睛閉上的那一刻就進入夢鄉，直至清晨方才甦醒。清晨的此刻，遊客多半還在沉睡，周遭的商家也都尚未開始營業，我簡單用過早餐，享受這一片刻難得的寧靜。

但多事之時，無閒暇之工。

每當想靜下來的時候，就是要忙著接著另一件事情的開始。在悄悄收拾完帳篷之後，不知打哪來的人潮又慢慢地出現，早不來晚不來，偏偏選在此時出現。

正當我準備離開此地，移到社頂公園參觀的時候，有位阿桑突然停下腳步，像是遇到了鼎鼎大名的歌星般，露出興奮的表情告訴我，某人想聽我演奏口琴。圈圈並非天生的英俊小生，但臉上畢竟是長了兩個眼睛，一個鼻子，看來還算人模人樣，流浪在外的這段日子，心裡也總是惦記著要勤加梳洗、隨時打理顏面，絕不容出現鬍子比頭髮還長的邋遢造型。既然不以外型取勝，這一定是這數十年生活之中不斷淬鍊與內化的結果，從內心深處散發出的浩然正氣，再加上墾丁的小道消息，傳得比東北季風還快所釀成的結果。

雖初到寶地，本人竟成了小有名氣的單車少年。

原先習慣謙沖自牧的我，一時之間，遇到了這個場面，也忍不住在心底開始小小地驕傲起來。趾高氣揚的我，眉宇之間炯炯有光，身後散發出耀眼奪目的光芒，宛若不可一世的英雄，緩步走到了阿桑說的那個小吃攤。

然而開口一問，結局恰好與想像相反，老闆娘竟回說她認錯了人。

我楞了一下，相異的兩人？在不同的時空，被誤認成同一位會吹口琴的人？這未免也太湊巧了，像是老天存心對我開的玩笑。看來誤會已經造成，但人都來了，也算是個緣分，不如將錯就錯。反正自娛娛人，有人想聽口琴，何不獻上一曲？口琴雖小，聚焦的能力不輸給其他的樂器，

雪沙冰的老闆

小調一出，像是推倒骨牌造成的連鎖反應，引來了路人與其他攤販的注意。

曲末，隔壁攤一位穿紅衣的老闆叫我留步，也想聽我吹口琴。

這位賣雪沙冰的老闆說我看起來像是日本人。（也許在他眼裡，每個日本人都會吹奏口琴吧？！）

在達仁鄉的路上，他曾看到我騎單車爬坡的蹤影，原本預計在台東往墾丁的回程上應該會追上我，可惜擦身而過，直至今日才在此碰面。正在談話之際，有一位老師帶著群啓智班的學生要買雪沙冰，這位老闆爲了體諒老師的辛苦，竟然不收錢，免費贈送冰品給這群小朋友。

我雖然身無分文，但是對於在日常生活裡默默行善的行爲深感敬佩，決定爲他不求回報的舉動，獻上一曲。年紀半百的小吃攤老闆娘也不害臊，隨著快節奏的樂聲，在大馬路旁擊掌，跳起獨創的舞步。

老闆說，他的大姐也有一個像他們一樣的小孩，所以他的感觸特別深，在他能力範圍內，他就儘量幫忙。這對夫婦與我投緣，老闆娘看到了我就像是看到她在外地工作的兒子，主動充當起我的乾媽，特別叮嚀我晚上不要在外搭帳篷，可以去他們家投宿。

話說這次環島旅途中，低調的我（如果經常在街頭賣藝還算是低調的話），還眞的很有長輩緣。

回想起屏東萬巒的鄉間小路，我曾遇到一位媽媽，她在一大清早拿著一串沖天炮，忙著要去訓練鴿子，路上不小心瞄了我一眼，我只是微笑以對，過沒多久，她似乎是想起什麼重要的事，又騎著機車回頭，問起我爲何騎著滿載行囊的單車來到此地。

我簡單地回答自己正在環島，並且用客家話小聊幾句。她知道我還沒用過早餐之後，主動邀我到附近的早餐店吃傳統的米苔目。

這位媽媽，從頭到末了，並不曉得我身上沒帶錢，只是思念分隔兩地、在台北唸書的小孩，少了母親的照顧。她單純想著，現在照顧別人的孩子，也許在台北也會有位陌生的母親幫忙關心她那位無法親自照料的小孩吧！

雪沙冰的老闆娘與這位媽媽，不約而同提到與我年紀相仿的孩子、一個在他鄉的遊客。

吃著傳統的米苔目、接受雪沙冰老闆娘招待的那一刻，我的心底總是浮現了一種令人懷念的熟悉感。也許那種熟悉感是因爲平日就像空氣般自然地存在，早已習以爲常，要等到流浪在外的時候才能體會到的存在，那種存在與熟悉，是一種就算是簡簡單單的餐點，卻也能溫暖心窩的感動。

我吃著餐點，開始想家了。

因爲熱騰騰的餐點裡，似乎飄著熟悉又溫暖的味道。

一種媽媽的味道。

親友補給站

我到龍鑾潭自然中心賞鳥，關山單車步道吹風，跟駐守核能電廠的員警閒聊，在踏板上消磨時間。要不，找兩棵結結實實的樹，把阿銓贈送給我的吊床綁妥，在氣溫活像是被火爐烘烤的中午，享受樹蔭下海風輕拂的小睡。

為了一探海生館，披掛上陣用琴音籌措門票的費用，再將剩下的錢買幾張明信片寄給好友。

養兵千日、用在一時的免繳燃料稅車牌突然發揮效用，有位熱心的媽媽看牌子上的一行字，竟然騎著機車從半路把我攔下來，讓我借宿她們家的空房間。環島的日子簡單，卻處處充滿冒險與驚喜，只要有那麼一點點的成果與享受，就足以令人整日歡喜。在陌生人的幫助之下，讓我在絕處逢生的最後一秒化險為夷，平安抵達高雄。我猜想，大家都忘了之前與米安的約定吧。（請參考〈附註 綠島〉）本人雖以健忘聞名，但對於這種眞情相挺的約定，卻能發揮超乎常人的記憶力，在屏東時，我已聯絡上了米安，並排定行程，相約隔幾天之後在澄清湖碰面。擔任體育老師的她，在下課之後騎著自己的單車赴約，還自爆了上個星期得了流行性感冒卻久久不能復原的祕密。

她說，當時醫生特別告誡，生病時儘量遠離公共場所。

米安就問：「學校算不算是公共場所？」

面對這位最近常來看診的患者，醫生也只好笑著回答她：「難怪妳感冒那麼久還不會好。」

米安休完假從綠島回到高雄，就將我的故事告訴了她的男朋友，米安免費招待我晚餐，而她的男朋友聽了之後決定提供住宿的地方。在人生地不熟的高雄，已經有人為我預備了食宿，這世上大概再也找不到那麼幸運的事情囉！

安邦就是米安的男朋友。他在自己的房間內，特別用了軟墊多舖了一個臨時的床，貼心的米安怕我著涼，還從自家多帶了一條棉被。我洗了熱水澡之後，和他們聊著一路上的趣聞。

米安很好奇，「這一路上有沒有吃了什麼苦啊？」

環顧了四周之後，確定身上的四肢健全，還沒有因為環島，而有少了一條腿之類的事情發生。我說：「還好啦，頂多是口琴吹了久一點才被人發現。」這個好像也算不了什麼苦差事。擔任老師的米安似乎有點感嘆：「也許換了一個人遇到了相同的困難，可能會演變成自憐自艾或怨天尤人的場面吧！」

「或許吧。」這一點應該是因人而異吧！

「雖然這個社會有極少數不懷好意的陌生人，但是，不可否認的，大部分的台灣人都很善良與熱情。」要不然，就是好人全都讓我給遇到了。安邦聽到一半，突然想到了一個點子，問我明天能不能到學校，花一堂課的時間把單車環島旅途上的事情說給他的學生聽。

「沒問題。」晚上吃了米安贊助的大餐，安邦又備妥了個可以棲身的溫暖小窩，現在別說是講課，就算上刀山、下油鍋，我也願意，「一切交給我就搞定了！」記得回答起這句話的時候，光用斬釘截鐵絕對不足以形容當時的語氣。

隔天早上，我騎著小黑來到學校，前腳還沒踏進教室，就已經被一群好奇的學生包圍。不知道是太久沒有跟年輕人在一起，還是因爲教育這份工作關係到國家未來百年大計的緣故，昨天答應的很爽快，現在一想起了這點，我就開始覺得胡亂說話是誤人子弟的起源。這個社稷該不會因爲這堂課而動盪不安吧?!

在老師們的期望下，究竟這趟尚未完成的旅程，能給這群學生什麼啓發呢？

走進教室裡，面對台下一雙雙清澈明亮的眼睛，天眞無邪的笑容，每個小朋友都像還沒被污

染過的純淨畫紙。我有點暈眩，神經竟然漸漸凍結，像是上了發條般緊綳，腦子只差沒有出現天旋地轉的幻覺。沒事就愛自尋煩惱的天性，有如雪上加霜，更讓內心陷入交戰，我的身體似乎也感受到了這股壓力，就連手心都不由自主地沁出了一陣冷汗。

談生命教育嘛？嚴格來說，現在的我，單車環島的旅程還只是兜了半圈罷了。事情只做了一半，哪來的什麼資格。人家不是常說「教學相長」嗎？好像很有道理，但對我來說又太沉重了。不如與這群學生來個交流？就把環島的過程當成是在講故事吧！

這樣似乎就簡單多了。

我擱著單車，倒吸了一口氣，挺直腰桿子站在講台上，拿出了地圖，貼在黑板，簡單地用粉筆寫了幾個字，再自我介紹，拿出口琴小奏一曲，當成這堂課的開場白，就像是紅海一分爲二的奇事就此發生。隨著我再也熟悉不過的曲子，這股壓力與莫名的緊張也跟著簧片的振動，像是水庫打開了閘門般與音符一同宣洩，在音樂結束時全都消失的無影無蹤。

我的腦袋就像當機的電腦按了重新啓動的按鍵之後，終於能夠再度正常運作。

圈圈沒有天賦異秉的才華，但是自小就愛看些腦筋急轉彎的笑話，閒來無事就喜歡開開玩笑，看見別人也能感染那股歡樂而沾沾自喜。然而環島的故事三天三夜也說不完，爲了在五十分鐘的課程裡有個主題，我精選了幾個令人難忘的經歷與同學們分享。

故事從開始環島的緣由說起。

常有路人問我爲什麼有這麼多時間可以環島？我告訴他們：「因爲我任職於中ㄧˊㄡ。」每人聽了之後都會露出羨慕到極點的表情說道：「國營事業的福利果然是比較好。」

「沒有啦，我這個『中ㄧˊㄡ』是中華民國無業遊民的『中遊』。」

雖然有點冷，台下倒是有幾位捧場的學生笑了。我順勢搭配著口琴，竭盡所能將札記精華裡的精華，環島旅程重點中的重點，濃縮成幾個老少皆宜的梗，與教室的師生們「唱」談。然而，時間有限，這一路的故事說到了台東，只剩下十幾分鐘就要下課了。

既然時間有限，那就說一些感想吧。

「當初我失業，沒了工作，同時失戀，就連向心儀的女生表白都沒有成功。對我而言，眞的是雙重打擊。但是，換個角度來想，卻讓我少了一個牽掛，也多了很多的時間，我決定利用這段空檔去實踐這個被擱在心底的夢想。」鮮少有人發現像我這麼陽光的少年，在心中的角落也藏著一絲的憂傷。然而，單車環島的過程確實讓我釋懷，也藉由旅行讓自己沉澱，暫時拋下身旁的事務，在人生的十字路口上的交會處，重新思考一個新的方向。

「我在你們這個年紀的時候，也不曉得自己要做什麼，全都是聽從父母的安排。隨著年齡的增長，有一天，你也發現你自己想要做的事，也許每個人的夢想不同，但是當你找到了夢想，要把握機會去實踐，那會產生許多意想不到的驚喜。」

我說到了這裡，然而這群學生似乎都聽到忘了下課的鐘聲已經響起。

另一位曾在綠島相遇的嘉珍老師，回到學校之後把我的故事告訴了她的學生。嘉珍是位國文老師，得知我人已經來到此地，露出了滿臉的笑容：「我的學生可是滿心期待等著你的來臨。」為了答謝大家照顧的厚愛，我臨時多接了兩堂課，米安和家珍老師中午請我吃大餐，就是鐘點費。

在綠島的一個口頭約定，讓我在旅途中找到了充電的地點，就像是即將要返鄉的候鳥，在汪洋大海中找到了可以歇息的島嶼，將疲憊心靈與身軀補充滿滿的能量，即使像是片刻的喘息，也足以蓄積返回終點的一股能量。而且，米安還告訴我另外一個讓人振奮的好消息。「P.S.綠島的網友，打算十二月八日在台北舉行一年一度的網友大會。」

「真的？」我思索了一下：「我也要參加！」我決定將返家的日子訂在十二月七日，隔天北上和大家再見個面。我向米安交代：「不過，這是個祕密，先不要跟大家說。」因為這樣才能給大家一個驚喜。

「哈、哈、哈。」一個在環島時巧遇的人，突然現身會場，光是想到這個情節，我都忍不住雙手插腰，開始仰天大笑了。

在高師大附中與國二智、國一禮、國一智三班師生的相遇之後，我訂下回程的日期，繼續下個行程，參觀新開幕的電影圖書館。一聊天，我就忘了時間。離開電影圖書館的時候，已經將近晚上八點了，我騎車到附近的學校借宿，市區裡的校園為了防止居心不良的人士騷擾或破壞，從大學至國小，全都僱用保全人員二十四小時輪班看守，學校只提供教學的場地，不願讓陌生人過夜。

學校的政策是對的。為了找尋一個棲身之地，我繼續找了附近的小廟和公園，卻發現到處都是人。

我騎著單車往西子灣走，想靜一靜，坐在海邊欣賞夜景，望著燈塔失神發楞。「難道這裡眞的沒有我容身的地方嗎？」

「不會的，我願意再試試別的方法。」我告訴自己天無絕人之路，附近不遠處，有一個加油站正準備打烊，我騎著小黑，前去探聽消息。我將單車騎進了加油站，一臉正經八百地對工讀生說：「我要加油！」

工讀生以為小黑是加裝引擎的鐵馬，手裡握著油槍望著大包小包的單車，卻找不到加油孔。

「先生，你要加什麼油？」

「我要加沙拉油！」我順勢拿著一瓶隱形的空罐往嘴裡倒，「我這台車平常就是利用這個燃料與雙腿產生動力，而且還不會產生空氣污染。」（自從環島以後，我就開始考慮往後的日子，應朝向電視購物頻道的主持界發展。）

「你在單車環島喔？」是的，果然冰雪聰明，「啊，就牌子上寫的。」

幾位員工走近這裡想一瞧究竟，同學們好奇問：「你出門多久了？」

我掐指一算：「今天是第六十四天。」

「六～十～四～天～」他們好像是聽到了距離地球好幾光年的天文數字，急著想要了解其中的過程，一時之間，眾人的氣氛竟然熱絡起來了。（其實這沒有什麼了不起，主要是因爲這位單車騎士太會牽托了。）

「不好意思，請問哪裡有地方可以搭帳篷過夜？」現在才說到了重點。一位熱心的工讀生，請示他們的站長能否讓我借宿一角，遭到站長婉拒。「加油站附近是飆車族聚集的地方，晚上住這，會有安全的顧慮。」

就讀於高雄海洋技術學院的卓明峰同學，在這裡打工，對於單車環島的天數深感佩服，他得知後主動說，如果找不到地方過夜，可以到他們的學校，只要搭度輪到旗津就行了。

我覺得會造成卓同學的不便，向他致謝之後，有點不捨的離開了加油站，打算向附近的派出所求援。剛執勤完畢的警察伯伯，答應讓我在車庫旁的草皮上搭帳篷，並提醒我，已經有兩位警員因感染登革熱而住院，住在戶外的時候要注意防蚊工作。正當我卸下裝備開始就地搭起帳篷，另外一位路過的便衣警察說：「如果被他們的主管看到的話，會造成他們的困擾。」個性向來隨緣，也不喜歡製造別人困擾的我，偶爾也是卸下防彈背心，讓臉皮薄得有如能夠透光的白紙那般孱弱。「喔。不好意思，那我就再找另一個地方吧。」

熱血宿舍大樓

置在地上的家當，又再度回到單車上。

前幾分鐘，米安撥了手機來關心，我以爲找到了今晚的棲所，特別請她不要爲我擔心。才結束了通話沒幾分鐘，我卻站在了派出所的大門外。世事的變化，快得讓人措手不及，我還沒開始傷心，看見了不遠處有一位騎著機車的年輕人朝著我揮手。

是誰呢？高雄也沒有我當兵的同梯，現在又分不清東南西北，誰會在晚上十點半對著無助的我招手？

半工半讀的卓明峰同學因爲加油站的結帳而耽擱下班時間，在回宿舍的路上看見了我站在派出所的門外，他說這裡的治安不好，勸我打消露宿街頭的想法，和他一起到他們學校的宿舍過夜！「放心吧，我的室友是副舍長。」不知是否受到藏在我腦袋裡食古不化的觀念影響，總覺得自己年長幾歲，理應照顧後生晚輩，而現在這種情形好像有點角色互換。然而面對再次的誠心邀約，再回顧自己之前的固執，我忍不住在心裡長嘆了一口氣。

既然人家不嫌棄，又何苦拘泥傳統的想法，自顧自地往牛角尖鑽，不妨接受他的好意。「好吧，謝謝你。」

在夜黑風高的晚上，我們乘著度輪來到了旗津的校區。

大學的生活可以說是人生中最精華的黃金時段，尤其是二十出頭的少年，身體正處於巔峰的狀態，越熬夜精神竟越好，對於一位單車環島騎士的造訪，喚起了他們的好奇心，忘卻了爆肝的危機。

這麼一聊，就連我也突然年輕了好幾歲。

怪獸就是明峰的室友，目前擔任副舍長的職務，名字聽起來像是擁有移山倒海怪力的野獸，本人卻是位談吐大方、舉止之間散發出領導者氣質的學生。他曾經花了一天的時間，單槍匹馬，沿著台灣西岸從台北騎著機車到墾丁。加上另一次東海岸的騎乘經驗，讓他深刻體驗到蘇花公路與砂石車爭道的恐怖，說起了那次的過程，簡直就是搏命演出。

他用機車轉換成單車的方式推論，單車的困難度恐怕要加上好幾倍。

其實單車環島也沒那麼神。有時只是大家的想像力太豐富，單車環島不就是在踏板上反覆踩踏，一站接著一站的過程嘛！我跟這群大四的學生們天南地北閒聊，嗑著麵包與奶茶直到凌晨一點才就寢。經過了一夜的休息，養足了精神，於隔天早晨繼續往北前進。臨走前幾位同學怕我斷糧，送了幾包玉米濃湯與餅乾口糧應急，怪獸與他氣質出眾秀外慧中的女友，加上卓明峰同學為我送行，我們在學校裡合影留念之後，才互相道別。

偷偷地穿越過港隧道之後，我在高雄市區的人行道上找到了一處有遮蔭的椅子稍憩，竟然看到了一位衣衫襤褸的阿伯正在垃圾筒裡找尋東西。他翻出了一個別人丟棄的免洗杯，似乎正在為午餐煩惱，忘了身旁有人存在。

靠著一介臉皮功夫，幸運的我在這趟不帶錢之旅尚未遇到三餐無以為繼的窘境，大家適時的援助總能讓人逢凶化吉，不至飢寒交迫。嚴格來說，如果沒有陌生人的善意與幫助，恐將寸步難行。我看著身邊全都是別人贊助的乾糧，仰頭十五度角望著天空一想，身無分文的環島應該算一種「窮」開心之旅！這一路都接受別人幫助也過意不去。既然相逢自是有緣，我借花獻佛，隨即將手上的乾糧，轉送給這位阿伯。

我想，有時候人們要得不多，只是需要一個適時的關心吧！

離開高雄市，我在美濃鎮待了三天，落腳台南。

此事說來話長，且待圈圈細說從頭。我們家有六個小孩子，本人排行老三，么弟的女朋友正在台南就讀中華醫事學院，他們兩人從高職開始就已經是男女朋友。小薇每次見到我都會很有禮貌地點頭問候一聲：「三哥。」左一句三哥、右一句三哥，剛開始我都覺得不太習慣，因爲我腦袋聽到了這聲請安，經常不自主傳來一陣陣高吭又充滿生命力的前奏，「那魯灣多。」然後就想抓住身旁的人圍個圈圈，高歌一曲，「高山青，澗水藍。」

老要我唱〈山歌〉也不太好吧！

小薇是位細心的七年級女生，個子嬌小，抗壓性卻很高，課餘的時間她就打工賺取生活費用分擔家計，也擁有一手讓人讚不絕口的廚藝，只要是她炒的菜，一定是被我們家人吃到盤底朝天。這麼多優點說也說不完，重點是人緣佳，個性隨和又好相處。老六特別交待我，到了台

南別忘了聯絡小薇。正巧小薇在打工，她特地請託另一位外號粗皮的同學，到仁德交流道接我。

粗皮的名號其來有自，當《親戚別計較》以鄉土在地的題材做爲演出的主軸，成爲長紅的電視劇之後，這位外貌神似劇中粗皮雄的同學就被冠上此號。熱心服務的粗皮同學，到了交流道附近，我再尾隨著他的摩托車，順利找到小薇。精打細算的小薇找了三位同學合租一層樓，到台南的這幾天我就暫住在她的租屋處。

現在正在環島的我，三句不離此行，話題當然免不了旅途上的新鮮事。

「美濃鎭是個傳統的客家庄，也是個很有人情味的地方。第一天晚上我借住在福安國小的穿堂，隔天早上六點多，起床忙著收拾物品準備離開的時候，抬頭一望，竟然有一位身穿黑色衣服的年輕老師出現在我的面前。」

「男的還是女的？」

芳名隨風飛

「當然是女老師。」

「ㄏㄡˊ，豔遇。」

「拜託，一大清早的哪來什麼豔遇。這位老師目前是一年級的老師，只是對單車環島充滿好奇，認爲單車騎士擁有一種對生命的熱忱。」事實上，是因爲她對我認識不深，本人應屬於對搞笑有熱忱的單車騎士吧！

待在學校一晚之後，我覺得開放式的校區見不著圍牆的阻礙，放眼望去四周全種滿了花草，能在一所美麗的校園教書是福氣。她說平時難得這麼早到學校，今天竟然遇到了一位騎單車環島的年輕人：「嗯，早起的鳥兒有蟲吃。」她堅持請我吃早餐，專程到路口一間學生家長開的早餐店買了一杯溫豆漿與「木瓜粿」。

她解釋這是用木瓜和麵粉煎成的餅，自行研發的點心我一定沒有吃過。

這像是天上掉下來的早點，爲了表示謝意，我拿出了口琴回贈一曲。

這位老師說她上課無聊的時候叫小朋友唱的歌曲就是〈月亮代表我的心〉。

「還滿有緣的。那你有跟她要電話嗎？」

「沒有。其實我連她的名字都不曉得，過沒多久就是上課時間，學生拿著清潔用具準備打掃，她就回教室看學生了。」

「好可惜喔，這場早餐的邂逅就這樣結束了。」

「是的。」在清晨有一位美美的老師請你吃早餐，回想起來也滿好的。

我吃完早點正準備離開，前腳還沒有踏出校門，一群外出打掃的小朋友發現了一台大包小包的單車出現在校園裡，馬上呼朋引伴將我團團圍住，身高還不到我胸口的小孩子，拉著我的手，對於這位牽著鐵馬的陌生人，沒有絲毫的防備，一心邀我參觀他們的教室。

直到這一刻，我才了解爲什麼每次借住學校的時候，老師都希望我儘量在小朋友上課之前離開學校的原因了。（看來我終究不適合當情聖，還是改行當有小朋友緣的孩子王好了！）在閒聊之中，我訴說著這處位在台灣南部傳統的客家庄，小薇聽得目不轉睛，覺得三哥在她的心裡是個偉大的人物。

「沒有啦！」我發現環島之後，沒有其他的長進，耍嘴皮子的功夫倒是精進不少。（看來做人還是要謙虛一點的好。）說著、說著，我想到了美濃還眞的有許多深藏不露的阿伯。

「美濃有一位阿伯光是用鋸片、針筒、報紙與各種自創的樂器就可以演奏各種的歌曲，跟他比，我只能算是個小角色啦！」而且在美濃最讓人回味的地方除了好山好水之外，更讓人津津樂道的就是濃濃的人情味，甚至我環島之後都還有人打電話來關心我的安危。

話說有一回，人在客家庄的我，想參觀位在客家庄的客家文物館，就拿了筆在紙板上寫著「歡迎贊助門票」，站在大門外吹口琴。放眼望去就只剩我和另一位戴著斗笠在草皮上澆水的阿伯，這位看起來就像是鄰家老人的平凡阿伯，掩不住好奇心，他大概是在想，這個突然冒出來的小夥子，不知葫蘆裡會賣出甚麼藥來，一手拿著水管，一雙眼不時轉向著我，看似若無其事，卻似欲言又止。

而我則專心吹奏著那支與我相依爲命的小口琴。

此刻，一台黑色的轎車就停在入口的對面，有位身穿筆挺西裝的年輕人，緩緩下了車。看了牌子上寫的字，忍不住笑著開口對我說：「走吧！我請你進去！」那天早上的十點零二分，口琴聲，讓我賺到了免費參觀高雄縣美濃客家文物館的機會。

陳憲政是人壽保險公司的主任，我們雖然初次見面，但兩人如同舊識，竟大剌剌地在門口聊天。身旁澆水的阿伯側耳一聽，得知我從中壢，騎著單車到了美濃，二話不說，當下決定邀請我吃中飯。

現在門票有了，就連免費的午餐也從天而降。

年紀與我相仿的憲政是位道地的客家人，他幫我出了門票錢，還主動充當導遊，帶著我進入館內參觀。他走在館內像是走在自家廚房，開口向我解說，美濃因爲兩面靠山、兩面臨水，造就了得天獨厚的地理環境，這裡的居民，百分之九十都是客家人，也是台灣最後一個客家原鄉，更保存了台灣現今最完整的客家文化。在這裡，反而是外來的移民會被他們同化，也跟著在地人講起客家話。美濃是憲政土生土長的原鄉，而文物館就像是他的時光寶盒，只要走到了一張老照片的前面，他就可以揮舞著雙手，講著童年抓蝦的往事，指著小時候戲水的某條小河，說那裡是最古早的天然游泳池。看著掛在玻璃櫃裡的傳統服飾，訴說著過往的總總，回想起他的阿嬤，也曾穿過櫃子裡的客家藍衫。

這裡，還有一個特色，就是生產著聞名全省的菸葉，也是農村裡主要的產物之一，也因此，當地仍保存著許多古老的菸樓建築。

當初在規劃環島行程，早就想來美濃一遊。無非是想來看看碩果僅存的客家村，因爲我的母親是客家人，自然也想多了解客家的傳統文化。聽著憲政一段接著一段的自然生動的解說，言談之中帶著一分對自己的土地無法割捨的情感，也讓我藉此對美濃有了更進一步的瞭解。我們逛了一圈，在樓下稍稍休息，憲政說起了當初從事保險業務的心路歷程。「我的心情和你相似，不知道出發之後會發生什麼事，但是自從我下定決心之後，開始努力克服所有的困難，就在業界交出了一張漂亮的成績單。」他說完自己的工作，跟我聊起環島，也開始稱讚我，並補充說，單槍匹馬的旅行，需要很大的勇氣。

「哪裡、哪裡，是你過獎了！」雖然初次見面，他卻對我的環島之行讚譽有加，讓我擔當不起。而且，我覺得做人還是要謙虛來得好。

剛才在草地上澆水的阿伯，名叫陳冠霖，聽到我們在樓下聊得很開心，也來加入我們的對談。話才說了一半，突然跟我們說，大約七、八年前，他曾理著光頭，一人徒步走到台東的池上鄉。

赤足走山野的阿伯

我緊接著問：「那時候你是不是還打著赤腳？」

阿伯不疾不徐地回答：「當時打赤腳走路，走到滿腳都起了水泡！」但是他的表情卻若無其事，就像不曾發生這件事一樣。

天啊，旅途中曾聽到的故事，現在主角竟然還坐在椅子上跟我們說話。

他說，當時他接受神明的考驗，預計花上七七四十九天的時間，走到宜蘭的羅東鎮，他穿著一件黑夾克，身上只帶了一百五十元出門，走的路線大多是山上的小徑，途中他都無法開口說話，冥冥之中好像有一股力量在引導和保護他。

他越說越起勁，還舉了一個例子。有一次，天空降下了傾盆大雨，只有他睡覺的甘蔗田那一塊空地保持乾燥和溫暖。在這過程之中，偶爾有神明藉著託夢指示附近的廟公招待他的飲食。平時渴了他就喝溪水，餓了就摘一片樹葉含在口中止飢。

但是，他出門之前沒有跟家人說明這一切的來龍去脈，只留下給小孩子的壓歲錢就離家出走。家人遍尋不著他的蹤影，於是動用所有的關係，請求派出所的員警、電台的親友與當地的議員幫忙協尋他的下落。然而，他走的路線都是荒郊野嶺，根本沒有人發現他的存在。

那他是如何被家人找到的呢？

我們還沒來得及問，阿伯就自己說出口了。

出發之後的第十二天，在池上鄉的山上，他被當地的員警誤認為是大陸的偷渡客而被請到派

出所。他不能開口說話，只能用寫的來說明事情的原委。被拘留在派出所兩天之後，他的身上被搜出一張親戚的名片，最後，因著這條線索而宣告破功。

家人聞訊，連同議員、記者即刻飛奔來到台東，才結束了這次的冒險之旅。

聽完阿伯的故事，我們兩人當場傻眼，就連在館內一起工作的同事都不曾聽阿伯說過這個故事。由此，我們發現了一件令人驚訝的事情也有可能來自身旁的一個小故事。果眞是人不可貌相，海水不可斗量。憲政原本打算接著邀請我一起去參加朋友的結婚喜宴，但是因我不吃肉，才打消這個念頭，向我道別之後，趕忙赴約。（當我環島結束返家，憲政他還特別從美濃寄了一張免付費就能參觀文物館的貴賓卡給我。）

至於午餐，我則接受了陳伯伯的招待。他說學音樂的人，心靈比較純眞，不易變壞，還叫我不要急著趕到台南。尤其是出門在外一切都不方便，他家的空房間很多，不如到他家暫住一晚。

事情就是如此奇妙，日用的飲食都有了著落，連住的地方也都不用憂愁，於是我騎著小黑從美濃轉到了內門鄉，告別了這個純樸的客家庄。洗完熱水澡之後，我拿出口琴，想略盡棉薄之力，吹首曲子給阿伯的家人聽，但樂器才拿出來，他們卻回說這裡的人習慣「安靜」的生活，只好因此作罷。這次因爲遇見了這位曾經頭頂青天赤足走過山野的阿伯照料，又讓我在旅程之中平安度過了一天。

套句老話——還眞的是太神了。

德國有句諺語：「結束旅遊的人，都有故事要說。」但是，我的旅遊還沒有結束，就有一堆的故事要說，照這個進度來推算，要將每個小故事都說完，恐怕得再多寫幾本札記。

尤其是我的東拼西湊的那幾個老招式，能讓我支撐到台南也算是神蹟了。

既然費了千辛萬苦歷經了一路的驚險，人也來到這南台灣歷史最悠久的文化與美食古都，總不能都是聽我在說著往事吧，有些在路上發生的糗事，就暫時擱著，留給大家一點想像的空間啦。

不如來說說在台南的這幾天舒適的日子是怎麼過的。

小薇在台南讀大學，只要是學校的假日，就約著六弟去大街小巷閒逛，雖然她不是本地人，卻因此對台南的著名景點和小吃如數家珍，託她的福，讓經常在旅途中為三餐煩惱的我能放下心裡的重擔，在克難的旅程裡享受一段無憂無慮的快樂時光。為了迎接我的到訪，小薇特別向學校請了幾天的假，個子嬌小的她也想體驗單車旅行，不知從哪裡借了一部腳踏車，並穿好了一身休閒的裝扮。我們就捨棄機車改採兩條腿為動力的鐵馬往安平港去。港口旁的海鮮不但新鮮而且料多味美，而且聽說這裡的「蝦卷」很有名。只是話一說完，小薇就想起三哥吃素的這個習慣。

其實也還好，我只是不吃肉，青菜炒肉絲，我就吃肉絲旁的青菜，吃蚵仔煎就不加蚵仔，魯肉飯不加魯肉，至於蔥油餅還是要加個蔥比較好吃啦。經年累月下來，幾位朋友和我相處久了也知道我的習慣，就算我參加沒有素桌的喜宴，也會留著冷盤上諸如切片好的大黃瓜、彩色的高麗

菜、放在生魚片下面的蘿蔔絲……等等的生菜讓我享用。

而這幾道生菜之外，讓我印象最深刻的就是友人挾到我面前的——蘭花。

所以在這群親友無時無刻的關切之下，我也過了將近十年茹素的日子。既然與蝦卷無緣，我們就改吃安平豆花吧。

我們騎著單車逛許多團體高聲歌唱聚餐嬉戲的秋茂園，駐足在一望無際的海邊發呆，揮霍我那所剩不多的青春，再騎著鐵馬過四草大橋，到安平外商貿易紀念館（原德商東興洋行）歇腳，下午的行程則是安平古堡自由行。

事過多年，當我再回憶起這段往事，若沒有參考當初所寫的札記，無法回想起許多細節，但是專注於回溯當初種種的情境，又會因此陷於自己的束縛與捆綁之中，總覺得寫不流暢。

於是我乾脆把那一堆能參考的札記放在一旁，讓有如江水般流動在我內心的往事沉澱，我要在腦海裡尋找那讓印象深刻的記憶。那時的我，在安平古堡裡的一棵大榕樹下吹著口琴，這次，不是爲了我的旅行或是生活而演奏。我常覺得自家人反而難表達感謝，尤其是對自己的晚輩。

但是我決定放下這些想法，只是單純的爲了小薇而演奏。

有些路人在我演奏完之後給了熱情的掌聲。而小薇忘了自己才是主角，也在一旁跟著鼓掌。

「三哥，你眞的很有勇氣！」

「那是當然的，不然這怎麼能騎到台南來呢？」然而想要再度小小驕傲的我，話還沒有講到舌尖就被收回到我的肚子裡。尤其是越上了年紀之後，越覺得溫良謙讓才是長久之道。我擺著手搖搖頭說：「其實也沒什麼，習慣就好。」

我收起口琴，看熱鬧的人們也跟著離去。

回想至此，已是五年前的往事。

我記得自己十七、八歲時，就經常在腦袋裡想著，人存在這世上的意義是什麼？活著是爲了什麼？我來到這世上又是爲了什麼？何時能找到答案，而找到答案時，我是否就失去了存在的意義？

一晃眼，十幾個年頭都過了，深似大海的答案還沒有譜，這種愛胡思亂想的習慣依舊存在。我用黃色的小方巾擦拭著相依爲命的口琴，擱在一旁，讓南台灣的太陽曬曬它，來個免費的消毒。（每次要寫這些事情的時候，都會不自覺懷念起那一段不用上班上課的快樂時光，也難怪越寫就越花時間，光是懷念往事加上胡思亂想就占了大半的時間。而且小弟的記憶力不佳，神經又大條，剩下的另一半時間，又花在了回想上面。唯一的好處，就是磨久了，多了點耐心。）

沒有琴聲，看熱鬧的觀眾也蒸氣般消失在走道旁，我想，在接受掌聲之後，告別了舞台，才是最自在和坦然的時刻。

我突然想到了一件事，如果你要問，一個人的旅行，最快樂的事情是什麼？

至少我不會回答：「就是我滿身大汗在騎單車的時候。」

那是一個過程，我爲單車取了個名字，它跟我有著革命情感，但小黑依然是部單車，十年、二十年，再久一點五十年吧，隨著歲月的逝去，總有毀壞的一天。但是你能夠把騎單車看成是一個過程，在這個過程之中，好好去享受，即使流點汗，也不會覺得苦，能夠覺得不辛苦的時候，自然每天都是悠遊自在的好日子。

所以直到了車子不能使用的那一天，留下來的，就是和它一起革命的情感和回憶。

呃，還沒講到最快樂的事喔？

要稍等一下，不能趁我在舖陳的時候打亂了我的思緒，要不然講回到正題的時候又要花上好幾年的時間。

一個人旅行，可以自己安排時間，自己排行程，天氣好，心情好，多留個幾天也沒有人管你，喜歡孤僻的人，就走些遊客少的景點，不用怕人打擾，不用擔心誰會阻礙你。

一個人的時候，也不怕吹口琴去吵到人。（雖然我經常去做吵人的工作。）

可是很有趣，讓我覺得最快樂的事，卻不是一個人的時候。

最快樂的時候，反而是和親友一起度過的時光，是能夠有人可以與你一起分享的時候。最快樂的時候，就是你騎著單車來到了一個地方，哪怕是身無分文，卻有人不計代價，肯爲你放下自己的工作，捨棄了學習的機會，只是爲了挪出寶貴的時間陪著你，在樹蔭下聽著你說旅途上的一切，聊著無關緊要的小事時，他也將這些當成是人生中的大事。

光是騰出時間陪你的情誼，讓億載金城的護城河和老城牆，也成了引人入勝的景點，臨海的秋茂園也成了鳥語花香的世外桃源。

等到我下次再回到台南時，也許記不得老街怎麼走，孔廟又在哪個方向，但我的腦海卻仍舊會保留許多令人懷念的畫面，因爲在我不曉得東南西北的時候，還有人願意陪著我走訪台南的名勝古蹟。哪怕是經過多年的沉澱之後，我能回想起的事情，只剩下在老街裡看著阿伯在路旁賣弄著製造椪糖的絕活。然而不久，卻能因著小薇，再聯想起她曾在一旁爲我解釋著其中的奧秘，邊走邊指著古老的招牌，說著哪一家店做的蜜餞總是讓人吮指回味的往事。

往後，回到工作崗位上忙得焦頭爛額的那刻，或是爲了作業傷透了腦筋的時候，我還是能夠慶幸自己在心裡留了一片園地，可以讓我紓解壓力，排除擾人的雜事，享有單純的記憶，讓人回想。因著這緣故，在多年之後還有個動力，想找一處安靜的地方，托著臉頰，抓著鬍渣，單純地回想往事。

我想這就足夠了。

小薇留給我的東西已經夠多了，也該是我離開台南的時候。待了幾天，小薇就請了幾天的假，做爲一個學生，應該以學業爲重，再多待幾天，恐怕她的進度會落後許多，搞不好還要因此多讀了一個學年。

那可不好。

我告別了小薇，接著到七股溼地遠觀黑面琵鷺，再直奔四弟位於嘉義的租屋處。這回竟然沒有流浪的念頭盤旋在我的腦袋瓜子裡，大概是過慣了不用憂愁三餐的日子，忘不了有人為我準備了熱騰騰飯菜的溫馨。我帶著一股勁，甩開平時慢郎中的習慣，一次加足了馬力，（應該是人力），從台南一路騎到晚上九點，平安抵達了嘉義。

那時有一股力量傳遞了我的全身，讓我卯足了全力想要在一天內抵達嘉義。

而那股力量源自一個念頭，那是一種要流浪許久才會出現的一種感覺。在習慣了睡在帳篷裡的日子，在總是不知下一個落腳處時，才會出現的症狀。這種症狀會讓你打破平日慢半拍的步調，忘了留心欣賞周遭的美景，在黑夜之中顧不得全身的疲累，而只是想加緊腳步往著心中的目標前進。

簡單地說，如果在旅途之中的二十四小時之內，連續出現了上述的核心症狀，就是感染了一種叫做「流浪不耐症候群」的病毒。這種病毒會突然讓人想念起有個固定居所的所有好處，進而刺激肌肉，令全身上下充滿源源不絕的能量，就像是滿了腎上腺素一般，你會摒除了擾人的雜念，順便連一些浪漫天眞的夢幻也會隨之消失。根據《不帶錢單車環島》的記載，流浪不耐症候群的病毒，目前沒有醫學上立即見效的特效藥物可以治療，只能仰賴支持療法，提供患者充沛的營養來增強抵抗力。

雖無特效藥，但是經過假以一段時日的調養之後即可恢復正常，時間的長短則因人而異，通常不會留下任何的後遺症，頂多是留下一些肌肉痠痛與想忘也忘不了的回憶。

多年的臨床實驗更明確的指出，這些症狀出現時，如果身旁能夠有親友的支持，則能加速恢復的速度。

我覺得當時約有九成八九的機率，感染了這種「流浪不耐症候群」的病毒。使得我的腦袋只能呈現直線的思考，只記得如何配合著呼吸踩著單車上的踏板，一心一意想要從台南騎到嘉義，找我的四弟。我的四弟，名叫阿傑，算是我們幾個兄弟裡面最愛讀書的一位，沒到外面補習，靠著自修考上了國立的大學，目前在學校的附近租了一間雅房。

當我抵達了嘉義的時候，天色已黑，感覺所有的體力都已耗盡。阿傑騎著機車到嘉義市等我，我看著四弟，再看著里程表上顯示著一三五．〇七公里。我發現自己從台南繞到七股看黑面琵鷺，再騎到鹽山逛了一圈，沿著台十七線到南鯤鯓，再往北迴歸線公園騎到嘉義，足足多繞了一半的里程。

他擔心我累過了頭，原本還想在機車上綁著一條繩子，把我連單車和人都拖回家。但是礙於顏面，我仍舊選擇放慢騎乘的速度，咬著牙根騎到了圈圈弟的住處。我想到了古人說的一句話：「行百里者半於九十。」越接近目的地的時候果真是越感艱辛。從九月十七日出門至今十一月二十七日，已經歷經兩個多月的日子，就連天氣也開始轉涼，很湊巧的，當我到了嘉義沒多久，天空就飄起毛毛細雨，加上騎了這麼久的路途，我決定趁著這個機會好好休息一天。

身體需要休息來消除疲勞，照理說，繞了台灣三分之二圈，肚子也該補充一下養分才對。嘉義跟台南的飲食都很平價，甚至應該是以物超所值來形容。為此，四弟隔天特別帶我去一間六十元吃到飽素食自助餐吃個痛快。（而且老闆說自備餐具還可以折扣十元。）

小黑經過了長時間的騎乘與負重，超過了我當初預算的時間，連輪圈的不銹鋼絲都因為操勞過度而斷了幾根，為了能順利回家，四弟幫我找了單車店，花了幾個小時換了全新的不銹鋼絲和剎車皮，從頭到尾將小黑調整到最佳的狀態。

四弟出錢又出力，哥哥不帶錢遊嘉義，所有開銷都是四弟買單，不但身心獲得充分的休養，小黑也煥然一新，人車調整合成為一的境界，我想，再環島一圈也是沒有問題。

現在車子和人都好像是重新充滿了源源不絕的能量，讓我忍不住在破曉時分騎著單車往阿里山，雖然行前卸下了大部分的裝備，但是在山路來回一趟總共騎了一百五十二公里，花了十多個小時，才在天全都黑了的時候返回宿舍。

這是我在環島時騎乘路程最長的經驗，也是最累的一次經驗，而且花在騎車的時間增多，觀察事物的時間相對就減少。我覺得往後的路程應該規劃在每日一百公里以下，慢慢騎乘是最適合我的體力和旅遊方式。

從高雄、台南一路到嘉義的南台灣之旅，幸虧有親友團的相助，讓我可以適時維修單車，最後這段返家的路途因此降低了故障的機率，也讓我多了一份心安。陌生人的關懷，加上親友們的援助，更加添了完成單車環島的信心。

我側著頭，算一算時間，這一趟出門騎了兩個多月，天氣也從微涼的秋天轉變成漸冷的冬季。所有的經歷和留在心中的回憶，大概這一輩子想要忘也忘不掉。

嗯，看一看，也該是時候回家了。

我開始想家了。

我現在覺得有家人的地方，就是我的家，我想念我的家人，也想起在綠島遇到的那一群網友。他們預定十二月八日在台北舉行網友的聚會，我決定要履行這個祕約，將返鄉的日子訂在這一天之前。

走吧，要回家啦！

終點原來是起點

我在早晨離開了嘉義市，到中正大學的校區裡面歇腳，一位迎面而來的車友看到了我的單車，像是遇到了自己的舊識，很熱情地與我聊天。

他叫Harry Lee，笑聲很爽朗。讓我留下最深刻印象的一件事情，就是他在六年前，於七股曾遇到一位老外，他心想，自己的英文程度不錯，就擔負起了宣揚台灣的責任，一個人做起了國民外交，爲這位老先生解說黑面琵鷺的習性。有緣千里來相逢，兩位愛鳥的人士談起了黑面琵鷺而跨越了語言的障礙，討論起了黑面琵鷺的覓食過程。哈利自信滿滿地說：「黑面琵鷺看準了目標之後，就用牠的嘴啄水裡的食物。」加上比手劃腳的行動劇，一位愛鳥的人士，必能發揮所長，將這些細節解釋得一清二楚。

這位人高馬大，體重約一百公斤的老外，才聽了他的解說，忽然，變了臉色，卷起了袖子，一副要跟他打架的模樣。

沒想到老外翻臉比翻書還快。在這天寒地凍的天氣裡，哈利在心裡忍不住打了個哆嗦，心想，該不會國民外交變成了國民戰爭。放眼望去，四下無人，無法立即找到其他的救援，眼看兵

中正大學校區

臨城下，但是，爲了我們國家的尊嚴，就算自己的身材差了大半，也要放手一搏，他，不禁暗自在心底盤算這小蝦米對抗大鯨魚的結局，悄悄地握緊了拳頭。

（遇到了這情形果眞逃也不是，不逃也不是。）

這位老外卷完袖子之後，並未飽以哈利過鹹水的老拳，而是以手掌代表黑面琵鷺的嘴，再將手放在水裡模擬覓食的情形。（黑面琵鷺的英文俗名爲：Black-faced Spoonbill，形容地最貼切的就是其中如同飯匙的鳥嘴。）他說：「黑面琵鷺的覓食有三個步驟，分別爲『Search——Touch——Eating』。」黑面琵鷺通常採用成群結隊的方式覓食，牠們會將嘴放在溼地上的淺水灘裡面左右搜尋（Search）魚、蝦，等到水中的生物被這種掃動的方式觸碰（Touch）的時候，再將食物吃進嘴裡（Eating）。

爲了解釋其中的差異，這位老外竟然不畏天氣的寒冷，卷起了袖子，用行動解釋其中的奧秘。

賞鳥多年的哈利看了老外的示範與解說之後，突然恍然大悟的感覺。他念頭一轉，放鬆了雙拳，定下心來思考，剛才苗頭不對，現在急轉直下，才發現這個老外怎麼比他還清楚黑面琵鷺的習性。

一問之下，果然跌破眾人的眼鏡，這位老外竟然是一位專門研究黑面琵鷺長達四十年的博士。「啊！」哈利問完了之後忍不住仰天放聲長嘯，「你爲什麼不早說呢，你、你、你欺騙了我的感情……」

他告訴我，當時才眞正對「班門弄斧」這句成語有了一番深刻的領悟。

好巧不巧，這位專門研究黑面琵鷺長達四十年的老外名叫Dr. Potter。

我聽了之後也忍不住虧他一下。你叫哈利，他叫波特，這眞的是哈利波特：黑面琵鷺的糗事。（眞的有這麼冷嗎？大家給個面子笑一下啦！）

「哈！這眞的是一件很有趣的事，我一定要把這些事情寫在我的單車札記裡面。」

（自己舖的梗，只好自己負責啦。）

個性開朗的哈利把自己的糗事當成了教材，讓我留下了深刻的印象，他也因此跟波特博士成了好朋友。他繼續說著七股的環保故事。形成一個溼地，大約要花上十萬年的時間，如果改建成工業區卻不需要幾年的功夫，相較之下，人類只需要一瞬間就能摧毀多年累積的自然景觀。

哈利是這麼告訴我的：「今日鳥類，明日人類。」

很多人常會說自己都吃不飽了，還要顧到那些鳥喔。可是大家別忘了，當環境被不斷破壞到鳥類都無法存活的地步，接下來要面對這些後果的不是別人，就是人類。今天的鳥類，就是明日的人類。雖然是很簡單的一句話環保名言，但是卻包含了許多深遠的含意。在生態環環相扣的地球，關心周遭的物種，其實也是關心我們自己的未來。

今日鳥類 明日人類

這些論點都是源自一個觀念的問題，更簡單地說，面對人類的未來，只在一念之差罷了。台灣雖然沒有豐富的礦產資源，卻有許多世上獨一無二的自然景觀，與其破壞這些好幾萬年才能形成的美地，來滿足我們的經濟，不如利用我們自身的優點，善加保存與規劃，必能創造環境與人雙贏的局面。

就像是環保人士付出的努力，七股溼地成了黑面琵鷺保護區，讓黑面琵鷺的數量年年增加，也改善國外的友人對台灣負面的環保印象。

（嗯，講完之後，都不自覺加上幾句：凍蒜、凍蒜。）

有時自己都覺得很多奇妙的事情都發生在我的身上，跟車友聊個天也能受益良多，真的是不知道該怎麼形容才好。但是我所訂下的日期一天一天變少，如今方有快馬加鞭才是上策，我告別了哈利，繼續北上。

離開嘉義之前，四弟為我準備了許多的餅乾泡麵糧食，口琴演奏也可讓我換得溫飽，讓我不用為了三餐擔憂。但是在心裡訂下的期限，似乎像是加在麵糰裡的酵母，產生了一種發酵的作用，開始在我內心產生一股膨脹的意志，擠壓我正常的思路，催促著我前行。里程數的增加，取代了旅行的意義，身體成了引擎的代名詞，呼與吸、雙腳之間的踩踏，簡化成了一種縮短距離的動能。我借宿雲林斗六的國小，在南投水里的國中過夜，一步一步，朝著我的目標前行。

如果初次來到我的新聞台的網友，照著上面的進度來判斷，一定覺得我是個騎單車的機器，這似乎有違了本人慢半拍的步調，看來還是到日月潭，找一個幽靜的地方調整一下心情，比較適合我這一路走來的風格。

話才說完，我就在好山好水的日月潭，遇到了許多的車友，有些年輕氣盛的車友充滿了爆發力，騎著單車像是旋風般從小黑旁經過，那種加足馬力的情形，有點像是砂石車從旁呼嘯而過，連人帶車都禁不住那股力量而傾斜。

要不是本人經過了多日環島的歷練，可能也會因承受不了這樣的氣勢，而剩下倒在路旁喘息的餘地。在眾多的車友裡面，其中一位穿著緊身車褲搭配白色T恤的車友，看到了我的單車，主動放慢速度，打招呼並與我同行。

這位弟兄年紀與我相仿，名叫奶瓶。

在還沒開口之前，我就已經感覺他的眉宇之間充滿了一股浩然的正氣，當他放慢車速的時候，依舊能感受到那股藏在內心之中，深不可測的力量。尤其是，騎著自己愛駒的姿態，有如燕子在空中飛舞般輕盈，踏板之間的律動，讓你覺得他是在散步那般輕鬆，好像車子已經是他自己軀體那般地自在。這位好心的年輕人，平時利用工作之餘的空檔，在日月潭擔任義務的生態解說員，他得知我正在騎車環島，心中充滿了一股感動，決定擔任導遊帶我遊覽日月潭和單車步道。

我們在一處涼亭歇腳，他看著我的打扮竟然忍不住在一旁竊笑。

奶瓶向我解釋此舉並無嘲諷的意思，原因無他，因爲圈圈全身上下都散發著一股無人可擋的親和力。

他們平時出去比賽或是練車都習慣穿著緊身排汗裝和車褲，他今天的穿著已經算是最隨性的打扮，但是，也因爲太專業的形象，反而造成了一種高不可攀的隔閡感，像我這種好像是去打籃球的穿著，大家都覺得是鄰家的男孩，多了一種本土的親切感，這種草根性，無形中早已拉近了人與人之間的距離。他說我竟然沒有穿車褲和手套就騎了台灣大半圈，不禁佩服起我的環島之旅，因爲奶瓶也計畫在近期攜伴騎單車環島，卻煩惱著許多路上可能遭遇的問題，看著我帶著簡便的裝備，即將完成環島之旅，給了他很大信心。

其實我當初也沒有想那麼多，只是憑著一股信念去克服所遇到的問題。

然而在這一來一往的交談之中，我越來越能感受到奶瓶對單車的熱愛，也因著這個交集，讓我能更深

入了解他的想法。我們有許多相同的興趣，甚至連家庭的背景也十分相似，這一切一切的巧合，讓我覺得是上天的安排，於是我鼓起了勇氣，向奶瓶說起我的「個人小感言」，從頭訴說著「在生日的那天出發」的流浪。

凡事起頭難，當初因爲依靠「神的恩典」，讓一個無助的人平安地度過最困惑的第一步。接著，巧遇瑞芳古道心腸的單車「前輩」，分享珍貴的環島心得。隔天，一不小心，竟然騎到了「台灣的聖地牙哥」。當晚，在礁溪五峰旗瀑布附近的露營，促成「八月十五日的緣分」，讓我在陌生人的家裡歡度了一次難得的中秋佳節。

宜蘭縣羅東運動「公園」裡，一位加拿大傳教士爲我禱告，並且送了不用吃飯的汽球小狗與紅色的小熊，陪我翻山越嶺，讓人平安順利通過「傳說中的公路」。

聞名遐邇的太魯閣，簡直就是「美到難以形容的峽谷」。我在這裡與「不期而遇的騎士」憤一碰面，我們兩個人相約同行，騎著單車共享踏板上的愜意甘苦，在花蓮的美崙「教會」過夜，遇見了和藹可親的「國中老師」。

他像是天使，不求回報，臨別之前不忘提醒我們：耶穌愛你。

然而粗線條的我，出了一個差錯，靠著「踏板上的情感」無悔地排除了這個困窘，可惜「離別」終究難免，我與日本的圓夢騎士最後於富岡各自踏上未來的旅程。

靠著台東「烤玉米的熱情」，我順利地得到了全新的口袋鋼琴。沒多久，爲了「邁向蘭花之嶼」這個異想天開的夢幻，本人做了一件自己都無法想像的事情。

「難怪我總覺得——頭暈」。

恐懼纏繞心頭的我，坐著船漂到蘭嶼，多虧「無ㄜˋ不ㄗㄨㄛˋ的夫婦」開示，讓人當下決定拋開束縛一遊淳樸的小島。

我好像打開了話匣子，旅途上累積的能量如同瀑布一般宣洩而出。

島上有一位「會雕刻的菜」與我共譜了許多「生活小插曲」，留下了難忘的回憶。也因爲希岡菜工作室裡的一面之緣，我「就這麼認識了月餅」，因爲有幸與他同遊天池，而且白吃白喝數日，只好硬著頭皮充當「實習」的音樂老師，來回報各方的大德。

雖然萬般不捨，也只能說聲：「再會啦！人之島」。

我在蘭嶼待了十一天半之後，坐船來到一處太平洋的海上綠洲。「附註　綠島」眞的是一個好玩的地方，我在那裡遇到了「公園裡的恐龍」，他介紹我到「埋葬臍帶的故鄉」體驗不同的旅遊。

（因爲拖稿太嚴重，寫了快三年才講到車友阿達，我想……他看到這篇的時候，應該會在心底偷偷地說：「現在：『終於輪到我了』吧！」）

屏東一碗溫暖的米苔目，讓人回想起「媽媽的味道」，也讓我體會了異鄉遊子的心情。在台灣西部的單車之旅，好險有「親友補給站」爲我加油打氣，讓我在最後的階段全無後顧之憂。經

過了這一連串的奇幻之旅，竟然讓我發現了一個天大的祕密。

各位朋友，你知道嗎？這個天大的祕密就是——單車環島的「終點原來是起點」。

（眞的很神奇，最終的目的地，就是當初出發的地方。）

我話說還沒說到這個段落，奶瓶早就露出不可置信的表情。連忙提出了許多的問題。我一時也解釋不清，只好以琴代口，用吹的方式來回答他的問題。這也是我遇到問題時的解決方式之一吧。我老實地告訴奶瓶，我演奏就是那幾首永遠不變的曲子，只是換了地點，遇到不同的人，說著相同的故事。

他卻不以爲意，大概因爲奶瓶是一位業餘的單車好手，能夠體會騎單車出遠門的感覺，深深被單車環島的過程感動。

（不過，本人長得比單車札記裡描述的模樣還帥的原因，應該多少也讓他感動了一下。）

奶瓶說自己是業餘的單車好手，心想著要單車環島卻一直未能成行。我則鼓勵他：「以你的體力，單車環島絕對沒有問題，問題在於『出發』。等到你出發之後，舉凡食、衣、住、行，所有的問題都能迎刃而解。只要有心，不論是遇到何種突發的狀況，也無法阻攔你的前行。」（每次說起這些激勵人心的話語，總是能燃起許多人的熱情，看來我還是適合轉型來寫一些勵志的小品，應該會比寫單車札記還早完成。）

奶瓶和我好像有說不完的話題可聊，他決定邀我到埔里鎮上的二輪館，找當地的車友和單車店的老闆分享這一路的趣聞。然而天色漸暗，細心的奶瓶替我設想：「你今天晚上要住哪裡呢？」

託神的福，這兩個多月的日子都能找到遮風避雨的地方，「等一下我可能會去找附近的學校借個場地過夜吧。」

奶瓶想了想，說：「不然就來我家住吧。」

我不敢置信，覺得這是環島之旅裡面最幸運的日子之一，這有若雷鳴的消息，讓人心中澎湃不已，忍不住想朝著天空大喊一聲，「眞的是耶穌來也！」

住的問題解決之後，我們兩人滿懷著期待的心，不久就到了二輪館。

埔里鎮有國家級的日月潭爲鄰，隔壁又有號稱台灣最高的公路點——武嶺，在這個好山好水的環境之中，自然也培育出許多的單車好手。才一進門，大家就對圈圈這位來自遠方的車友產生了莫名的好奇心，其實，在體力上要與車手們相提並論，小弟還是差了十萬八千里的懸殊距離。但是，奶瓶開門見山，沒有幾句話，就將單車之旅漫長的過程濃縮成一段高潮迭起的故事，將不帶錢的趣聞一一與初次見面的朋友們分享，更不忘加點誇張的戲劇效果來陳述眞實的際遇，簡短的幾分鐘拿捏的恰到好處，絲毫沒有拖泥帶水之虞。

經他這麼精采的介紹，就連我自己也覺得單車環島好像變成一件很了不起的大事。

大家聽了，紛紛踴躍提問，對不帶錢之旅的過程更是關心有加，彷彿抓住了千載難逢的機會，迫切地想要瞭解其中的要領，進而起而效尤。此時此刻，眾意難違，我只得再次施展二千零一招的口琴絕技，以棉薄之力回報各界的關懷。

眾人討論之後，得到了一個結論：「街頭表演的重點果然不是在於吹得好不好聽。」圈圈平時做人早已習慣謙虛處事，也深知現場表演的重點，有時是在於勇氣。

為了提振大家的信心，圈圈不得不搬出札記中未曾提起的往事。

話說在屏東萬巒的一條小路上，為了找到正確的方向，我向一處正在馬路旁擺攤維生的阿姨問路，再以一曲回報指點迷津之恩，不料，口琴樂聲觸動她隱藏於世外的心，休止符尚未落下，她卻早已滿面涕淚滂滂。

「沒有啦，其實是因為圈圈當時吹得太難聽，所以那位阿姨聽了之後，就忍不住放聲大哭。」

我話說到一半，奶瓶主動開口，緊接著幫我說了下半場的結局。認識不到半天，奶瓶竟與我有如此般的默契，就連圈氏解嘲的幽默，也能在此刻應用自如，難怪大家說我們兩人一搭一唱，搞得還挺像相聲裡的雙簧。就這樣，你一言，我一語，大家突然開始熱烈地討論起自己往後的不帶錢的旅行該如何籌措財源。

「首先，我自己也要來創作一個環島的車牌。」嗯，英雄所見略同。

「我現在也考慮拿出國小時候練過的直笛，來場街頭表演。」眾人突發奇想，每個人都有自己的創見。

「反正奶瓶也準備單車環島，不如叫他們練習胸口碎大石好了。」問題是，要在誰的胸口練碎石呢？

「照這樣看來，單車環島的時候還是做資源回收最爲實際，資源既可永續利用，又可避免污染環境，還能賺錢維生。」

這位大哥，在單車環島來這麼一招，還眞的是一舉三得的新構想呢！他們尚未討論完畢，我光是聽了上面這幾點，險些笑到岔氣。

而我在捧腹之餘，也感染了這群車友們似陽光般的熱情和宛若赤子的率眞。直到今日，我才慢慢體會到這種熱情與率眞，對創作占有舉足輕重的影響，也是藝術家靈感的泉源。今晚遇到了志同道合的車友，我雖然沒能在此獻上建設性的意見，但大夥千里相逢，亦是有緣，眾人聚首大啖火鍋，圈圈也不忍推辭，就主動留下共享佳餚。晚上則與奶瓶同榻而眠，我也因著這個機會拜訪奶瓶的家。

但是我很好奇，奶瓶爲什麼要叫奶瓶？

他解釋，自己的名字裡有「怡鵬」二字，鵬字，客家人唸 phen ，讀音類似北京話的「瓶子」，朋友們也就因這個緣故，幫他取了外號「奶瓶」。他們自家創立禽類肉品加工的事業，奶

車友相見歡

瓶則趕在大清早到市集幫家人工作，下班之餘，大部分的休閒活動就是騎單車，不論是登山車、公路車、折疊式的腳踏車，在他的家中一應俱全。當初日月潭的相遇，恰好就是他練車外出的時間。我幫他估算平日的作息，發現他除了工作就是騎車，連要交女朋友的空閒都沒有。因爲我們的年紀相仿，成長背景又有許多雷同之處，圈圈似乎在他的身上看到自己的過去。我們一見如故，也許正是因爲如此多的共同之處吧！

回想這段往事，我倒是記不清楚當初與奶瓶聊了什麼細節，至今尚且留在腦海最深刻的印象，竟然是要他花點時間去交女朋友。

我在想，有時候除了緣分之外，還要加上時間與努力，才有成就這件事的可能。隔天早晨，我從睡夢中醒來，奶瓶已收工返家，他的奶奶備妥了美味早餐讓家人享用，爲了答謝這份恩情，我用口琴吹了一曲望春風，希望能讓老人家開心。離別之前，奶瓶特別買了些麵包零食要我帶在路上，兩人合影留念之後，我即踏上了返鄉的路途。

二輪館的車友熱心充當導遊，在離去之前，帶我遊埔里，參觀酒廠，喝惠蓀林場出產的台灣咖啡，友情招待，令人溫暖在心頭。緊接著，我借宿逢甲大學旁基督教台灣信義會慕義堂，也曾在苑裡一處國小的停車棚過夜。途中經過龍井鄉，順便到陳瑞銓家裡吃一頓免費的午餐。

每踩一次單車的踏板，猶如爲環島之旅倒數計時，似乎車輪只要轉一圈，回家的距離就拉近一點。我握著手把，看著柏油路，覺得騎在鐵馬上面好像身在夢境之中。而這個夢，到了終點，

伴我成長的好友

就是要醒了的時候。

轉眼之間，人到新竹，家近在咫尺，卻若似天涯。

這種心情有些矛盾，一個人若在外流浪了八十幾天，一下子要他回到原來的崗位上，總是需要一點時間來重新適應。然而，時間卻從不等人，光陰的巨輪卻不因此減緩。在此之前，我想利用這次環島的機會，順道拜訪一位老友，到老翁家裡串門子。

老翁是誰？他是一位獸醫，認識他的人都叫他老翁，但是他並非頭髮皆白的老人，只是因為姓翁，所以大家就這麼稱呼他。他也是一位虔誠的基督徒，在年紀上他年長了我十來歲，不止在屬靈方面，在事業上我們是忘年之交，因著年齡上的差距，所以我每次都尊稱他為翁先生，而人生旅途重要的關鍵點上，他也給了我許多建議與實務上的幫助。平日與他相處，最常聽到的主題，就是神的話語或是基督徒的小故事，我受洗歸入主耶穌的名下，八成也是受了他的影響。

返家的前一天，借宿於翁先生的家，兩人暢談旅途中的甘苦。

就在二〇〇二年的十二月七日早晨，與翁先生一同吃過豐盛的早餐，我，踏上了返鄉的最後一段路程。此時此刻越接近終點，我的心裡就越加謹慎，深怕一個不小心，在路上有了閃失而前功盡棄。那時，似乎有著一種矛盾的情緒在我心內拉扯，想加緊腳步，卻又讓人使不上力。化解這份有若琴弦般緊繃的感覺，讓人放鬆心情的解藥，是迎面而來越發熟悉的景物。

因爲我知道，不遠處的車站，再走個幾公里就是黃瓜的家。車水馬龍的省道旁，有著通往外婆家的小路，在望不見的街道裡，掛著一個熟悉的老招牌，打從小學起就存在的雜貨店，有著兒時的記憶。有個路口是到汪汪家，有條小徑是到小白家，大賣場附近是水泉家，隔著一個鄉鎮的大園，是子能的家。

伴我成長的好友，就在這裡。

似乎我也能體會，爲何在異鄉多年的遊子踏上故鄉土地的那一刻，想要親吻土地的感動。

也回想起，在那片分不出東南西北的都市，和遠離繁華的農村裡，曾用一遍一遍的足跡熟悉方向，在年復一年，日復一日的歲月裡，累積了一種無法分離的熟悉。

我也想到了，我要去找一位相識多年的朋友。

在冰冷的街道上，有一個招牌顯眼的加油站，過了十字路口，有一個下大雨後就經常淹水的地下道，上面火車必經的鐵道，過地下道的時候，偶爾能與經過的火車巧遇，聽到火車輾過鐵道時嘎吱嘎吱的聲響。這位朋友住在鐵道旁的公寓，曾向我抱怨，火車經過的聲響太大聲，有時連講電話都聽不清楚對方在說什麼。

再走過下個路口的公園旁，就是她的家。

我帶著一本小冊子，裡面蓋滿了環台時經過各鄉鎮時所留下的印章，想送給她。

其實，送這個小禮物只是個藉口，我只是想趁機見她一面。她讀小學六年級的時候，坐在我的隔壁座位，自小就以好眠為傲的我，短短的午睡也能進入渾然的境界，醒來之後，經常會留一灘口水在桌上，有幾次，這位同學好像忘記了我曾經向她惡作劇，好心地拿出衛生紙幫我把口水擦乾淨。

到了國一，在三十幾個班級之中，我們被分到了同一班，我不禁覺得這一切都是上天的安排。

我不知道什麼時候喜歡上她，只將這個祕密放在心底，直到她國中畢業卻仍舊不敢說出口。高職畢業，我寄了一張聖誕卡給她。之後，兩人有了信件的往返。接著退伍，我則忙著工作而與她失去聯絡。我們再度有彼此的消息，是因為我曾經寄了一張卡片，裡面留著我親手寫的電郵地址，過了幾個月，她回了一封電子郵件。

而這一來一往之間，已經過了數年之久。

讀書、當兵、退伍，眼看幾年的時間一閃而過，我忽然發現有好多事情未完成，甚至連嘗試的第一步都尚未踏出，看著這封電郵，我如大夢初醒，立定決心排除萬難，決心第一步要改變的事，就是鼓起勇氣去追我兒時的初戀情人。

朋友知道此事，幫這位國小就相識的初戀情人，取了一個簡單明瞭的外號，名為國小妹。

然而拼事業易，談感情難。

在感情的世界裡沒有既定的規則可言，我在情路上屢次受挫，工作的不順遂也接踵而來。我

失業了，感情的表白也失敗了，似乎在世上所擁有的一切都化為烏有。或許是因禍得福，我把這份哀傷悲痛轉成尋夢的動力，甚至大膽嘗試不帶錢的單車環島。在熱情的眾人幫助之下，幾招老步數，竟屢次化險為夷，陌生人的善意也讓我一掃心中的陰霾，脫離了自憐窘境。如今能歡喜歸來，我要獻上我的感恩。

因為無緣的人，有時也可能改變你的生命。

歷經八十二天的流浪，兜了台灣一圈，我再度站在國小妹的家門前。

我回想起國小妹的表情，那種淡如微風輕拂，卻也近乎傾城之微笑，像是黑與白的琴鍵，有一種敲動人心弦的魅力，常讓人迷戀，只顧著瞧她發呆。

站在一處熟悉已久的地方，我深深呼吸幾口氣，像從前那般靜靜等待，想在她出家門口的時候，給她一個出其不意的驚喜。

就像小時候，喜歡躲在某個角落，趁人不注意時，冒出來嚇對方一跳。

但是這次，她沒有讓我久候，我還來不及開始進入夢中的遐想，就已在不遠處看到了國小妹的身影。

我想，現在應該是有勇氣再面對她的時刻。我緩緩踩著小黑的踏板，呼喊著她的名字。

國小妹真的嚇了一跳，看到了我，驚喜的笑容之中，似乎暗暗帶著幾分的怒氣。也許是因為某人在她周遭消失了一陣子所引起的緣故吧。

我急忙送上一本環島紀念的小冊子給她。

這位老友，打開了這份禮物，才解開了心中的疑惑，確認之前曾收到蓋了各鄉鎮的明信片，來自於我。

（不好意思，答案終於揭曉，這一切果真都是圈圈自導自演自奏自唱的戲碼。我猜，如果一個人，不定期收到一些蓋滿各鄉鎮的印章的明信片，總會發揮一下好奇寶寶的精神，追查其來源吧！）

這本小冊子安然送到目的地，已達成使命，能藉此見她一面，心也足矣。

我牽著滿是行囊的單車，準備踏上返家的最終一段路程。

國小妹好像有幾個謎團尚未解開，圈圈到底在消失的這段期間，發生了什麼事呢？

卷成了一堆的頭髮，磨平了的車胎，睡袋、帳篷，曬黑的皮膚。每件物品像是隱喻著說不完的故事。

眼看著我正要離開，她竟主動開口邀我用餐：「走，我請你吃中飯！」我有點不敢相信自己耳朵所聽見的一切，這短短的幾個字，像化在了空氣之中，讓我的心凝結了一會兒，楞了幾下才回神。

「好。」我在心裡笑了，像有道陽光從天而降，臉上也藏不住這份喜悅。「嗯，反正，現在的我，有的是時間。」

和煦的微風、流浪的點滴、多年的老友、友情的中餐加上一個甜蜜的微笑。

「走吧！」我們點點頭。

我還有好多爆笑的故事和糗事要向妳說呢！

「候」記

「什麼？這個就是結局喔？」

不好意思，前前後後加起來，一本單車札記竟讓大家苦等了六年多。

不過，我覺得這樣子也滿好的嘛！而且每天都看爆破的場面也不太好，偶爾來個清淡的口味也不錯。

「你們吃完了午餐還有發生什麼事呢？」

有喔，國小妹吃完午餐，一打開皮夾竟然告訴我，她身上的錢不見了。

不帶錢環島遇上了不帶錢吃午飯的同學，兩人旗鼓相當。

正當我做好了留店內洗碗拖地來抵債的心理建設，國小妹才在這存亡絕續的緊要關頭，發現了自己的錢藏在包包裡的角落，在最後的一刻順利化解危機。

「隔天的行程呢？」

我平安歸來之後，隨即安排拜訪親友們的行程，並按照計畫於隔天前往台北與「P.S.綠島」的網友們相聚與致意，向眾人宣布圈圈已完成不帶錢的單車環島。

「這次的環島對你有何意義呢？」

我想這是一個很好的問題。此次環島前後總共歷時八十二天，大約騎了三六二三公里。就個人以往的經驗來看，算是一段很長的時間。

結束環島，有很多朋友不禁問我，此次有沒有什麼收穫或是心得？

剛完成單車環島之旅之際，我尚且熱血澎湃，無法在千頭萬緒之中理出端倪。只知人不可驕傲自大，因爲不管是單車環島或是人生的旅途之中，每個過程都很重要，更何況如果沒有那麼多熱情的人幫助，我也無法完成此行。

就某一個特質來說，我的個性比較外向，喜歡多方嘗試，所以遇到人生的挫折的時候，我反而比較不會在自憐自艾上面花費時間。我會傷心，也會難過。但是，與其怨天尤人，不如樂觀來面對問題。而且我的運氣很好，音樂、繪畫或是寫作都是我的興趣之一，這些也是很好的抒發管道，許多負面的情緒不會累積在心裡，有正向的想法支撐，自然而然，黑白的人生也能變成五彩繽紛的人生。

（有時，我常有些跳躍性的思考模式，還請大家多多包涵。）

回過頭來說，重點應該不是擺在單車環島上面，焦點也不是擺在不帶錢的旅行上面。確切地說，如果你能善用想要完成夢想的那股動力，光是在實踐的過程裡，就能爲你的生命帶來許多奇妙的啓發，也能藉此突破想法上的束縛。

舉個簡單的例子來說。

很多人都覺得，沒有錢，所以就不能去做想做的事情。這是因爲被錢的想法束縛在先，夢想自然就被困在現實之後。要突破這種困境，首要的工作，就是改變自己的想法，先規劃自己心中的藍圖，再堅定此一信心，事情才有逆轉的可能性，憑藉著信心，遇到人、事、物或是金錢方面的困難，才不致退縮，夢想即可實現。

（現在不是有個活生生不帶錢單車環島的例子擺在眼前嗎？）

我無法評估此事在我身上發生多大的影響，但我可以很清楚的告訴大家，實現一個夢想，對人能產生很大的信心，這也是環島帶給我的意義。每個人都有自己的夢想，或是掛念在心裡，等待多年尚未完成的事。這些想法的背後，可能也跟隨著許多不爲人知的困難。我要在此給我的讀者一些良心的建議：「你要多去嘗試，總有一天，總有

一個夢想會被你實現的！」

我能藉單車環島之行鼓勵自己，希望你也能藉閱讀此書來鼓勵自己，實現自我，完成夢想。

「能夠完成這一本札記，你想感謝誰呢？」

我最想感謝的就是神。

也許還有許多人不能明瞭其中的意義，但願我能以自身的經驗，大膽地講論此道。

若非神的巧妙安排，光憑我一人單薄的文筆，要完成單車札記應是遙遙無期。能完成此本札記，就是我的見證。

正如一個人眞心敬畏神，愛主，必能敬重他人，愛人。

相同的，能感謝神的人，必能感謝他人。

我要在此禱告，願尚未接觸福音的朋友，在遇到困境之際，心中不要失了盼望，能知道世上有一位愛你的主耶穌基督，若專心尋求祂，就必尋見。（耶利米書29:13）

圈圈也要感謝這一路扶持的朋友們，無論具名或是不願具名、曾在馬路或是網路相遇的這緣分，我都會好好珍惜，我也要在此獻上我的感恩。

當初不曉得圈圈正在進行不帶錢之旅，而未能給予幫助的朋友，請勿爲此掛念在心，因爲這其中必有神的巧思。

求神賜福這群善良的朋友，讓愛降臨此地，願恩惠平安、聖靈的感動與眾人同在。

阿們！

「至於下一步，圈圈又有何打算？」

這個嘛？寫完了這一本書，當然是要再繼續寫下去囉！

「那能不能稍稍透露下一本書的內容呢？」

嗯，這是個祕密。

「不要賣關子啦，大家都認識那麼久了。」

好吧，其實，我也還沒有想好整個架構啦，只是之前向眾人宣布消息，就賴不掉了。在結尾的時候再重施故計，才有可能繼續出版下一本囉！

「還有什麼要補充的嗎？」

札記書寫多年，難免筆誤，若有引言未註明出處或需改進之處，煩請各方先進不吝給予指正。

謝謝各位！

下集再見！

—後記—祕密贊助名冊

承蒙各方慷慨奉獻，圈圈此行名爲不帶錢單車環島，實則開銷眾人費用，方能歷經萬險，平安返家。一招半式闖天涯，若無人相助亦不能成事，不求回報，默默之心，本人銘感五內，然篇幅有限，而感激不盡。

謹以此文獻上感謝！

不帶錢單車環島贊助人名、商號依字首筆劃排列如下：

Pierre　王家寶　竹中慎一　吳鈕
三貂角燈塔　王淑娟　米安　希岡菜
方建宏　王淨秉　米淇　李季晃
王玉華　王麗娟　至善堂　李昭瑩
王志新　吉村食堂　吳正淵　李家雯

李浩華
李豐盛
汪仁安
卓志強
周海安
林水泉
林志晟
林坤榮
林忠杉
林俊成
林美伶
林國金
林清福
林登榮

邱裕焰
洪國鑫
胡少輝
徐怡鵬
徐賢財
張元銘
張志強
莊國智
許雅娟
許鼎達
陳弘維
陳冠霖
陳盈明
陳勝良

陳瑞銓
陳曉娟
彭舒渝
彭榮錦
黃子能
黃秀冉
黃南獻
黃惠鈺
黃華彩
鄒玉薇
嘉雄快炒
廖淑滿
劉梓青
劉朝斌

劉潔
蔡孟君
蔡嘉琪
蔡慶文
蔡憲鈞
鄭桂英
謝義聖
鍾文甲
簡文泉
顏嘉珍
蘇偉榮
蘇許春美
鐘國立

2009/9/13 結婚週年紀念日，我們展開單車環遊世界的旅行。
那天，一個新家庭誕生，一個新冒險開始發芽茁壯。
（攝影地點： 加拿大 五大湖）

不帶錢
單車環島

樂活誌（36）

不帶錢單車環島（新版）

建議售價・360元

國家圖書館出版品預行編目資料

不帶錢單車環島（新版）／王前權著．一初版．一臺中市：白象文化，民102.11
面：　公分．——（樂活誌；36）
ISBN 978-986-5780-26-5（平裝）
1.臺灣遊記 2.旅遊文學 3.腳踏車旅行
733.69　　102020473

作　　者：王前權
攝　　影：王前權
校　　對：王前權、賴麗雯、陶樂斯、曾淑芳
專案主編：黃麗穎
編 輯 部：徐錦淳、黃麗穎、林榮威、吳適意、林孟侃、陳逸儒
設 計 部：張禮南、何佳諠、賴澧淳
經 銷 部：焦正偉、莊博亞、劉承薇
業 務 部：張輝潭、黃姿虹、莊淑靜
營運中心：李莉吟、曾千熏
發 行 人：張輝潭
出版發行：白象文化事業有限公司
402台中市南區美村路二段392號
出版、購書專線：（04）2265-2939
傳真：（04）2265-1171
印　　刷：基盛印刷工場
版　　次：2013年（民102）十一月初版一刷